近年获得部分奖项·荣誉·

- 第十四届全国政协委员
- 享受国务院政府特殊津贴
- 全国优秀教师
- 破格晋升副教授、教授
- 两次获得联合国世界旅游组织尤利西斯奖
- 中瑞酒店管理学院、中国旅游研究院、文化和旅游部数据中心的主要创建者
- 东北财经大学、河南大学、华侨大学、日本东洋大学等高校的客座教授和博士生导师
- 主持国家科技重大、哲学社会科学基金重大和重点项目、亚洲区域合作专项资金、中国—东盟合作基金和国家开发银行国际合作项目
- 创建和推广旅游管理博士后工作站、全国游客满意度、国家旅游经济监测与预警、"欢迎中国"(Welcome Chinese)、国家旅游文献与情报中心

旅游 & 重构

国民旅游休闲讲稿（九）

戴斌 著

北京·旅游教育出版社

序

最近,读了戴斌同志的文集《旅游&重构》,这是作者2022年所写文章和所做演讲的汇编。

2022年是疫情持续的第3年。经历3年疫情,旅游业受到重创,但旅游业始终保持信心、踔厉前行,在困难中探寻出路、在危机中寻找生机。正是靠着这份坚持,3年疫情中,旅游业并非一派萧条,而是不断创造出旅游业的一个又一个小阳春。这些旅游亮点的意义,不仅仅限于旅游业,更重要的是提振了人们战胜疫情的信心。

疫情中旅游业的复苏,靠的是旅游业的坚韧,也靠的是旅游业的创新。创新,使旅游业的复苏带有鲜明的特点。一是文化和旅游深度融合发展,以文塑旅、以旅彰文,大大提升了旅游业的品质和品位,打开了旅游业发展的新境界。二是将数字技术与旅游业深度融合,给旅游业带来革命性变革,既创造了新型的旅游消费,也创造了新型的旅游供给。三是在旅游业的低谷期进行了深度的结构调整,这种重构为旅游业高质量发展奠定了坚实的基础。这些鲜明的特点,在《旅游&重构》这本书中,都有较深刻论述。

在疫情防控、推动旅游复苏的过程中,智库发挥了重要作用。作为旅游智库的领军人物,戴斌同志是发声最多、建言献策最多的专家学者之一。细读本书,作者有很强的洞察力和预判力。对旅游发展的时与势的分析,对旅游发展的危与机的把握,作者都有很深刻的见解。所以,这本书,不仅是过往的回顾,更是经验的总结和规律的提炼。

看了此书,有了以上随想之语。

全国人民代表大会常务委员会委员
教育科学文化卫生委员会主任委员

目录
CONTENTS
2023 TRAVEL

数据研判

- 最漫长的复苏 最深刻的变革 最坚定的信心 …………………… 2
- 听见的声音 看到的信心 …………………………………………… 13
- 过去未去 未来已来 ………………………………………………… 24
- 在粽叶飘香的初夏,我看见了旅游的春天 ……………………… 32
- 一鲸落 万物生 ……………………………………………………… 39

国家战略

- 旅游智库,建什么与如何建? ……………………………………… 50
- 努力成为国家需要、行业认可的旅游人才 ……………………… 58
- 构建旅游业新思维 助力中国式现代化 ………………………… 70
- 旅游业高质量发展的人民性、现代化和未来感 ………………… 74
- 以高质量人才推进旅游研究高质量发展 ………………………… 80
- 科技创新是旅游业高质量发展的必由之路 ……………………… 89
- 世界旅游休闲中心的中国视角与国际表达 ……………………… 101
- 新时代旅游工作重心要及时转移到城市中来 …………………… 110
- 绿色旅游的国家战略与地方实践 ………………………………… 117
- 乡村旅游大市场,乡村振兴新动能 ……………………………… 129
- 高增长的露营需求与硬保障的制度供给 ………………………… 134

地方战略

政府纾困的决心　旅游复苏的信心 …… 140

中国人出境旅游复苏的进程研判与政策展望 …… 145

以更加开放的区域主义促进入出境旅游复苏 …… 152

旅游集团要有战略引领力，更要有产品创新力 …… 160

数字化是旅游业未来的发展动能　更是当下的生存要件 …… 164

元宇宙＋旅游：未来的视角与当下的主张 …… 173

整合冬奥遗产资源，构建冰雪经济新格局 …… 181

国家级旅游休闲城市的建设方略与襄阳样本 …… 185

游客想看见文化的遗产，更想看见城市的未来 …… 203

从风景到场景 …… 212

冰雪之上　旅游新局 …… 219

中非旅游合作与世界旅游共同体建设 …… 224

中韩旅游三十年　木槿花开再逢君 …… 228

媒体面对面

论文化和旅游融合发展的企业主体性 …… 236

先培养快乐的学生，再培养产业领袖 …… 246

培育大众旅游意识　守护人民旅游权利 …… 250

服务"国之大者"　拓展旅游业高质量发展新格局 …… 254

用好政策红利　推动文旅产业高质量发展 …… 258

大众旅游，从"有没有"向"好不好"转变 …… 263

大众旅游时代亟须加快建设城乡慢行交通体系 …… 266

消费是理解旅游经济的一把钥匙 …… 271

落实带薪休假，把更多选择权交给城乡居民 …… 275

怀揣坚定信心，以数字化赋能开创澳门旅游产业新格局 …… 277

2022年是新冠疫情影响旅游业最后的一年，也是迎商春天最近的一年，透过每个节假日每个寒暑研学、亲子、露营、自驾、民宿等新业态，我看见有人在最后的叹息中躺平，更看见无数坚守者在坚守在前行在创新，最终化作一组组数据和专报忠实记录旅游业的潮而起让负重前行者宽慰也让抱薪救火者温暖。

PART 1

2023 TRAVEL

数据研判

PART 1

最漫长的复苏 最深刻的变革 最坚定的信心

经历了最漫长的复苏和最深刻的变革，我们挥别2021；满怀最坚定的信心与对美好旅行生活的向往，我们拥抱2022。

一、2021年的旅游经济：最艰难的挑战，最漫长的复苏

在过去两年的时间里，无论是国内旅游、入出境旅游，还是投资和就业，无论是旅行社、线上旅行代理商、星级酒店、民宿，还是旅游景区、主题公园、旅游车船，无论是一线城市、区域中心城市，还是中西部和东北地区、边境地区，旅游业经历了过去四十年最严峻的挑战和最漫长的复苏。首当其冲的是入出境旅游，除了必要的外交、商务、留学和边境旅游，过去两年几乎处于全面停摆的状态。2021年，预计入境旅游和出境旅游分别为3198万人次、2562万人次，[①]然而这些必要的刚性旅行需求，很难转化为传统旅游业的市场机会。澳门特别行政区与内地同步的旅行政策，对于部分时段的大湾区市场有提振信心的作用，但是对全局的意义并不明显。从国内市场看，飞机照飞，火车照开，公路也没有封闭，公务差旅、商务旅行、教育、务工、探亲等刚性旅行的基本消费依然存在，本地休闲和近程旅游逆势增长。但是旅游业长期以来将中远程观光、休闲、度

[①] 数据来源于中国旅游研究院（文化和旅游部数据中心）旅游经济运行监测与预警课题组的专项研究成果，未公开。

假等弹性需求作为基本盘,公务差旅、商务旅行和家庭出游等刚性需求很难进入旅游业者的视野,导致这些数据只具有统计意义而无明显的市场意义。①

从节假日旅游市场数据来看,出游距离、目的地游憩半径、人均消费总体呈加速收缩的态势。以2021年国庆节假日为例,城乡居民平均出游半径141.3千米,同比减少71.7千米,降幅达33.66%;目的地游憩半径13.1千米,同比减少7.7%。②在过去两年里,本地游和近程游为代表的"近出行、浅需求、低消费",已经成为旅游业赖以生存的基础市场。原来的旅游投资、产业供给和旅游需求是同步增长的,一些深层的结构性问题被发展速度遮蔽了,现在需求骤减,供给却一时减不下来,剪刀差就会越来越大,加上游客、居民和政府对旅游业高质量发展的期许,企业家信心摇摆就是自然而然的事情了。

这次疫情对旅游业的影响,与曾经的政治风波、"非典"、金融危机不具有可比性,历史经验也不能直接借鉴。2020年春节,面对突如其来的新冠疫情遭遇战,无论行业还是系统都对严峻性和长期性缺乏充分的应对准备。尽管主管部门出台了暂缓旅行社质量保证金等纾困政策,并在第一季度恢复了省内游、第三季度恢复了跨省游,但是2020年整个行业还是被悲观情绪所主导,多次面临信心消失的风险。与市场萧条、投资收紧、就业不足、停工停业相比,企业信心和消费预期才是最值得我们关注的指

---

① 疫情期间,每次发布节假日、季度和全年旅游统计数据,总是会引起争论。其实,政府依法统计的数据是真实的,因为包括了统计调查制度规定的刚性旅行数据,而业界的感受也是真实的,因为市场主体更关注那些可以有服务机会的弹性旅游数据。从现在开始,有必要区分刚性旅行和弹性旅游的结构性数据,以增进宏观视野和微观视角的统一,以及政府管理部门、统计专业机构和旅游企业对旅游经济的共识。

② 中国旅游研究院(文化和旅游部数据中心)国庆节假日旅游市场报告,内部数据,未公开。

标。说实话，我不怕听到不好的消息，可是我很怕听不到声音了，整个系统和行业都沉寂了，那才是最可怕的事情。如果小康社会的旅游梦想消失了，如果支撑高质量发展的市场信心消散了，那才是旅游业的至暗时刻。

从过去两年的市场数据和产业动向看，刚性旅行需求的基本面还在，本地休闲和近程旅游已经成为旅游经济新的消费增长点。人们从来没有像今天这样关注身边的美丽风景和日常的美好生活，哪里的疫情得到控制，哪里的文化休闲和旅游消费就会快速恢复，哪里的旅游业就会呈现繁荣发展的气象。今年的五一劳动节假期，全国国内旅游出游2.3亿人次，同比增长119.7%，按可比口径已经超过了2019年同期水平3个百分点；实现国内旅游收入1132.3亿元，同比增长138.1%，按可比口径恢复至疫前同期的77.0%；游客满意度达到了84.8分的历史新高。①这是旅游业复苏进程的重要转折点，也是旅游业坚持高质量发展的信心源泉。从上个月召开的2021中国旅游集团化论坛发布的成果来看，越来越多的市场主体在主客共享的理念指引下，在文化和旅游融合发展、科技赋能和数字化转型、体制改革和机制创新方面已经推出一批叫好又叫座的产品，形成了一批可复制可推广的经验。历史一再证明并将继续证明，在危机和挑战面前，信心比黄金更重要。在当前的形势下，业界要保持信心，政府要传递信心，社会要注入信心。

从全年四季度环比、过去两年的同比和2019年基比数据来看，尽管旅游消费需求还有待释放，动能还有待积聚，疫情仍然是最大的影响因素，但是2021年旅游经济仍然保持着波动复苏的进程。前三季度，全国旅游经济运行综合指数（CTA-TEP）同比上升了26.96点，跨过荣枯线，进入104.06点的"弱景气"区间。预计全年国内旅游出游人数为34.31亿

---

① 中国旅游研究院主要负责同志解读2021年假日旅游市场报告——旅游业迎来全面复苏的转折点，载中国旅游研究院官方微信，2021年5月7日。

人次，旅游收入 3.02 万亿元，同比增长 19% 和 35%，分别恢复至 2019 年同期水平的 57%、53%。①

二、过去两年的旅游经济：最坚定的信心，最真实的创新

在过去的两年里，旅游业正在从猝不及防的疫情遭遇战，转向统筹疫情防控和复工复业的持久战。我们保持了复苏向上的势头，取得了阶段性胜利，也积累了宝贵的经验。无论是消费主体、行政主体还是市场主体，每个人都了不起，都在旅游抗疫的伟大进程中打下了时代烙印。旅游人在抗疫和复苏进程中的付出，历史都不会忘记，共和国也不会忘记。

人民对美好旅行生活的向往从未停止，对休闲度假的需求从未散去，这是旅游业战胜一切困难和挑战的永恒信心。有人说旅游业是脆弱的，我看不见得。旅游业是敏感的，也是韧性的，遇到风风雨雨它会像含羞草一样闭起来，可是只要有了阳光它就会再次伸展开，而且越来越有韧性。我们的信心是真实的而非虚幻的，我们的韧性是持久的而非短暂的。我们既要看到疫情期间入出境旅游全面停滞，中远程国内旅游市场全面收缩的一面，也要看到近程旅游市场和本地休闲市场需求旺盛的另一面。从 2021 年春运 60 天期间的景区接待数据来看，工作日平均每天 660 万人次，周末 1090 万人次，春节期间平均 3630 万人次。张家界、伊犁、南京、郑州、上海、北京等局部地区散点疫情每次得到控制后，都会迎来一个相对稳定的旅游休闲小高峰。这意味着人民已经走出了最初的恐慌，渴望在疫情常态化时期能够过上正常的美好生活。在全面实现小康社会，全面建设社会主义现代化国家的新时代，人民有免于恐惧的自由，有追求幸福的权利。人民对美好生活的向往是我们奋斗的目标，也是我们从胜利走向胜利

---

① 数据来源：中国旅游研究院主编，《2022 年中国旅游经济蓝皮书》，北京：中国旅游出版社，即将出版。

的动力。

市场主体的创业创新从来没有停止过，文化创造和科技创新的动能一直都在加速积聚，这是旅游业战胜一切困难的可靠力量。春秋的"建筑可阅读、城市微旅行"、携程的星球号和乡村建设、中旅的研学旅行、开元的森泊度假酒店、南京旅游集团的"长江传奇"、岭南中国大酒店的"消失的名菜"、浙旅的"百县千碗"、四季文旅的艺术汇等文旅融合创新项目，以及北京环球度假区的开业、迪士尼五周年庆典、珠海九洲的"船说"、海昌海洋公园和美币公链MBK的战略合作，以及大连博涛的巨型仿真装置，更让我们看到了文化之美和文化自信，也看到了科技之光正在照耀旅游业前行的道路。与此同时，旅行社和线上旅行代理商走向广义的旅行服务业、星级酒店和民宿转向真正意义上的旅游住宿业、旅游景区开始向主客共享的美好生活空间转型，都意味着典型旅游业态不再迷失于过去，而是拥抱无限的未来。旅游是市场化程度高、经济属性强的现代服务业，任何时候都会有人离场，也会有人进场。谁能够满足人民对美好生活的新期待，谁就是主力军和嫡系部队。在过去的两年中，我们很欣喜地看到很多新生力量加入旅游复苏的进程，很多年轻人愿意让青春在旅游创新之火中燃烧。正是因为生生不息的创业，绵延不绝的创新，旅游业才是有力量的，而不是虚弱的，现代旅游业体系的建设才是务实的进程而不是表面的口号。

党和政府一直在关注关心和支持旅游业的发展，纾困解难的政策从未弱化，推动复苏发展的措施一直在强化。抓好疫情防控和安全生产的同时，中央和地方更加关注旅游市场主体的纾困解难和复工复业。面向广大中小微型企业的财政、金融和产业政策是稳定的、普惠的。哪怕国庆节假期以来出现多轮多地散发的涉旅疫情，国家也没有停止过跨省游，而是采取了更有针对性的熔断与恢复机制。行业主管部门在延续既有的质量保证金暂缓政策的同时，还结合党史学习教育"我为群众办实事"的工作部署，出台了更多的创新举措，加强了规划和投资引领。长城、长征、大运河、黄河国家文化公园建设，国家级和省级旅游度假区的创建，夜间和文化旅游消费示范区、国家级和省级旅游休闲街区，特别是世界级旅游城市、世界级旅游景区和度假区、冬奥旅游、红色旅游、乡村旅游、研学旅行，都在持续彰显国家发展旅游的决心和信心。当今世界正在经历百年未有之大变局，但是时和势在我们这边，这是我们战胜一切困难和挑战的定力和底气所在。国家对旅游业的支持是清晰可见的，与消费主体和市场主体是相向而行的。

三、2022年的旅游经济：谨慎的乐观和发展的信心

疫情仍将是新的一年里影响旅游经济发展的最大变数，旅游市场还将面临更多更新的困难和挑战，但是复苏向上的进程不会停止，创新发展的势头不会减弱。

刚性出行的基础市场将进一步稳固，文化休闲、科技体验和度假消费的新需求将得到进一步的释放。2022年的旅游市场大概率不会出现报复性反弹的热闹场面，而人民对美好生活的向往、对正常生活的渴望会持续释放和成长，推动旅游市场稳步复苏。动态清零的疫情防控政策，还有科技助力和大数据加持的精准防控，将为旅游消费营造更加有利的市场环境。小康社会的旅游梦想已经融入国民大众的日常生活中，一定会在春天里绽放和盛开。城镇居民的休闲度假、农村居民的观光休闲，将共同托底新时代的旅游市场。从既有的城乡居民出游意愿、旅游目的地搜索量、旅游产品预订量等先行指标来看，一个市场下沉和消费升级的时代正在到来。当然，我们也要科学研判明年的困难和挑战，特别是作为外生变量的疫情变化，还有各种可能的黑天鹅、灰犀牛事件，都可能会随时打乱旅游复苏的

节奏。这两年经济下行的压力已经传导到包括旅游在内的终端消费，可自由支配收入的减少，导致旅游消费规模、消费结构和消费行为出现了收缩迹象。本地休闲和近程旅游、散客出行和自助旅游、家庭休闲和文化体验成为越来越明显的趋势，而市场主体对于自驾旅游、研学旅行、避暑康养、民宿+、专列游等新需求还没有做好充分的准备。创业创新者虽然感觉到了市场机会，却不知道怎么把握，更不知道如何找到相应的商业模式。主客共享、内容创造、数字化转型等概念，从提出到共识再到市场导入和商业实现，是一个漫长而有风险的过程，还需要企业家和旅游人从产品到商品、从使用价值到交换价值惊险的一跃。

旅游产业的变革、创新与高质量发展进程，包括科技推动的数字化转型将进一步加快。更多机构会携资本、技术、文化等新要素新动能而来，并在旅游创业创新的进程中逐步成为新型的市场主体。有来的，就会有走的。在此进程中，那些守着陈旧的思维，总想着一觉醒来回到从前，总想着政府来救自己，在危机和挑战面前凄凄惨惨戚戚者终将被市场淘汰。竞争是强者的游戏，要想危机中寻新机，变局中开新局，须具有远高于常人的痛阈。那些在复苏进程中负重前行者，终将得到他们应有的荣耀。在疫情防控进入第三个年头的时候，将会有越来越多的企业认识到这一点，并加入这一进程。

入出境旅游市场大概率会延续过去两年的表现，但是国际和港澳旅游交流将会更加频繁。新的一年，政府会根据疫情防控的需要和形势的判断，适时启动入出境市场的政策研究，但是双边和多边的旅游交流仍将以线上为主。值得关注的是，粤港澳大湾区、"一带一路"国家和地区、东亚、东南亚等周边国家是值得关注的方向。意大利、希腊、中东欧等双多边旅游交流活动，以及古巴、多米尼加等加勒比地区的旅游合作，还有中国—非洲旅游合作也蓄势待发。有理由相信，政府会在RCEP（《区域全面经济伙伴关系协定》)、APEC、上海合作组织等多边框架内和主场外交中发出更多的声音。

各级党委和政府发展旅游的积极性将更加高涨,推进旅游业复苏振兴和高质量发展的措施将会更加务实。在新的一年中,世界级旅游城市、世界级旅游景区和度假区、国家级旅游城市和街区、冬奥旅游、乡村旅游、红色旅游,以及长城、长征、大运河、黄河和京张文化旅游带建设将得到务实推进,汇聚而成投资拉动和创新驱动的旅游经济增长新动能。同时也要关注制度创新和产业政策如何提高精准化和有效性,让地方、企业和广大游客有更多的获得感。

综合考虑宏观经济、疫情影响和市场因素,预计 2022 年国内旅游人数 39.80 亿人次,国内旅游收入 3.81 万亿元,同比分别增长 19% 和 27%,分别恢复至 2019 年同期水平近七成。预计入出境旅游人数同比增长达 2 成,恢复至 2019 年的 25% 左右。①

四、贯彻党的十九届六中全会和中央经济工作会议精神,稳步推进旅游经济复苏进程,加快建设现代旅游业体系

一是坚持稳字当头、稳中求进的经济工作主基调,统筹疫情防控和复工复业,把旅游企业的纾困解难放在更重要的位置上来。做好旅游业的"六稳""六保"工作,千方百计保证旅游就业不下降,旅游市场主体特别是中小微型企业不出现大规模倒闭和系统性耗散。尽快发布"十四五"旅游业发展规划,明确新形势下旅游业发展的指导思想、发展方向和优化路径。宣传贯彻即将召开的全国旅游厅局长会议精神,多渠道传递发展信心,形成旅游经济复苏的思想共识和精神动能。

---

① 数据来源:中国旅游研究院主编,《2022年中国旅游经济蓝皮书》,北京:中国旅游出版社,即将出版。

二是实施更加精准的疫情防控措施和更加积极的复工复业政策，避免因零散的疫情反复而加剧游客的恐惧和业界的恐慌。政策千万条，市场第一条。市场恢复了，预期稳定了，企业自然知道怎么去做生意。为保持正常的经济发展节奏，在国家和省级层面上慎踩"急刹车"，可以在地市级行政区域随疫情防控节奏"点刹车"。在稳住刚性出行基础市场的同时，千方百计释放观光、休闲和度假等弹性需求。大力发展美食、研学、艺术、时尚、非遗、红色、冰雪、避暑、体育等新业态，制定针对性强、易于落实的"旅游+""旅游×"业态培育专项行动计划。关注农村居民旅游新需求，拓展适应散客、自助、自驾等新型旅游消费空间，用新供给激发新需求。

三是为市场主体营造旅游复苏和创新发展所必需的制度环境、市场环境和项目支撑。加快推进世界级旅游城市、旅游景区和度假区、国家旅游休闲城市和街区等重大项目建设，率先打造世界级旅游目的地先行示范区，引导世界级旅游集团建设和中小微型企业数字化转型。加大中央预算内投资支持力度，提升旅游基础设施和服务设施建设水平。无论是基础设施建设还是公共服务，都要向各类国有和民营旅游企业，特别是旅行服务商、旅游住宿企业、旅游景区和主题公园开放，引导、鼓励和支持新型投资机构和技术研发机构开展旅游创业创新。要在延续旅游发展基金、暂退旅游质量保证金等既有政策的基础上，研究发布旅游企业纾困解难和稳定旅游就业的专项政策。

四是加强科技创新，加快建设现代旅游业体系，培育一批世界级旅游企业。加强科技创新和旅游装备制造业的提升水平。不能用第一产业的思维和传统的开发建设方式建设现代旅游业体系，没有科技支撑和数字化转型就没有现代旅游业的发展。无论是游艇、游轮、房车、宿营地、通用飞行器、无人飞机等旅游装备，还是冰雪旅游、山地旅游、避暑旅游的个人装具，还是治理能力现代化的提升，如果没有5G、北斗导航、大数据和人工智能的加持，旅游业的发展模式和作业方式将会在传统中徘徊。要引导、鼓励、支持旅游业的现代化转型，人员素质和专业技能的培训提升，还要注意引导、鼓励和支持新型投资机构和技术研发机构进入旅游领域中创业创新。

五是加强宏观调控和微观监管，特别是微观监管体系的建设，推进旅游领域治理体系和治理能力的现代化。在2021年治理不合理低价游成果的基础之上，着眼于散客、自助、自驾等新业态的旅游市场，提高预测、预警、预防的能力。既要管好4%的团客，也要服务好96%的散客；既要管好旅游景区和度假区小空间，也要用好主客共享的美好生活新空间；既要管好导游和旅行社小主体，也要培育新兴多元的旅游市场大主体。各级文化和旅游部门有必要建立健全旅游经济运行定期分析研判制度，以需求侧统计制度改革和大数据建设工作来牵引整个旅游统计和市场建设工作、市场研判工作，重点做好宏观政策、产业政策跨周期调节，保持旅游经济运行在合理区间。

六是加强世界旅游形势的研判，及时回应涉旅游议题的国际关切。中国政府和旅游业界应当，也可以为全球旅游市场复苏和世界旅游业高质量发展贡献中国智慧、中国方案。要创新方式，对外讲好新时代中国旅游故事，为疫后入境旅游市场发展做好必要的政策储备。

七是建设当代旅游发展理论，完善旅游统计体系，培育旅游领域中战略科学家和产业领军人才。为做好当前和今后一个时期的旅游工作，我们需要与新时代相适应的发展理念指引、理论指导和专业支撑。既要系统回答小康旅游的内涵，高质量发展的指标，世界级旅游城市、世界级旅游景区和度假区、世界级旅游集团建设等重大现实问题，也需要深入研究当代旅游发展是什么、为什么、做什么和依靠什么的重大理论问题。要引领理论和学术界对旅游的基本概念、基础理论、基本方法开展理论探讨，形成中国风格、中国气派的学科体系、学术体系和话语体系，从而为新时代的旅游业创新发展提供强大的思想力量和精神动能。

2021年旅游经济运行分析与2022年展望
北京·2022年1月1日

听见的声音　看到的信心

一、稳开低收的市场与波动收缩的消费

受宏观经济、产业政策和春节假日消费回暖的影响，2022年元旦到春节的旅游市场呈现出稳开缓升的复苏迹象。2月下旬开始，多点散发和局部地区规模发生的新冠疫情，导致旅游出游人次和旅游消费等主要指标明显弱于去年同期，吉林、上海等地的旅游消费更是走出了疫情以来的新低。由于缺乏需求侧和市场面的配合，面向供给侧和产业面的财政、金融和社会保障政策，短期内无法获得预期效应。从宏观数据看，一季度的旅游经济运行综合指数（CTA-TEP）为95.60点，同比和环比分别下降了9.7点和3.3点，处于景气荣枯线以下并呈持续下降趋势。与此同时，企业家信心和城乡居民的旅游意愿进入波动下行区间，系统内外和行业社会对旅游业也投入了前所未有的关注。过去的100天，无论是理性的探讨、宏观的政策设计，还是情绪化的观点表达，我们听见了所有应当被听见的声音，也看到坚持就是胜利的信心。

从消费面看，受新一轮疫情的影响，2022年第一季度弹性出游需求呈进一步收缩态势，旅游经济呈"稳开缓升低收"的格局。元旦、春节假期，全国国内旅游出游0.52亿人次、2.51亿人次，同比分别减少5.3%、2.0%，实现国内旅游收入分别达到255.09亿元和2891.98亿元，同比分别减少6.6%、3.9%，与去年第四季度相比，前两个月的降幅呈收窄趋势。

春节期间，全国国内旅游出游人数和旅游收入按可比口径分别恢复至2019年的73.9%和56.3%。2月下旬以来，旅游市场进入新一轮收缩期。从刚刚公布的清明节假期三天的数据看，全国国内旅游出游7541.9万人次，同比减少26.2%，其中省内游客占比94.9%；实现国内旅游收入187.8亿元，同比减少30.9%；游客平均出游半径95.0千米，较去年同期减少44.9%；目的地平均游憩半径4.9千米，较去年同期减少60.4%。游客平均出游距离首次收缩到100千米以内，目的地游憩半径首次收缩到5千米以内，双双创下节假日该项指标的历史新低。尽管如此，我们还是要看到有刚性出行、近程旅游和本地休闲托底，旅游消费的宏观基本面仍在。预计第一季度全国国内旅游出游9.73亿人次、国内旅游收入6400亿元，与2021年第一季度同比分别减少5%和13%，与2021年第四季度环比则分别有75%和16%的增长，按可比口径恢复至2019年同期的80%和47%。

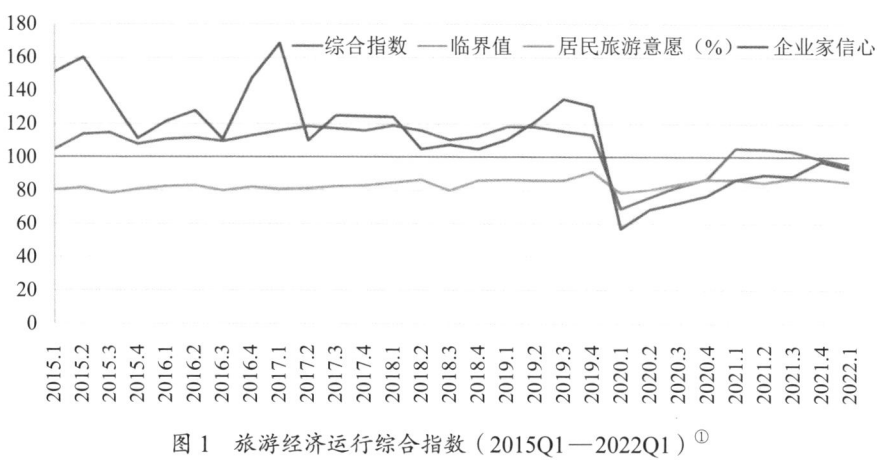

图1　旅游经济运行综合指数（2015Q1—2022Q1）①

---

①　图中数据来源于中国旅游研究院（文化和旅游部数据中心）标志性成果项目《中国旅游经济预警》之历年积累。该项目源于我主持的国家社科基金重大项目，曾获联合国世界旅游组织政策创新奖一等奖。特别感谢过去十五年的主要参与人员：唐晓云博士、马仪亮博士、何琼峰博士、胡咏君博士，以及统计调查所、数据分析所和旅游经济文化和旅游部重点实验室的诸位同事。如无特别说明，本文所引数据均来自该项目成果。

需要说明的是,上述数据是根据国家统计局批准、文化和旅游部发布的《文化文物和旅游调查统计制度》,由专业团队专门生产得来的。旅游统计的专业性强,旅游数据的公众关注度高,有些专业讨论甚至带有情绪化质疑也是正常的。根据国际惯例、国家法律和统计制度,特别是游客的技术性定义①,我们不能只统计团队观光旅游者而无视探亲访友、公务旅行、商务旅行和休闲度假旅游者的存在,否则将公务差旅和商务旅行纳入旅行社业务范围就可能面临学理和法理两个方面的考验;也不能将短于6个小时、少于10千米且在惯常环境内的小区散步、菜市场采购、看电影、逛公园,甚至开车路过某个开放式景区的本地居民都算作游客。当且仅当锚定了旅游者,我们才可能在共同的语境中讨论什么是旅游业,以及旅游业所面临的形势、动能和创新机会。事实上,所有为旅游者服务的企事业单位都是市场主体,进而构成消费视域中的旅游产业。随着国民旅游权利的彰显和旅游消费规模、结构和行为的变化,旅游产品的内涵、旅游产业的外延和旅游空间的边界一直处于动态演化的进程中。正是这种消费的、竞争的、动态的、宏观的,而非资源的、垄断的、静态的、微观的产业观,才让我们哪怕面临最黑的黑暗,也会有坚守的勇气和胜利的信心。②

---

① 根据旅游调查统计制度,游客认定需要4个技术要件,即离开惯常环境、10千米和6小时的时空约束、出游动机和不形成雇佣关系,明确指出因工作或者学习而在两个惯常环境之间的规律性往返的通勤行为不在旅游统计范围。有人因为每天上下班超过了10千米和6小时就想当然地认为自己"被统计了",或者"下楼做核酸经过了小区花园就算旅游了",答案是否定的。如果是出于对旅游统计专业的不了解而这样说,还可以理解,如果明明知道相关定义还这样说,就是不知出于什么目的带节奏了。

② 电影《滚滚红尘》结尾的台词一直记忆犹新:"我以为韶华会老,会死。可是没想到,她会死在另一个动乱的时代……也许唯一的安慰就是整个民族,陪她一起受难。"在巨大的灾难面前,没有任何人、任何群体、任何行业可以独善其身,而在伟大的复兴进程中,任何人、任何群体、任何行业也都将获得巨大的进步补偿。

二、市场下沉的机遇与国家政策的托举

昨天发布会的消息公布后,有朋友留言:"没有开放,何来信心?"业界期待早日战胜疫情,全面开放出入境和国内旅游市场,是完全可以理解的。问题是在疫情之前,市场是完全开放的,那时就没有悲观情绪吗?也是有的。任何时候,都会有人因为悲观而忧心忡忡、而无休止地抱怨,也会有人因为乐观而信心满满、而勇往直前。市场总是伴随着风险和不确定性,而风险和不确定性正是吸引成千上万的创业者投身其中的魅力所在。放长历史的眼光,没有任何力量可以阻挡人民对美好旅游生活的向往,包括自然灾害、战争、动乱和疫情,这是我们对旅游业永恒不变的信心。2020年春节过后,中央和地方就对包括旅游在内的国民经济各行业发布了系列纾困政策。国家发展和改革委员会、财政部、文化和旅游部等十四部委的新一轮服务业纾困政策,更是彰显了国家帮助特殊困难行业渡过难关的决心,也为旅游市场注入了更强的信心。在此,我更愿意与业界分享从旅游消费变迁、旅游市场演化、市场主体创新中看到的内生动能和复苏信心。

我们看到旅游市场下沉带来的发展机遇和商业空间。过去是城里人在旅游,农村人在接待,全面建成小康社会以后,越来越多的农村居民开始参与探亲访友和休闲度假等旅游活动了。2022年春节期间,全国出游游客中农村居民占比达到了38.1%的历史新高。受中青年游客提前回家过节、提前返程,老年人反向过年的影响,主要务工输出地和传统客源地的旅游热度上升明显。四川、广东、江苏、湖南、安徽、湖北、浙江、河北、广西和河南游客接待人数居前。调查表明,44.7%的回乡务工人员在春节返乡探亲期间,将商业街区和购物中心作为休闲首选,直接带动了中小城市和县域中心城市的游乐园、主题公园、经济型酒店、特色餐饮和旅游购物业态的发展。相对于商务旅行和市民休闲的红海,日新月异的农村居民旅游市场是有待开垦的处女地,是蓝得不能再蓝的蓝海。

我们看到短途游、城市周边游和本地休闲带动了旅游目的地的消费活跃度上升。疫情以来,本地休闲、近程旅游、近郊度假带动了客源地市场活跃度提升,探亲访友、都市休闲、乡村度假、冰雪休闲、避暑旅游、研学旅行、自驾出行成为市场主流。城市周边的郊野公园、文化公园、森林公园、地质公园、水利公园、主题乐园和度假区、冰雪世界、乡村民宿等旅游空间,成为家庭游和亲子游的乐享地。部分区域旅游市场增长明显,一线城市更是领跑休闲旅游新赛道。环球影城、迪士尼、欢乐谷、融创雪乐园、银基冰雪度假区等主题公园和度假区,春节期间出现"满房"和限流的现象,上海市民酒店过年贡献了40%的入住率。市民休闲和近程出游为定制旅游、本地生活体验和社群经济+旅游等产业创新和业态创新,提供了前所未有的商业机遇,并在携程、去哪儿、马蜂窝等旅游平台和腾讯、美团、字节跳动、小红书等社交平台上成为现实。

我们看到冬奥会为冰雪旅游、体育旅游和乡村旅游带来了新的增长点。第一季度,北京冬奥会和冬残奥会带动了冰雪旅游消费,拓展了旅游业的市场空间。中国旅游研究院(文化和旅游部数据中心)调查显示,39.7%的游客春节期间参与了冰雪旅游项目。春节前三天,滑雪门票订单量、酒店预订量和酒店人均消费就分别同比增长了33%、52%和13%。除中青旅、中旅旅行等国有企业直接参与冬奥会和冬残奥会服务外,春秋、广之旅、携程、景域驴妈妈等旅行服务商,美团、京东等本地生活服务商,字节跳动、腾讯、阿里、百度、高德及旗下的新媒体平台,银基、融创等冰雪旅游运营商,东北、西南、新疆和北京—张家口沿线的滑雪场,以及主题酒店、民宿等旅游住宿业态也获得了冰雪旅游和冰雪休闲的市场机会。

我们看到科技+旅游、文化+旅游、旅游+世界的领域中的逆行者取得了预期的商业成就。依靠境外消费回流和服务贸易进口替代效应的影响，旅游零售业务一直保持着令人满意的增长。1—2月，中免集团整体营收增长了20%，净利润增长20%左右。春节期间，海南、新疆和上海、北京等地的高端度假市场热度已经在回升，新疆的酒店预订间夜量较去年春节同期增长110%。春节期间91.4%的游客参与了文化体验活动，81.8%的游客参与了两项以上文化体验活动。参观历史文化街区、博物馆、美术馆的游客比重进一步上升，春秋的"建筑可阅读，城市微旅行"等主题线路和"包个小院儿过年"等近郊区微度假创新产品获得了市民和游客的广泛认可。自驾旅游、家庭出游、小团定制、"研学＋非遗"成主要出游方式，带动了细分市场的消费升级。

我们看到旅游投资机构和旅游市场主体面向新需求、培育新动能、研发新项目、创造新模式的创新努力。长期以来，旅游投资和产业供给主要以自然资源和历史文化资源的开发为主，一些"无中生有"的旅游项目由于缺乏市场支撑而成为急需盘活的存量资产，甚至负资产。两年多的疫情让旅游业重新认识到市场的力量，开始以消费的视角重新审视旅游资源开发、项目建设和产业创新。越来越多的旅游企业开始关注近程旅游和本地休闲市场，强调文化引领、科技创新、融合发展，以增量投资带动存量优化。过去我们受资源约束，认为"冰雪不过山海关"，一讲冰雪旅游就想着去东北、华北和西北地区投资。中国旅游研究院（文化和旅游部数据中心）调查显示，冰雪旅游消费客群和热门冰雪旅游景区的市场存量中，南方均占据七成以上比重，且人均每次消费的客单价更高，后劲更大。在这一背景下，旅游投资和项目建设开始逐市场而动，更加重视常住人口多、经济增长快和社会发展水平高的城市消费力，重点布局华中、西南和华南的冰雪休闲项目，并取得了商业成功。

我们还看到重资产项目转向轻资产运营的动向，加速推进旅游业态和商业模式的市场化融合。疫情以来，传统旅游市场的收缩和"房住不炒"的政策压力，进一步加剧了重资产旅游项目的资金平衡风险。一些成熟项目开始轻资产运营如品牌加盟、渠道合作和服务增值。例如海昌海洋公园轻资产拟布局环渤海、珠三角、长三角、西南等地区，华强方特高科技开始向三四线城市输出游乐产品和运营团队，即将封关运作的海南自贸港也成为一些旅游集团和上市公司的总部注册地和投资目的地。为吸引更多客流和消费，旅游综合体、度假型项目等自身也在不断破圈和重构边界，通过影视+、研学+、体育+、商业+、会展+，以及"+旅游"等多种类型的跨界元素融入，以适应消费升级和一站式休闲度假的需求，如凯悦携手安踏打造 FILA 斐乐品牌生活方式酒店等。除传统的山水林草和历史文化景区、奥运场馆、工业遗存、商业综合体和郊野公园，以及乡村振兴、新型城镇化进程中的国土空间，都可以通过旅游开发吸引客流，从而达到增加消费热度和资产增值的目的。

三、不确定的四月与相对乐观的二季度

已经到来的第二季度，城乡居民仍将保持较高的出游意愿，消费决策更加谨慎，存在局地暂时回调的可能，但是旅游市场波动复苏趋势不会改变。中国旅游研究院（文化和旅游部）专项数据显示，未来3个月内城乡居民出游意愿为86.33%，同比、环比分别上升2.14和1.01个百分点，居民出游意愿处于高位区间。本地和近程旅游、跨省市旅游意愿分别为52%和34.7%，近郊旅游涨幅明显，同比增加8.5个百分点。综合考虑"五一"、端午等节假日的旅游市场拉动，"5·19中国旅游日"前后的浓厚旅游氛围，各地旅游纾困扶持政策和供给创新等利好因素，以及居民消费预期减弱、弹性消费下降，特别是疫情反弹等不可控变量，如果疫情在四月中下旬得到全面控制，过去27个月积累的出游力可能让旅游市场走出三月的

"倒春寒",并带来一个令人期待的"小阳春"。

旅游业"十四五"发展规划的落地实施,加上新一轮的纾困扶持政策的贯彻落实和地方创新,将从政策托举和供给拉动两方面为上半年的旅游经济带来可以预期的增长空间。随着财政政策、金融政策和产业纾困扶持措施的综合发力,中央和地方对基础设施、公共服务和科技创新的持续投入,旅游发展的基础更加坚实,为旅游经济运行注入更多的市场信心。国务院将部分地市的旅游发展列入了督查激励名单。云南省出台《云南省支持文旅产业应对新冠疫情加快转型发展若干措施》,统筹省级财政拿出10亿元推动旅游业复苏。"筑梦冰雪·相伴冬奥"全国冰雪旅游精品线路、智慧旅游典型案例、首批国家级冰雪旅游度假区和国家级旅游休闲街区等全面发布,有力地拉动和培育了旅游消费的新增长点。随着世界级旅游城市、世界级旅游景区和度假区、国家级旅游休闲城市和街区、红色旅游和乡村旅游、国家文化公园和国家公园等重大重点项目建设的展开,加上民航、铁路、交通、新基建、公共文化等重点领域的投资,将对旅游业发展形成长期利好支撑。

考虑到旅游经济运行对疫情防控政策的影响更加敏感,相对于投资和供给侧,市场主体更加关注消费需求和旅游市场的变化。由于新一轮的疫情发生,拟调整的跨省熔断机制延后实施,导致供给侧财政、金融和社会保障政策的实施效应有所弱化,对旅游市场的影响也相对有限。可以预见的是,旅游投资和项目建设将更加关注替代出境的休闲度假、中产阶层的短程旅游和本地休闲、下沉市场消费升级需求,以及休闲农业和乡村旅游、虚拟旅游和沉浸式演出等文化、科技和旅游融合发展领域。

综上所述,我们有理由对上半年的中国旅游经济给出偏于相对乐观的预期①，但是存在着疫情反弹带来的不确定性影响，需要对疫情的动态清零、防控政策、居民旅游意愿和企业家信心保持密切关注。未来三个月，受全球疫情、俄乌冲突、大宗商品价格高位波动等因素影响，外部环境更趋复杂严峻和不确定。在需求收缩、供给冲击、预期转弱等压力下，国民经济仍然表现出固有的韧性和发展定力。国内旅游市场在短期和局部可能有波动，但是长期复苏向好的趋势不可逆转。投资机构和旅游市场主体的增长乏力，研发、推广、招徕、接待等商业活动趋于"冬眠"，企业家信心流失和流动性短缺成为旅游复苏不得不面对的难点和痛点。在综合研判的基础上，我们预计2022年上半年国内旅游出游人数为19.08亿人次，国内旅游收入为1.71万亿元，同比会有小幅的正增长，分别恢复至2019年同期的62%和61%。上半年入出境旅游预计保持去年同期水平。受金砖国家元首峰会影响，政府和行业间的旅游合作将趋于活跃，但是入出境政策大概率不会出现大的调整，除澳门特别行政区外，入出境旅游市场不会有大的变化。

四、每一种声音都应当被听见，每个人的努力也应当被看到

新冠疫情对旅游业的影响已经两年多了，旅游市场主体面临着越来越大的经营困难，是无须多言的事实。旅行服务商的现金流基本枯竭，业务和技术骨干流失严重，星级酒店、民宿、景区和度假区也是勉力维持，中小微型旅游企业面临着前所未有的生死考验。十四部委发布的新一轮政策虽然为市场注入了信心，但是不同所有制、不同领域、不同规模的市场主

---

① 经济预测离不开基于统计指标和大数据的定量研究，也需要面向决策部门和社会公众的专业研判，一般会使用积极乐观、乐观、相对乐观、谨慎乐观、相对悲观、悲观、深度悲观等词组表达对未来的预期。本文用了更加谨慎的"偏于相对乐观"表述。去年年底对第一季度旅游经济的预期是"谨慎乐观"，略好于去年第四季度和今年第一季度。

体的获得感差异较大。最近一个时期以来，越来越多的业者通过基层主管部门、行业协会和商会、新闻媒体和互联网平台发出声音，他们希望有人关注，希望得到援助，希望有切实的政策获得感。无论是反映问题，还是提出诉求，任何机构任何人的声音都应当被听见。无论是理性的诉求，还是情绪的表达，甚至让人不舒服的误解和责怪，所有的声音都应当被理解。每一位听见这些声音的人，无论是政府、学界还是社会，都应当感同身受并施以援手，而不能简单视之为哭穷和卖惨或者是不得不付出的代价。因为，他们倾其一生的才情和努力为国民旅游权利和旅游业高质量发展而奋斗；因为，他们有权利获得稳定的预期和合理的回报；因为，我们有责任也有能力为他们提供力所能及的帮助。

希望各级党委和政府以更大力度贯彻落实国家对旅游业的纾困扶持政策。待本轮疫情得到有效控制后，及时发布疫情管控的调整方案，有序放开市场，压实旅游系统疫情防控责任的同时，推动地方的政策创新和市场主体商业创新。持续释放有利出游、鼓励消费的市场预期，营造有利于中远程旅游消费的市场环境。让居民放心出游，愿意消费，让企业愿意投资，有生意可做，才是助企纾困的根本之道。还需要加强政策落实的进度监测与绩效评估，及时推出一批可复制可推广的复苏模式和创新经验。

希望各级党委和政府以更大力度贯彻落实《"十四五"旅游业发展规划》，有效推进旅游业高质量发展。加快世界级旅游景区和度假区、国家级旅游休闲城市和街区建设，统筹地方、行业和社会力量，提升游客满意度和企业获得感。加大城市现代生活类旅游资源开发力度，引导和支持街区、商圈、文化场所、奥运场馆、城市公园的旅游利用，为市民和游客营造丰富多样的主客共享美好生活新空间。适应近程旅游和本地休闲的现实需要，推出一批城市公园和郊野公园旅游线路和休闲项目。在投资方向、投资模式、产品研发和服务提升方面给予基层和行业更加专业的指导。

希望各级各类旅游市场主体不断增强内生动力，发现市场新需求，拓展商业新空间。《国际歌》唱得好啊！从来就没什么救世主，也不靠神仙皇帝。要创造人类的幸福，全靠我们自己。听见的声音并不意味着许个愿就会有大力士从神灯里跑出来救自己，看到的信心更不意味着天上会自动掉下些馅饼来。正确的市场打开方式不是旅游业坐等游客找上门来，而是成千上万的旅行服务商、旅游住宿运营商、旅游景区和度假区、旅游演艺、餐饮和购物企业拼尽全力去发现旅行新需求、培育休闲新市场，将专业服务送上门去。在大众旅游全面发展、科技创新广泛应用、Z世代引领消费的时代，过去未去，未来已来。旅游集团和中小微型企业当以"文化引领+科技创新""新基建+传统项目""旅游需求+休闲空间"为导向，在复苏和创造的火焰中凤凰涅槃，再造旅游产业价值，重塑旅游业者尊严。

2022年一季度旅游经济形势与上半年展望
北京·2022年4月6日

过去未去　未来已来

据文化和旅游部官方网站消息，2022年劳动节五天假期（4月30日至5月4日），全国国内旅游出游1.6亿人次，同比减少30.2%，按可比口径恢复至疫前同期的66.8%。实现国内旅游收入646.8亿元，同比减少42.9%，恢复至疫前同期的44.0%。

对于14亿人口的国家来说，平均每天3100万人次的出游，2%的出游率，符合当下的市场预期和直观感受。节假日期间，居民出游更趋谨慎，出游距离、目的地游憩半径等旅游活跃度指标进一步收缩，旅游消费降幅明显高于出游人次，市场主体获得感进一步降低。我们也注意到，在跨省和远程市场下降的同时，本地休闲和周边游成为劳动节假日旅游市场的重要支撑，郊野公园、山地河谷、乡村民宿成为新型旅游空间和接待场所。自驾、自助、小团、露营、徒步、登山、赏花、非遗、研学、美食成为假日旅游消费新亮点，云旅游、数字化、元宇宙成为旅游业态创新关键词。从宏观层面的市场信息、微观层面的消费数据和市场主体动向看，大众旅游和国民休闲的基本需求没有变，但是消费行为和发展动能变了；传统旅游业者的市场观念、经营理念和商业模式没有过去，但是以科技、文化、教育和人才为代表的旅游新势力来了；自然资源、文化遗产和增量投资的目的地发展模式还在，但是主客共享、文旅融合、存量优化、边界重构的旅游业高质量发展时代来了。我们透过纷繁复杂的市场数据和产业信息看到了：过去未去，未来已来。

一、大众旅游全面发展的新阶段没有过去，小康旅游已经萌芽并显示了旺盛的生命力

《"十四五"旅游业发展规划》（国发〔2021〕32号）指出：旅游已经成为人民生活的刚性需求。从过去两年的旅游经济走势，包括这次劳动节假期旅游市场数据来看，疫情并没有阻挡人民对美好生活的向往。人民有保证生命安全和身体健康的权利，也有免于恐惧的自由。这种权利和自由属于城市居民，也属于农村居民，并构成共同富裕的内在要求。过去的五天假期，农村居民出游率为4.5%，出游人数占假期国内游客出游人次的14.2%，这是一组值得持续关注的数据。按各地政府要求做好防控措施的同时，城乡居民遵循"限量、预约、错峰"的原则，抓紧一切可以利用的时间去休闲、去旅游。境外去不了就境内游，跨省游熔断了就省内游、周边游和本地休闲。旅游景区和度假区关闭了，就去城市公园、郊野公园，去山川、去河谷、去草原、去森林，到访一切愿意到访也能够到访的开放空间。

游客在疫情期间以近处风景和本地生活为导向的休闲行为，让旅游丰富精神文化生活和提升生活品质的时代特征更加彰显，同时，也在改造和丰富着传统的旅游空间。传统的旅游空间是旅游规划、资源开发和市场宣传的结果，并且独立于目的地居民的生活空间，新型旅游空间在融入城乡居民的生活空间和休闲场景的同时，还经由周边旅游、本地休闲和近处风景的欣赏而创造出全新的旅游空间和消费场景。需求更新和市场演化正在倒逼旅游供给方式的变革，传统旅游业态的衰落不可逆转。与此同时，数字化、元宇宙、生态观、文化和艺术对旅游业的改造又为旅游业带来了全新的发展机遇，旅游发展理念、价值创造和治理体系正在步入小康旅游的

全新时代。

在看到旅游意愿和消费潜力仍然处于高位区间的同时,也要看到游客的信息获取、目的地选择、出游方式、消费结构和核心诉求发生的革命性变化,经此一疫,游客将更加注重安全、品质和个性化。中国旅游研究院(文化和旅游部数据中心)专项调查显示,受所在地区的疫情防控政策调整影响,24.2%的游客变更了活动场所,将人群聚集区的活动更改为开阔区的野餐、露营等;13.8%的游客取消了游程中的群体性活动,13.0%的游客取消了住宿和门票预订。大众旅游高速发展的前二十年,游客对旅游目的地的选择有着清晰的指向性,对于游程、线路和时长有着明确的计划性。近年来,游客对于目的地的选择和旅行计划趋于模糊化,很多人对于节假日和周末要去哪里和玩什么并没有特别清晰的想法,特别是不一定要去游览热门景区。从出游动机看,节假日期间的家庭休闲、亲近自然和亲子研学比例分别为39.7%、25.1%、24.1%。从出游方式看,大众旅游的初级阶段,旅行社为游客安排一切,人们就像去超市购买商品那样购买了一次旅行服务。随着智慧旅游的兴起,在线旅行商、游记分享和社交平台、数字化产品和沉浸式服务成为旅游新业态,游前攻略、游中自助、游后分享成为自助游群体的标配。今天已是95后入场的小康旅游新时代,旅游与休闲的时空边界趋于消失,消费行为逐渐融合。

这个假期值得关注的还有澳门特别行政区的旅游数据。劳动节假期第一天,澳门特别行政区共接待4万余人次持旅游证件入境,创下单日入境游客年度新高,主城区酒店入住率达到50%以上,实现了超预期增长。事实上,旅游市场量价回升的态势持续到整个假期。这主要归功于澳门特别行政区的疫情防控政策和过去十多年世界旅游休闲中心的建设成果,打造了一个安全、高品质的旅游目的地形象和旅游供给体系。透过数据,我们也看到澳门旅游局的积极作为和旅游业界的自救努力。

二、区域和城乡旅游目的地非均衡成长格局没有改变，客源地主导的旅游经济新时代已经到来

随着旅游市场复苏和产业升级进程的加快，客源地主导旅游经济增长的趋势将越发明显。对于旅游投资机构和全国布局的旅游运营商而言，得客源地得天下。当下和未来一个时期，国内生产总值及其增速、人口基数及其净流入量将是客源地排序的重要指标。除了北京、上海、广州、深圳等一线城市和副省级城市、省会城市外，还有26个普通地级市2021年的GDP总量超过5000亿元，其中苏州（22 718.00亿元）、无锡（14 003.24亿元）、佛山（12 156.54亿元）、泉州（11 304.17亿元）、南通（11 026.90亿元）、东莞（10 855.35亿元）6个城市超过万亿元。从节假日旅游数据来看，这些城市既是主要的旅游客源产生地，也是民宿、主题公园、度假区、旅行服务等业态创新的聚集地。

城市客源和旅游消费去了哪里？首先是本地休闲、郊野度假，其次是周边和近程旅游，然后才是跨省游、远程旅游和出境旅游。有监测以来的历史数据表明，城市居民的节假日平均出游距离从来就没有超过300千米，也就是高铁2小时，自驾车3~4小时的距离。令人遗憾的是，本地为主、外地为辅，近程为主、中远程为辅，由近及远、涟漪扩散的旅游市场规律，在国内旅游市场高歌猛进的二十多年里居然被政产学研各界有意无意地忽略了。疫情以来，城市居民出游距离和游客在目的地游憩半径更是大幅度收缩，清明节分别收缩到100千米和5千米以内。劳动节假期延续了这一态势：游客平均出游距离99.6千米，较去年同期下降33.2%；游客在目的地的平均游憩半径6.0千米，较去年同期下降60.7%。这意味着城市和郊区成为当前旅游消费和休闲活动的主要空间，也是旅游市场的底线支撑。那种无视本地休闲需求和周边旅游消费，直接将远程甚至海外客源作为自己的目标市场，通过大项目和大投资在短期内快速拉升旅游经济总

量的发展模式，理论上不成立，实践上行不通。希望这次疫情能够让旅游业获得应有的进步补偿，包括理论创新和实践反思。发展理念要回到老百姓的常态化生活方式上来，回到主客共享的空间营造上来，回到科技和文化赋能资源存量上来，让旅游紧密融入人民的美好生活中，而不是想当然地"找唯一、做第一、无中生有"，这样的旅游业才是稳健的、可持续的。

为发展社会事业，满足城市居民的精神和文化生活，城市建设了越来越多的绿道、社区公园、遗址公园、水体、植物和文化景观公园、郊野公园、地质公园、森林公园和博物馆、美术馆、科技馆、图书馆、文化站等公共文化设施。这些场馆设施和高品质的公共文化服务，加上完善的商业环境和便捷的物流体系，对城市居民产生"系泊效应"的同时，也对周边城镇和乡村形成"虹吸现象"。中国旅游研究院（文化和旅游部数据中心）专项调查显示，劳动节假日期间，城市居民选择市内和郊区旅游的比例为54.4%，出游距离在100千米以内的比例为51.5%，86.4%的游客出行不超过300千米。低风险地区客流由城市中心向周边近郊转移，旅游目的与客源地的重构显现更加明显，一些游客将原本计划的一次远程游切分为多次近程游。

需要指出的是，在共同富裕和文化强国的建设进程中，旅游与文化不仅会融合，还将互鉴。当旅游的文化属性和社会功能得到越来越多强调的同时，公共文化体系完善、文化产业活跃度高、艺术时尚氛围强的城市将对本地居民的消费偏好和出游决策产生决定性的影响。国际经验和地方实践表明，城市包括下沉市场的县域中心城镇的旅游竞争力越来越取决于文化、教育、科技、人才和资本的创造力，而不是自然环境和文化遗产的稀缺性。游客在疫情期间的消费行为和市场数据，已经以前所未有的社会实验方式有力证明了这个理论假设。社会生活正常化以后，客源城市在旅游经济体系的中心地位和主导作用将会更加明显。旅游投资机构、服务主体和从业人员要想重归旅游经济体系的中心位置，重构行业价值和业者尊严，对未去的过去和已来的未来不可不察、不可不预也。

三、传统的市场主体还在唱着怀旧的歌谣，数字化赋能的新生力量已经吹响了现代旅游业和科技创新的集结号

即使没有疫情，旅游部门依法统计和依规发布的节假日旅游市场数据也总是引来部分业者的质疑，总觉得"热闹是他们的，我什么也没有"。2020年春节以来，比惨求关注、调侃宏观数据似乎成为自媒体和传统业者的必修课。对于政府机构和公共部门来说，倒也不必讶异，在每个地方、每个行业、每个人都在承受巨大压力的今天，我们需要认真倾听每一种声音，也应当传递每一份信心，更应当理性引导社会舆情和创新发展的方向。

我愿意重复过去几年一直在讲的几个观点：是旅游者定义旅游业，而不是旅游业定义旅游者；跟团游、坐大巴、住酒店、逛景区的城乡居民是旅游者，自助、自驾、自由行、住民宿、当日往返的城乡居民也是旅游者；旅游业没有天然的嫡系部队和主力军，谁能够满足旅游者的需要，谁能够推动旅游业高质量发展，谁就是旅游业的嫡系部队和主力军。旅游者在哪里，旅游业就应当跟到哪里，传统业者不去满足，自然就会有创业创新者去满足。

节假日期间，我们看见了旅游休闲新需求，以及由此而来的市场机遇。中国旅游研究院（文化和旅游部数据中心）专项调查显示，劳动节假期选择自驾的游客比例为53.6%，89.9%的游客有行前购物行为，冲锋衣、登山鞋等休闲服饰，帐篷、防潮垫、折叠桌椅等户外休闲装备，桌游等便携娱乐装置为行前购物的普遍选择，占比分别为25.8%、24.3%和18.8%，更不必说野餐必备的零食、啤酒和软饮料了。无论是跨省游还是本地休闲

和周边游，餐饮都是刚性消费，在这个假期，"高端露营""精致野餐"已经成为居民近郊出游首选。专项调查显示，劳动节假日期间，旅游消费中的餐饮占比为22.9%，居各项消费的首位。无论是行前的信息获取和户外装备用具的购置，还是游憩期间的知识付费和衍生需求，旅行服务商和导游人员都是可以通过直播+直销、外卖快递和无人机作业等方式获取商机的。事实上，小红书、抖音、哔哩哔哩已经在这么做了，如果旅游业者坚持"集中采购—门市销售—团队导游—消费回佣"的作业方式，就算没有疫情，也是难以留住曾经的辉煌。

节假日期间，我们看见了旅游发展新动能的集聚、新业态的萌芽，也看到了传统业者的创新努力，更看到了政府纾困的政策效应和业界自救的行业信心。受疫情影响，游客将更多目光投向传统热门景区以外的旅游景点和活动，活动空间从景区、城市公园、旅游度假区、博物馆、科技馆等传统旅游资源转向乡村、自驾、户外休闲、菜市场等主客共享空间，对当地生活环境、生活方式的深度体验，对生活周边近处旅游资源的再定位，创新本地休闲空间和旅游业态，稳定了假日旅游消费市场。专项调查显示，86.3%的游客选择新兴景区，是选择传统热门景区游客的6.3倍。用不了多久，我们就会发现某个空间是不是旅游景区，并不取决于它是否挂上风景名胜区、水利风景区或者A级旅游景区的标牌，而是取决于有没有游客到访。

适应数字化、微旅游的市场需求，各地政府和企业推出了一批新项目和新产品并获得了市场的积极回应。专项调查显示，游客假日期间体验科技旅游、太空旅游、虚拟游的比例分别达到27.0%、16.5%、12.6%。南京旅游集团推出的"直升机+热气球+帐篷露营"三位一体滨江新潮体验项目和幕燕飞行营地在假期都是叫好也叫座。北京乡村民宿每间夜预订均价超过2000元，深圳、惠州、杭州、成都、青岛的均价达到1000元以上，成都、绵阳、宜宾、广安、雅安、巴中等地大部分特色民宿、精品民宿"一房难求"。海南各地深度挖掘城市近郊和周边资源，引导市民游客发现"家门口的精彩"。威海市推出共计151项微度假产品，江门市举办"品游江门微度假"主题活动。西安大雁塔、岳阳洞庭湖景区出现游客拥挤现象，张家界三大景区假期前三天接待游客超过8万人。

我们也注意到有媒体报道黄山导游做直播、采茶、种菜，莫干山的民宿员工去山上挖笋。相对于比惨躺平等救济，他们在旅游市场萧条期间想方设法自救，靠自己的力气、本事和智慧吃饭，不丢人！如果还能在相关的领域做些力所能及的创新，就更加令人钦佩了。其实，在历时数年和波及全国的疫情面前，受影响的又何止旅游一个行业呢？每个地方、每个行业、每个人都过得比过去更难，我们需要听到每一种声音，也需要看见每一个人的努力，更需要以理性引领万千业者创新前行。

若干年以后，中国旅游史该如何记载2022年劳动节的五天假期呢？答案或为：看似乏善可陈，却又诸变待发。

2022年劳动节假日旅游市场特别评论
北京·2022年5月5日

在粽叶飘香的初夏，我看见了旅游的春天

一、端午节的初夏与旅游业的早春

北京、上海等主要客源地疫情防控政策调整，各地根据文化和旅游部 6 月 2 日发布的《文化和旅游部办公厅关于加强疫情防控 科学精准实施跨省旅游"熔断"机制的通知》陆续恢复"跨省游"，贯彻落实旅游惠民和助企纾困政策，有效提升了端午节假日期间居民出游意愿，推动了旅游消费由去年国庆节假日以来的持续收缩转向稳步扩张，止住了旅游经济进一步下滑的趋势。由于各地对外地游客抵离和居留期政策普遍维持严格的防控政策，加上卫健、交通、商务、文旅和社区在旅游空间和接待场所管理上的协调机制有待进一步优化，旅游消费的有效需求有一个稳步回升的过程，导致中远程出游市场相对于近程市场主体尤其是旅行社、旅游景点和星级酒店等传统旅游企业的获得感相对偏弱。综合统计数据、市场信息和综合研判，旅游经济虽然还没有迎来全面复苏和系统回升的新格局，但是消费意愿和产业信心稳步回升了，旅游经济的基本面稳住了。端午节假期可能成为 2022 年度旅游经济运行止跌回升的转折点，并为暑期和下半年旅游经济运行奠定稳中向好、好中向优的市场基础，高质量发展的趋势将更加明显。

根据文化和旅游部官方网站消息，端午节假日期间（6 月 3 日—6

月 5 日），全国国内旅游出游 7961.0 万人次，同比下降 10.7%，按可比口径恢复至疫前同期的 86.8%；实现国内旅游收入 258.2 亿元，同比下降 12.2%，恢复至疫前同期的 65.6%。应当说，这组数据是符合节前预期和各界实感的。相对于宏观总量数据，我们更关注出游时间、出游距离、目的地游憩半径、户外休闲活跃度等旅游消费行为和消费结构的指标变动。端午假日期间，游客平均出游半径 107.9 千米，较今年劳动节假日提高 8.3%；游客在目的地的平均游憩半径为 7.6 千米，较今年劳动节假期提高 26.1%。假日期间省内游客占比 92.4%，与劳动节假期相比无明显变化。农村居民出游率 3.4%，农村居民出游人次占全国国内出游总人数的 20.1%。游客满意度 79.2，处"基本满意"水平。本地游、周边游、自驾游仍然是节假日旅游市场的主流，户外、露营、非遗活化、酒店微度假等产品成为热门选择，旅游消费的增长滞后于出游人次的扩张，但两者之间的差距较清明和劳动节假期明显缩小。

二、渐行渐远的风景与越来越近的文化

从出游距离、目的地游憩半径和消费活跃度看，对比清明节和劳动节假期，端午节假日旅游市场呈现明显的扩张。与元旦、春节、清明节和劳动节假日旅游市场景气和消费活跃度局限在客源输出地的大城市不同，端午节假日期间各地普遍呈现市场回暖迹象，有效提升了全国旅游市场的区域均衡度。值得关注的是，中西部旅游目的地市场景气度较高，西藏、安徽、江西、海南、广西、浙江、宁夏、湖南、甘肃、河北等地旅游市场复苏水平领先于全国。中国旅游研究院（文化和旅游部数据中心）大数据监测显示，端午节假日期间游客接待量居前的省域包括广东、四川、江苏、湖北、山东、河北、河南、浙江、安徽和陕西。相对而言，上海、山东、重庆、四川、湖北、青海、辽宁、内蒙古、北京、山西等地游客接待量同

比减幅较大。

游客参与民俗文化活动和旅游空间引入文化活动，让更多的非物质文化遗产活起来了。2006年5月，国务院将端午节列入了首批国家级非物质文化遗产目录；自2008年起，端午节被列为国家法定节假日。2009年9月，联合国教科文组织正式将端午节列入人类非物质文化遗产，这也是中国首个入选世界非物质文化遗产的目录。端午节假期，传承优秀传统文化、文化融入当代生活品质感、赓续红色文化构成了旅游市场最突出的特征。

端午节假期，非物质文化遗产、民俗旅游热度持续高位，古镇园林、乡村民宿、户外露营、江河夜游、动植物园、徒步、骑行等吸引更多游客体验。值得关注的是，旅游景区、郊野公园和度假区等典型旅游空间，不同于清明节和劳动节假期的冷清现场，端午节假期各类线下活动明显增多，各地争相在传统的旅游空间举办丰富多彩的"旅游惠民""文娱惠民""非遗惠民"活动。龙舟比赛、汉服游园以及包粽子、香包制作等体验类活动，融传统文化风俗于旅游度假场景，为游客的文化旅游提供更多消费选择。中国旅游研究院（文化和旅游部数据中心）专项调查数据显示，端午节假日期间，公共文化场馆、都市商圈、景区、市内公园进行文化休闲的受访者分别占比29.7%、47.7%、44.9%、23.0%，游客倾向于在相对开阔区域参与文化活动。

自驾出行是家庭和自助旅游者最重要的出行方式，与此相关的高速公路、风景道、服务区、汽车营地、汽车影院等空间场所和服务项目迎来了全新的发展机遇。中国旅游研究院（文化和旅游部数据中心）专项调查显示，端午假期居民出游范围为市内和城郊的占比达52.2%，47.0%的受访者选择了缩短出游距离，49.0%的游客出游不超过100千米，87.4%的游客出游不超过300千米。过半游客选择自驾出游，占比达51.2%。

三、传统业者的创新与新型业态的入场

受疫情防控影响，27.8%的游客和居民出行安全费用支出增加、18.8%的受访者愿意为安全性更好的旅游产品付费。专项调查数据显示随着户外露营、采摘等旅游休闲热度增加，43.2%的受访者表示调整了活动内容，从聚集活动变为开阔区的野餐、露营等。游客消费偏好的改变促进了户外服饰、户外装备、便携娱乐设备等行前消费增加。88.7%的受访者进行了行前消费，其中户外服饰（43.9%）、帐篷等旅游装备（43.5%）、桌游等娱乐产品（33.1%）成为行前消费主要内容。自驾、亲子、露营、酒店微度假等产品是热门选择，亲子家庭"组团遛娃"仍受更多人青睐。端午民俗、农耕采摘、露营野餐、漂流消暑成为端午热门主题。

受消费需求变化的影响，旅游市场的恢复并不必然导致旅游产业景气的同步上升。传统的旅行服务商、旅游景区和星级酒店，如果还是坐等游客上门的传统思维，结果就只能坐视创业创新者收获得新一轮市场红利。我愿意重申过去两年一再强调的观点：经此一疫，旅游业回不到过去了；去旅行社化、去星级酒店化、去旅游景区化已经成为必然的趋势，旅行服务商、旅游住宿运营商和主客共享美好生活新空间的时代已经到来；人口红利和资源驱动的发展模式属于过去，文化、科技、人才和资本共同推动的创业创新的时代正在来临。旅游新势力的加速入场，在可见的未来，必将在露营经济、后汽车产业、科技+旅游、公共文化和休闲服务等领域酝酿现象级创业创新项目，并做好了疫情过后的入场准备。

旅游复苏进程中，需求变化、动能转化和市场竞争加剧，既蕴藏着全新的发展机遇，也面临着前所未有的变数与挑战。对于每一家旅游市场主体和每一位旅游从业者而言，躺平绝不可取，躺赢也绝不可能，怎么办？唯有奋斗才是正确的打开方式。在这个端午节假期，我们看到了传统旅游业者的创新努力。广之旅、上海春秋、携程、去哪儿、开元、南京旅游、

岭南商旅等旅游集团20强已经就"文化如何成为大众旅游新动能"给出了答案。比如广之旅的"欢乐亲子游，南沙、增城2天"产品，比如花园酒店全力打造首个酒店专业博物馆，讲述酒店故事、广州故事和中国故事，成为吸引游客到访的旅游文化新地标。春秋旅游组织"崇明岛一日游""外滩摄影游"等假期观光游活动，助力市民假日休闲。北京、上海欢乐谷乐园等景区恢复开放，吸引大批亲子游家庭。古北水镇针对14周岁及以下儿童推出持续一个月的免票游园活动，在严控风险等前提下接待四方游客。住宿领域，民宿通过文创开发、与露营有机结合、美食推广等方式创新自救，度假酒店聚焦家庭亲子需求推出高性价比产品营造"度假感"氛围。

四、相对谨慎的消费和有待提升的获得感

48小时核酸、绿码、低风险来源地成为各地假日旅游接待的共同要求，地方政府既要促进旅游市场复苏却又担心出事的两难心态及其外化的行政措施，很难让市场主体和消费主体的获得感短期内有明显提高。河南对省外入豫人员一律赋黄码，重庆对出现本地病例，但未划定中、高风险区的地市来渝人员要求三天两检。四平、西宁、泉州、江阴等地对未做核酸人员，处以行政拘留或扣分社会信用记录。受此影响，游客担心"出不去、游不了、回不来"，放弃了中远程出游而代之以近程旅游和本地休闲，甚至在小区里搭帐篷露营。全国数百家高等级旅游景区在假期降价或免票，但多严格实行"非预约，不接待"政策，而且要求来自低风险地区、48小时或72小时核酸阴性和绿码证明。一些地方仍然谨慎，影响了游客出游便利。端午节假期的游客满意度为79.2分，较清明节假期和劳动节假期略有下降。这对于下半年如何在市场复苏和消费增长的同时，保持较高的服务品质和游客获得感，提出了极为现实的课题。

复工容易复业难。没有足够的旅游消费和市场支撑,单纯依靠政府的金融政策和社会保障政策,旅游企业特别是旅行社、在线旅行商、旅游住宿、旅游景区、主题公园、度假区和旅游演艺企业容易"空转"。正是从这个意义上讲,政策千万条,市场第一条。消费起来了,企业有生意可做了,不用扶持也能实现纾困的目标。现在看来,没有中央和地方的综合发力并有效破解游客的流动性和居留性障碍,旅游消费收缩的趋势很难改变。没有活跃的市场和足够的消费,复工复不了业,旅游企业的停工待变就是理性的选择,谁喊他们复工上班也没有用。在旅游治理体系现代化建设进程中,政策预期的管理和政策设计、政府落实是同等重要的专业工作,不能被一些情绪化的观点和口号性的文字带偏了节奏,导致战略误判。兹事体大,不可不察也。

五、旅游复苏需要有为政府,更需要有效市场

新冠疫情以来,旅游业承受巨大的压力与挑战,我们听见了每一种声音,也看到了每一份信心。从中央到地方,各级政府科学研判形势,想业界之所想,急业界之所急,先后出台一系列助企纾困政策,尽最大的努力帮助旅行社为代表的旅游市场主体渡过难关。5月23日召开的国务院常务会议,进一步部署稳经济一揽子措施,努力推动包括旅游在内的国民经济回归正常轨道,确保运行在合理区间。具体到旅游领域,主要政策取向是释放需求和保障供给,跨省游熔断机制调整是需求侧发力,有序增加国内国际航班,制定便利外企人员往来措施则是供给侧保障。地方政府也在围绕需求和供给两个方面做文章,包括基础设施、公共服务、市场宣传推广和商业环境营造,有力保障了端午节假日旅游市场的复苏回暖和有序运行。

从长期来看,旅游业复苏还是要靠市场的力量。从根本上讲,还是要

靠创新推进旅游业高质量发展。中央企业、地方国企、民营经济和外商投资，旅游集团、中型专业公司、小微企业和个体工商户，都是旅游业短期复苏和长期向好必须依靠并充分发挥其作用的有生力量。无论是国有，还是民营，每一家市场主体都是旅游业不可或缺的有机组成部分；无论是集团还是小微，只要做的是阳光下的生意，都是令人尊敬的；无论是传统的实体企业，还是新兴的互联网平台，每个人都在努力，都值得我们给以力所能及的帮助与扶持。

旅游市场主体的每一点进步都将是法治框架下的效率提升，而不是谋求不符合企业身份的权力。旅游行政主体的每一次政策调整和专业操作都将体现法治、公平、正义和进步，为任何特定利益群体代言和强化部门权力的冲动都是值得警惕的。当且仅当行政主体、市场主体和社会力量聚集在唤醒大众旅游意识和保障人民旅游权利的旗帜下，同行在智慧旅游、绿色旅游和可持续发展的道路上，我们才能够坚定不移地推进旅游业的不可逆转的复苏和创新驱动的高质量发展。

2022年端午节假日旅游市场评论

北京·2022年6月5日

一鲸落　万物生

习近平总书记指出:"要坚持用全面、辩证、长远的眼光分析当前经济形势,努力在危机中育新机、于变局中开新局"。这是我们分析研判中秋节、国庆节假日旅游市场数据,总结归纳 2022 年元旦以来全年七个节假日的旅游市场动态,总体把握 2020 年春节假日以来疫情影响下的我国旅游经济发展的指导思想。

一、中秋节和国庆节假日旅游市场安全、平稳、有序,尽管需求和供给两侧都较为谨慎,但是近程旅游、都市休闲和文化参与依然活跃,"家国天下中国红"成为假日旅游主基调

喜迎二十大、家国情怀深,红色旅游成为国庆节假期最亮的风景。9月 30 日上午,习近平总书记出席烈士纪念日向人民英雄敬献花篮仪式,极大激发了人民爱党爱国的热情。当天晚上,21.8 万名市民和游客拥入天安门广场等候观看国庆节升旗仪式,更多市民和游客到烈士陵园、纪念馆和红色旅游景区祭奠缅怀。国家大剧院原创民族歌剧《山海情》唱响脱贫史诗,北京展览馆"奋进新时代"主题成就展,上海市历史博物馆《光明摇篮精神之源——迎二十大上海红色文物史料展》,"薪火传承"红色坊巷闽台研学活动,宁波老外滩红歌音乐会和红色露天电影,吸引了成千上万的市民和游客到访。感悟红色文化、厚植家国情怀成为中秋节和国庆节文化休闲和旅游市场的主旋律，红色旅游成为国庆节假期最亮的风景。

受多地散发疫情、大学生入学、中小学生收假和天气等因素影响，处于暑期和国庆节假期中间的中秋节加周末的三天假期，因为旅游消费需求的"前收后移"而显得相对平静。据文化和旅游部官网消息，中秋节三天假期，全国国内旅游出游7340.9万人次，同比下降16.7%，按可比口径恢复至疫情前同期的72.6%；实现国内旅游收入286.8亿元，同比下降22.8%，恢复至疫情前同期的60.6%。国庆节假期七天，旅游市场主要指标进一步回落，全国国内旅游出游4.22亿人次，同比减少18.2%，按可比口径恢复至疫前同期的60.7%；实现国内旅游收入2872.1亿元，同比减少26.2%，恢复至疫前同期的44.2%。

相比核心指标的当期数据，我们更加关注出游距离、目的地停留时间、旅行方式和消费结构等微观数据及其变化。中秋节假期的游客平均出游半径117.4千米，同比下降5.0%；游客目的地平均游憩半径7.8千米，同比下降20.6%。国庆节假期的游客平均出游半径118.7千米，同比下降16.0%；游客在目的地的平均游憩半径9.6千米，同比下降26.5%。文化和旅游部数据中心监测显示，国庆节假日期间选择跨省游和省内跨市游的游客比例分别下降了14.4和9.5个百分点。前往城郊公园、城市周边乡村、城市公园的游客占比居于前三位，分别达23.8%、22.6%和16.8%。受疫情散发和谨慎心理影响，新疆、青海、宁夏、四川、陕西、贵州、安徽、广西、湖南等中远程旅游目的地游客接待量同比降幅明显。相对而言，广东、江苏、山东、河南、四川、湖南、湖北、河北、浙江、安徽等传统客源地和人口大省，有本地游客和内生消费的支撑，游客接待量居前。

2022年可能是过去三年受疫情影响最深、旅游市场景气最弱的一年，

2022年的国庆节假期也是过去十年旅游出游/接待人数最低的一年。面对前所未有的压力和挑战，越来越多的业者认识到：旅游业经济属性强、市场化程度高，面对前所未有的挑战，躺平不可取，躺赢不可能。只有锚定旅游新需求、培育产业新动能，才能以产品研发、业态创新和系统化改革推动旅游韧性复苏和可持续发展。

二、团队落、散客升，这么少、那么多。红色旅游、非遗体验、研学旅行和社群经济的新需求，正在以细水涓滴而非大水漫灌的方式，推动市场主体的创新和新业态的发育

借用《资本论》一句名言的表述方式，团队生来就是旅游，然而团队从来都不是旅游的全部。进入大众旅游全面发展新阶段以后，散客和自助旅行者更是旅游市场的基本盘，也是市场主体创业创新的核心支撑。与团队旅游者相比，散客和自助旅行者更加强调安全、品质和个性化，他们不是不需要旅行服务，而是需求的形式发生了根本性的变化。那些无视变化或者跟不上变化的市场主体，就像《骆驼祥子》里骆驼祥子的黄包车、《神鞭》中傻二的神鞭，无论多么努力和辉煌，终是不敌汽车和枪弹一样，被市场淘汰是必然的事情。

相信很多人和我一样，看到去哪儿网发布的《2022年暑期小众目的地高星酒店预订增幅top10》，可能要对着地图查找这些地级市到底在哪儿：鹤岗、汉中、克拉玛依、保亭、海东、延安、辽阳、荆门、文昌、伊春。还有春节机票增幅的前十位城市也是出乎很多人的预料：荔波、凯里、鸡西、乌兰察布、九寨沟、澳门、乌海、五大连池、佳木斯、宜宾。这与年轻人的"反向旅游"或者"躺平旅游""摆烂旅游"有关，他们不再跟团走传统的旅游线路，也不再跟着所谓的意见领袖（KOL）去那些热门的旅游城市或者景区打卡，甚至不屑于做攻略，而是找一个性价比超值的四五线小城市或是冷门的目的地，随心所欲地待上几天。文化和旅游部数据中心监测显示：多达83.5%的游客会主动错峰出游，选择新兴目的地和景区游玩。按照传统的旅游理论，很难解释他们的旅游行为，也很难将其纳入传统旅游业者的视野。好在是旅游者定义旅游业，而不是相反。传统的理论解释不了，自有新的理论出来解释，传统的业者服务不了，自有创业创新者入场。

社群经济、亲子旅游和家庭旅游的兴起，让基于情感、社交和价值观的再团队化成为可能。文化和旅游部数据中心专项调查显示，国庆节假日期间以亲近自然为动机的游客为13.5%，由去年第一位下降为第四位。而以亲子研学、家庭休闲和文化体验为动机的游客跃居前三，分别占比33.1%、30.0%和16.7%。北京环球度假区开业一年来，无论是当日购票的一次入园游客，还是持漫游卡的多次入园者，家庭游、亲子游、社群化的比重都在增长。每逢节假日或周末，垂钓、摄影、木作、街舞、电竞、看星、观鸟，还有越野车、哈雷摩托车、马拉松、慢跑，以及同学、战友、工友，都可能成为包括旅游在内的社群经济的基础。无论是入园旅游者还是本地休闲者，都会在旅行居停的某个环节或者场景有团体活动的需求，并为新时代的再团队化提供现实的可能。

需要指出的是，社群和家庭的定制旅游并不是传统旅行团的简单回归。前者是需求方决定的，后者是旅行商主导的；前者以场景体验为指向，后者以地标打卡为卖点；前者以情感和旨趣结社，后者以产品和价格而成群。我们也注意到，随着"驴友"队伍的规模化和出游的高频化，自然就会产生"驴头"这样灰色地带的职业。对这类现象如何规范和促进，更多是行政主体的事情。作为市场主体，需要的不是抱怨别人抢了自己的地盘，而是如何以新的商业模式去满足新的市场需求。

三、远程落、近程升，这么近、那么美。高频次的本地休闲有力支撑了客源地在现代旅游经济体系的主导地位，有效促进了乡村旅游、文化休闲和轻奢度假旅游目的地的发育成长

多年以来，人们习惯从目的地视角思考旅游，政府和企业谈论旅游，也多是在谈论旅游目的。过去三年的近程旅游和本地休闲的兴起，让我们不得不将关注的重点从目的地拉回到客源地，越来越多的投资机构和旅游运营商形成共识：在城乡居民平均出游距离100千米的今天，在越来越多的人选择在国庆节假期2~3次一日游，而不是拼个十天半个月的假期满世界转一圈的今天，得客源地者得天下，赢口碑者赢市场。

相对于远程、低频的观光旅游目的地，近程、高频的休闲客源地更有可能成就产品迭代和业态创新，也为市场复苏和产业振兴提供稳定的市场基础。经济增长从来都是以分工和专业化为前提的，而分工和专业化又受市场广狭的限制，这是亚当·斯密在《国富论》的经典阐释，更是马克思在《资本论》论述的扩大再生产和价值实现的必要条件。一个人口不过百人的自然村落只需要一个流动的理发匠，而在北京、上海、广州这样千万级人口的大都市，则会容纳专门的发型设计、修剪眉毛、美化指甲的职业。旅游经济也不例外，与每年访客量达到千万级而常住人口仅为十万人的旅游目的地相比，本地常住人口达到百万级的大城市、千万级大都市和亿级的都市圈，其54个周末的近程出游、365天8小时之外的本地休闲所形成的内生性市场容量，完全不在一个量级上。国庆节假日期间，北京、上海、广州、深圳等一线城市的旅游接待人数虽然同比下降，但是旅游收入还有所增长，甚至出现远郊区县的品质民宿一房难求的现象，正是因为它们庞大的内生需求。

过去二十年，无论是旅游住宿领域的七天、如家、汉庭等经济型酒店，还是旅行服务领域的携程、去哪儿、马蜂窝、驴妈妈，以及长隆、银基、海昌海洋公园，旅游领域中每一次创业创新都伴随着企业家对市场范围的再定义。说实话，我不太理解为什么有人一定要坚持用团队、观光和包价的传统旅行社思维来定义游客和旅游市场，并一再质疑一日游、探亲访友和商务旅行者为什么要统计为游客。难道商务旅行者购买旅行社的服务、探亲访友者住酒店、一日游的市民去迪士尼和环球影城不用付费吗？一定要把旅游者定义得纯而又纯，把现代旅游业的市场基础削得薄而又薄，真的好吗？市场不相信眼泪，创新也是强者的游戏，衷心希望更多的旅游投资机构和市场主体能够在近程旅游和本地休闲市场中发现新机遇，创造新模式。

我们注意到越来越多有创新意识的市场主体开始成为本地休闲旅游者的供应商，如春秋旅行社的"春野秋梦"连锁露营地，携程助力乡村振兴和共同富裕的农庄计划和高增长的海外业务，同程旅行着眼本地消费和中近程市场并小幅拉升了第二季度住宿业务收入，景域驴妈妈的帐篷客度假酒店落户黄山，包括澳门的永利、新濠、美高梅也面向本地居民推出了一日游和特价住宿产品，都让我们看到传统旅游业者危机中寻新机、变局中开新局的能力。我们也注意到一些服务本地居民生活的互联网平台开始成为旅游休闲市场的新势力，比如高德、百度、腾讯等地图商，滴滴、神州、首汽等网约车平台，美团、哈啰等共享单车都在提供目的地小交通服务的同时，不同程度地介入商家推介和消费场景关联。哔哩哔哩、抖音、小红书等新媒体，以及众多自带流量的垂直媒体和自媒体，早已经成为旅游生态的有机组成部分。我们更注意到休闲空间和旅游业态的聚合重生。南京旅游集团介入后的聚宝山郊野公园，从传统的市民公园转型为包括马术、卡拉车、电竞、无动力乐园在内的时尚生活聚集区。良业科技打造的北京亮马河风情水岸和配套的朝阳咖啡节，在为公司培育了面向C端的水上夜游产品线的同时，也为北京的世界旅游城市构建了面向当代生活的亮

丽风景线。

对于投资机构和运营商而言,本地休闲和近程旅游意味着更低的客单价和更高的消费频次,也意味着不得不面临着本地生活供应商和数字化分销平台的同场竞争。更多的市场主体既服务于本地居民的衣食住行,也服务于外来游客的居停游乐,同时具有旅游、文化、科技、商业等生产和生活服务业的多重属性,也就是我们常说的传统产业边界的消失与新业态的重构过程。事实上,除了可能给擅长于分类监管、分级认证的主管机关带来一时的困惑外,这种业态的融合与重构并不是件坏事。很多时候,监督机构和市场主体需要的都是制作一件新衣服,而不是对不合时宜的旧衣服进行缝缝补补。

四、风景落,场景升,这么软、那么强。文化、艺术、教育、科技已经成为内容创造的新主体,也是场景营造的新动能,推动旅游业从传统作业方式走向现代产业生态体系

在需求演化和供给创新的共同作用下,以山水林草湖沙和历史文化遗产为代表的传统景区虽然还是大众旅游者的基本指向,但是吸引力、影响力和消费比重趋于减弱。与此同时,融入城乡生活场景的文化场馆和休闲空间成为广大游客流连忘返之地,孕育着新时代旅游业创新发展的无限可能。

旅游者不仅定义旅游业,也在定义城市和乡村的每一处旅游空间。游客来或者不来,历史文化名城和传统村落都在那里;游客来了,城市就成了旅游城市,传统村落就成了重点旅游乡村。2012年9月,由住房和城乡建设部、文化部、国家文物局、财政部联合组织相关领域专家评审并发布了《首批中国传统村落名录》。甘肃兰州西固区河口村,明清时期曾经是黄河上游的重要渡口,水运发达,商贾云集。今天的河口古镇早已经弱化了"渡口"职能,中心区的"四街十七巷"和周边西北民居风格的"三堂五厦三倒座,外带耳房两小间",以及柴火鸡、纸包鱼、油壶喧、洋芋搅团等特色美食,让乡村旅游者尽享美好慢生活。

科技创新和现代制造业不仅为当代旅游业注入了全新动能,也直接介入产品研发和场景营造过程,并重新塑造旅游市场竞争和产业发展的大格局。郑州银基国际旅游度假区在国庆节假日期间,融科普、科技和文化娱乐为一体的动物王国、冰雪酒店、冰雪世界、御温泉、摩天轮和云岩湖露营六大项目同时开业,赢得了家庭旅游市场的广泛认可。力拓科技秉承"从数据中来,到实体中去"的数字化原则,在节日前发布了"大理包"数字农文旅产业互联网平台,让乡村旅游产业生态体系迈出了从概念到实践的坚实一步。事实上,目的地视角下的乡村旅游和客源地视角下的农民旅游,是科技应用、场景营造和商业模式创新的蓝海,广阔天地,大有可为。更多的市场主体如环球、迪士尼、长隆、华住、亚朵、广之旅,正在将数字化策略应用到市场调查、产品研发、渠道管理和会员服务等企业管理的实践环节中。

大众文化、公共艺术与旅游业的融合并没有因为疫情而停滞,而是呈加速发展的趋势,游客和市场主体的获得感得到了进一步提升。随着人民群众文化素质的提升、公共文化供给的丰富,以及互联网的普及和社交媒体的兴起,志趣相同的年轻人相约看展,并在社交媒体上分享自己的看展经验,以"看展式社交"推动了社群经济从概念走向现实。据国家文物局统计,2021年全国备案博物馆6183家,举办展览3.6万个,教育活动32.3万场,接待观众7.79亿人次。[①] 文化和旅游数据中心专项调查数据显示,假日期间参与文化活动的游客占比93.1%,同比提高2.2个百分点。无论是本地休闲,还是异地旅游,观众都不再只是展陈内容的接受者,而是不同程度地参与文化内容再生产、再推广和再消费过程,让旅游生态演

---

① 王珏,《博物馆文化得到广泛传播》,载《人民日报》2022年9月11日第5版。

化有了更多的可能性。文博事业的繁荣发展，也为凯撒、广之旅、学知苑等旅行服务商的研学旅行、定制旅游、IP孵化、数字旅游等业态创新，提供了应用场景和现实可能。

艺术属于人民，非遗重归生活。艺术创作和演出团体深度介入旅游经济体系，在提供丰富的优秀文艺作品和优质旅游产品的同时，也极大拓展了旅游投资和业态创新的现实空间。江苏全省已经建成小剧场1156个，总座席数约25万个。苏州的江南小剧场、南京的国民小剧场与传统的评弹场馆和现代的沉浸式演出空间共同营造了深厚的公共文化和现代艺术氛围，生动诠释了"从戏剧场到菜市场，重新发现旅行的美好"和主客共享美好生活新空间的当代旅游发展理念，为游客提供了"白天观景、晚上看戏"的全天候旅游体验。济南建设"曲山艺海"大码头，吸引德云社、开心麻花驻场演出，重点培育十余家非遗曲艺书场，为市民和游客带去轻松愉悦的文化享受。四季文旅的四季艺术汇秉承"艺术属于人民"的理念，通过免费展陈的方式让更多的公共空间成为主客共享的都市会客厅。

习近平总书记指出："当今世界正经历百年未有之大变局，但时与势在我们一边，这是我们定力和底气所在，也是我们的决心和信心所在。"一鲸落，万物生。无论有没有疫情，旅游的传统格局总是要被新生力量打破的，万物创生的新世界、竞相自由的新生态正在孕育中。这个新世界和新生态正像毛泽东同志在《星星之火，可以燎原》所预言的那样："它是站在海岸遥望海中已经看得见桅杆尖头了的一只航船，它是立于高山之巅远看东方已见光芒四射、喷薄欲出的一轮朝日，它是躁动于母腹中的快要成熟了的一个婴儿。"

2022年中秋节、国庆节假日旅游市场数据解读

北京·2022年10月7日

从1980年代的入境旅游
到1999年启幕的大众旅游
再到2018年文化和旅游融合发展
旅游业每一次重大转折都在彰显国家意志
每一次危机复苏、困境与振兴
都离不开国家经济的雄厚支撑
作为国家级智库和学科研究机构
所谋，国之大者；所急，民之所盼
所为，国之所向；所呼，业之方向.
责不能卸，业岂能展笔所论者
苟利国家生死以, 岂因祸福避趋之.

PART 2

2023
TRAVEL

国家战略

PART 2

旅游智库，建什么与如何建？

一、贯彻习近平总书记关于特色新型智库的重要论述和指示精神，明确旅游智库建设的指导思想和发展要义

2013年4月，习近平总书记对智库建设做出了重要批示，标志着建设中国特色新型智库进入新阶段。习近平总书记的批示明确了智库建设的基本原则和指导思想，即总体目标是提升国家软实力、根本任务是服务决策、建设的关键是适度超前、重要的前提是要健全决策路径、发展的方向是高质量。

2013年7月，习近平总书记视察中国科学院，明确提出要率先建成国家高水平科技智库。科技智库要从科技作用和影响的角度来研究全局性的重大问题，从科技规律的角度出发，前瞻性地思考国际科技发展的趋势，提出咨询意见和建议。科技智库要开展科学评估，进行预测预见，为国家宏观决策发挥重要的建设性作用。习近平总书记关于科技智库的建设方向、建设方法和研究重点的论述，对于包括旅游领域在内的中国特色新型智库建设具有战略指导意义。

2013年11月，党的十八届三中全会决议文件是首份关于中国特色新型智库的顶层设计文件，标志着建设新型智库、健全决策程序已经成为党和国家的意志。决议文件强化了特色新型智库的制度建设，为国家高端智库、特色新型智库和专业智库提供了时代所赋予的广阔舞台。

2014年3月,习近平总书记访问德国,将智库交往与政府交往、议会交往、政党交往相并列,进一步将智库建设提高到了国家外交的层面。以此为标志,智库建设成为我国国际交流合作的第二轨道。自那时起,国家重点智库就通过参与国际论坛,双边和多边的学术活动以及主动策划会议、创设论坛、对话机制、交流平台等方式,在事关人类命运共同体建设和全球化治理等方面贡献中国智慧、提出中国方案、传播中国声音。

鉴于智库理论和智库实践两个方面的重大进展,2014年10月,中央全面深化改革领导小组审议通过了《关于加强中国特色新型智库建设的意见》。这个文件标志着中国特色新型智库建设走向了全面系统设计、整体协同推进、高端试点先行的新阶段。

2015年1月,中办、国办印发了《关于加强新型特色智库建设的意见》。由此开始,建设服务于各级党委、政府的智库机构进入系统推进的建设进程,标志着服务于不同层级、面向不同领域、多元化、多样性的智库建设的新阶段到来了。中央政府及其组成部门、各省级人民政府开始将智库建设正式纳入议事日程,并统筹各方面的资源和力量有序推进。在给任务、提要求、建平台、提供资源和资金等方面推出了一系列具体有效的举措。各地区、各部门有序推进的专项智库建设,开始成为有中国特色新型智库体系的重要组成部分。

2015年11月,中央全面深化改革领导小组审议通过了《国家高端智库建设试点工作方案》,明确提出建设一批国家急需、特色鲜明、制度创新、引领发展的高端智库,明确了首批25家试点单位,其中党中央、国务院、中央军委直属的高端智库试点单位有10家。高端智库、各部委的专业智库和地方党委政府所属的决策咨询机构,共同构成中国特色新型智库的基干力量。

在肯定成就和经验的同时，中央也进一步明确了特色新型智库建设的努力方向。一是智库的重要地位还没有得到普遍的重视，各地区、各部门对于智库扮演什么角色、发挥什么作用还没有普遍性的共识。二是缺少具有较大影响力和国际知名度的高质量智库，在国际话语权特别是议题设置方面还有很大的努力空间。三是提供高质量的研究成果还不够多，对宏观决策和战略决策的支撑作用还不够明显，尤其是在事关全局、全行业和区域发展的重大战略的动议、研究、策略和方案推进过程中，智库的地位和作用还有待加强。四是智库参与决策咨询还缺乏制度性的安排，无论是在中央层面还是地方层面，智库到底该用什么方式来参与政府的决策，客观地讲还在探索的过程中。五是智库建设还缺乏整体规划，资源配置不够科学，组织方式和管理方式急需创新，智库的领军人物和杰出人才缺乏，等等。这些问题不解决，将极大影响包括旅游在内的高端智库和专业智库的高质量发展。

学习领会习近平总书记关于建设中国特色新型智库的重要讲话和指示批示精神，贯彻落实中央有关文件要求，是旅游智库建设应有的政治站位，更是抓好具体工作的指导思想和具体要求。如何使旅游领域的专业智库成为政策需求的发现者、政策设计的参与者、政策落实的推进者和政策评估的实施者，进而成为旅游交流和国际合作第二轨道的重要力量，是所有关心、支持和推进旅游智库建设的政府领导、专业机构和研究人员共同关心的现实课题。

二、践行新时代旅游智库建设三原则：政治信任、业务依靠和有效沟通

政治信任原则。各级旅游行政主管部门，特别是党组的主要和分管领导同志，要把旅游领域的专业智库建设作为中国特色新型智库建设的重要

组成部分,作为健全决策机制,提高治理水平现代化的重要支撑。争取编办的支持,组建专门的旅游研究机构,通过"三定"规定和工作专班机制,将其纳入全局性的科学决策体系,定期征求旅游智库的意见和建议。之所以将政治信任原则放在首位,是因为智库在资政建言、参与决策甚至推进实施的过程中,往往会涉及意识形态和保密纪律的要求,也会涉及领导集体、业务部门和专业机构之间的关系定位问题:是"百家争鸣、百花齐放",还是"罢黜百家、独尊儒术"?是张载的"横渠四句",还是柏拉图的"哲学家—王"?是人身依附,还是独立力量?都需要学习习近平总书记关于中国特色新型智库的重要论述,并结合旅游行业、条线隶属和所在地区进行系统思考。政治信任原则在智库实践过程中特别要注意分寸感,各级党委和政府的旅游决策部门特别是主要领导、分管领导和班子成员,要将"听"和"听从"区别开来,重大决策要听取专业智库的意见,但不一定会按照专业智库的意见办。对旅游智库来说,要区别科学求真和政治求善的关系,"说得对"是专业智库的分内之责,但是"说了算"不应是专业智库所追求的。对于核心的专业智库来说尤其如此,一定要坚持党管智库、党管干部的党管人才。专业智库的领导班子、领军人才和核心成员,既要坚持科学性和专业性,不断增强机构的影响力和竞争力,同时也要把握好业务边界,不能谋求那些不该有的权力,时刻要有党管智库的底线要求和意识形态的红线思维。只有政治信任到位了,实践过程中的度把握好了,智库领导者和专业群体才可能有一个理想的交互关系。

业务依靠原则。为支持旅游智库的建设和发展,各级政府特别是文化和旅游部门要多给任务,机关司局科室也会通过项目委托和工作任务推进智库建设。对于旅游智库来说,有为才能有位,要想别人尊重和依靠,就要持续提升自己的专业能力和核心竞争力,才能在公共政策的专业领域有所作为。专业能力和核心竞争力从哪里来呢?来自对旅游领域中重大战略问题的持续关注，来自对基础理论和实践问题的跟踪研究，来自对国际视域、政治高度和旅游业发展规律的科学把握。在此基础之上，旅游智库要对旅游系统和旅游行业的各级领导机关、企事业单位、干部队伍、企业家、专业学者，对不同国家和地区的旅游发展现状和游客需求、市场规模、产业结构和消费行为有深入的洞察，以及理性而前瞻的思考。旅游智库的领导者和专业研究团队要熟悉旅行商、旅游住宿业、旅游景区和度假区、旅游零售、旅游交通和餐饮等业态的演化规律和阶段特征，要熟悉企业家、职业经理人和基层管理者，像熟悉自己掌心的纹路一样熟悉旅游人的所思所言所行。智库研究人员如果不和他们交朋友，不了解他们的思想和诉求，那么研提的公共政策和产业政策就要失之于空泛而沦为清谈。欲达到这一状态，非长期的实践参与、数据累积和理论探索不可。旅游智库一定要有自己的基干力量，那种只想着搭平台，有委托项目了就去找一些兼职的研究人员来做，终不是长久之计，更不可能有专业积累和机构声誉。旅游智库还要有自己的研究范式和核心数据，否则就很容易成了人云亦云、传声筒、抖机灵，看上去热热闹闹，十年二十年下来却什么也留不下。

有效沟通原则。任何领域、任何层次的公共政策研究都离不开人与人、机构与系统、行业与社会的沟通，包括正式的沟通，也包括非正式的沟通。旅游智库不是高校和一般的科研机构，科研产出不是写书发论文为了学术圈子的认可，实在没有认可，就自我欣赏，藏诸深山传诸后世好了。特色新型智库做的是政策研究和理论建设，是为健全决策机制服务的，追求旅游业软实力的提升。如果党委和政府不关注，旅游部门不需要、不了解、不认可，再好的政策设计又有什么用呢？这里所说的认可包括党委和政府、旅游部门和相关机构对于智库研究成果的认可，也包括对于智库领导人和研究团队的认可。在这方面，我们要学习和借鉴国际智库

机构与政商各界的游说和公关技巧,还要学习和借鉴历史上的诸子百家和士大夫的沟通方法。《战国策》《史记》《资治通鉴》《昭明文选》《古文观止》,还有诗经、楚辞、汉赋、唐诗、宋词、元曲、明清小说,有空的话都可以读一些,那里面有人情世故,也有政治智慧。诸葛亮的《隆中对》《出师表》、李密的《陈情表》、朱庆馀的行卷诗"妆罢低声问夫婿,画眉深浅入时无",都是既有立场也有沟通的典范。中国特色新型智库不是西方国家服务于政党政治的公关机构,绝不能搞政府游说和有偿服务那一套,而是要在党的领导下,服务于旅游治理体系现代化和旅游业高质量发展。只要政治立场坚定了,专业理论扎实了,沟通能力的提升就是时间的函数。需要说明的是,旅游智库的对外沟通方式包括正式的论坛演讲、会议发言、媒体采访、报告发布,也包括专题报告和专项数据的报送,还包括非公开和非正式的微信、电话、茶叙、调研和差旅中的互动。对于智库成果的推广来说,这些沟通方式是同等重要的,后者往往更容易被忽略。

知易行难,上述三原则说清楚不容易,做好更难。很多时候,既需要智商,也需要情商;既需要敏感性,也需要钝感力;既需要坚持立场,也需要灵活表达。无论多难,旅游智库都要努力实现与旅游部门和社会各界的政治上相互信任、业务上相互依靠、沟通上畅通高效三大目标,否则很可能事倍功半,甚至名存实亡。

三、公共政策促进旅游业高质量发展五要点,从需求发现到绩效评估

发现政策需求。可以借助资深研究人员和领军人才的经验,也可以通过行业访谈、案例研究、专题研究去发现政策的需求。我们强调市场调查、数据分析和专业研判的极端重要性,尤其是,没有调查就没有实感。游客对目的地和旅游服务满意不满意?基础设施和项目投资多了,还是少

了？政策获得感高了，还是低了？旅游业有没有发展潜力和可持续性？都要有实地调查，还要有学理逻辑和数据支撑。研究人员一定要与企业家和基层从业者多交流，经常交换意见，他们在市场一线，对产业发展无论是在投资、运营和品牌培育方面都比官员和学者更敏感。各级政府部门特别是基层和一线的同志，对于政策需求的把握也是很敏感的，要善于在直接沟通和交流中捕捉信息并提炼出政策需求。事实上，发现政策需求继而满足政策需求的能力，才是旅游智库生存的基础和成长的关键，否则就会成为政策研究的"代工者""广告商"，最终失去其应有的专业尊严和机构价值。

传递政策建议。发现政策需求并形成报告后，可以通过专题报告、领导参阅件、内部会议、座谈发言等形式进行有效沟通，必要时也可以通过媒体采访、公开论坛发布研究成果，从而获得决策机关和领导机构的政策设计指令。一旦获得政策设计的指令，就要研究提出具体的政策要点。政策要点须开门见山说明方向、依据和措施，一定不要绕，而是用大家听得懂的语言把观点说清楚。政策建议不能够只是定性分析，还应该有定量研究和案例佐证，必要时还得进行政策仿真和压力测试，最终形成可供决策的政策选项。政策建议要有适当的载体和传递渠道，包括正式的和非正式的沟通方式。

参与政策设计。这不是旅游智库的法定职责，考虑到国情和旅情，政策建议者多数时候也会成为政策设计的参与者。参与的方式包括但不限于政策文件相关的专题调研和封闭起草工作，以及决策的论证、意见征集和文本完善等具体工作，甚至领导讲话和会议材料的准备工作。有些政策还会以国家、行业和地方标准提出，旅游智库也会以机构背书、专家派出、会议评审等形式参与一些具体的行政工作。

推动政策落实。这也不是旅游智库的法定职责，多数情况下是配合者，配合政府部门做好宣传工作。方式包括以专家解读、接受采访、专题研讨会等形式来答疑解惑，以及受党委和政府、旅游部门的委派，将公共政策、发展规划和行业标准的起草背景、主要精神传递给政策的执行者、影响对象和社会公众。在一个开放发展的环境中，旅游智库还要有意识地做好对外对港澳台的专题交流工作，讲好新时代的中国旅游故事。

参与政策评估。这是未来一个时期需要旅游智库有所作为并开拓创新的发展空间。很多时候，发布某项政策只是特定时期旅游工作的开始，而不是结束。贯彻落实一定时期以后，政策是不是有效推动了旅游业高质量发展？有没有空转？心里不能没有底。从国际经验和治理体系现代化的角度而言，政策评估将会成为旅游领域的重点工作。政策制定出来以后，执行多是行政部门的事情，是商会、协会的事情，旅游智库更多是做一个观察者、跟踪的研究者，总之要找到自己的正确站位。对于智库而言，要学会抓两头、促中间，或者叫作首尾主动、过程被动。什么意思呢？就是在政策需求发现、政策评估这两端，旅游智库要更主动一些，这也是最应该发挥而且必须发挥好智库作用的两个环节。

旅游智库只有把旅游发展为什么、依靠谁和做什么等一系列根本问题想清楚了，才能将当代旅游发展理论的大厦建立在花岗岩地基上，而不是建在沙滩上。这个花岗岩地基是什么？是中央对特色新型智库的顶层设计，是国家对旅游业的战略要求，是全面建成小康社会后人民对旅游的新期盼，是推进旅游业高质量发展，也是旅游智库的理论建设、数据积累和核心团队。这是旅游智库建设的立身之本和专业尊严之所在，不可不坚持之，不可不完善之。

《旅游科学》2022年年会开幕演讲

北京·2022年7月9日

努力成为国家需要、行业认可的旅游人才

在文化和旅游部的坚强领导和大力支持下，与会嘉宾共同努力，各方面积极配合，2022中国旅游科学年会圆满完成了各项议程，全面实现了预期目标。文化和旅游部批准中国旅游研究院如期举办年会并同意报请的会议方案，党组书记、部长胡和平博士出席会议并做重要讲话，党组成员、副部长杜江博士全程指导，多位业务司局和直属单位的主要负责同志参会座谈，充分体现了文化和旅游部对新时期旅游人才工作的高度重视，寄托了部党组对旅游学术共同体培育更多国家需要、行业认可的人才队伍，旅游市场共同体留住人才、用好人才的殷切期望。下面，我代表中国旅游研究院（文化和旅游部数据中心），结合学习胡和平部长重要讲话精神，就当前和今后一个时期的旅游人才培养、使用和成长谈几点意见和建议，供同志们参考。

一、新时代的旅游人才必须是国家需要的、时代呼唤的，也应当为行业认可的

旅游人才必须是国家需要的和时代呼唤的。从历史上看，任何一个时代的进步，都离不开善于思考并勇于作为的国士，比如提出"仓廪实而知礼节，衣食足而知荣辱"的管仲、变法强国的商鞅和王安石、"鞠躬尽瘁死而后已"的诸葛亮，以及1840年以来科学救国、实业救国、教育救国

的仁人志士。任何一个产业的成长和进步，都需要变革创新的企业家，比如松下幸之助、盖茨、马斯克、张瑞敏、任正非、曹德旺等。任何一个学科的繁荣和进步，都需要一批富有创新精神、历史意识和专业能力的思想者和理论家，如孙冶方、陈准、杨小凯等经济学家和"两弹一星"功勋科学家。他们都是国家的栋梁之材，也是时代发展的推动者。

旅游人才固然有其专业性，但是不能因此而过于强调学科背景和工作岗位的特殊性。所有愿意为了人民的旅游权利、为了旅游业的高质量发展而奋斗者，都是时代呼唤、国家需要的旅游人才。这次年会期间发布的《中国旅游人才发展报告（1949—2021）》有个"两个多数"的研究结论：近年来高校培养的旅游管理和酒店管理毕业生大多数都去了旅游以外的领域就业，旅游企业的高级管理人员特别是创业创新人才则大多数来自其他专业，比如携程、去哪儿、马蜂窝、七天、途家的创始人多有计算机学科或者商科的背景。仔细想想，也没有值得惊异的。在市场经济条件下，人才流动是由价格决定的，价格的背后是供求关系。从国际酒店集团前100名的高管团队的专业背景来看，也是商科居多，其中酒店管理名校毕业生占了三成，与国内相比，已经很高了。从旅游行政部门的管理者或者公务员的专业背景来看，所谓科班出身者就更少了。随着就业观念的变化，自由职业和灵活就业越来越成为包括旅游管理在内的高校毕业生的新选择，包括网络主播、自媒体人员、文案写手、快递员、外卖人员、群众演员，灵活就业者已经达到2亿人。

旅游人才必须是服务行业，也为行业所认可的。旅游人才的内涵是不断丰富的，外延是动态演化的。能够戴个帽子当然好，那是体制或者同行的认可，假如戴不了帽子，但是行业认可了，也一样是人才，将来历史会记住的。盛世王朝需要雄图大业的君王，需要开疆拓土的将帅和保境安民的官员，也需要伟大的科学家、思想家和文学家。① 无论是理念，还是实践，都不能简单地把旅游人才与学历和职称挂钩，更不能只将博士、教授当作人才，那些从市场中拼杀出来的企业家，为旅游业创造价值的管理人员、服务人员和技术人员也是人才。旅游强国、中国服务和旅游业高质量发展，都离不开企业家、经理人、专业技术人员基层和一线的大国工匠。现在的问题是，教育、科技、文化和旅游部门搭建了很多平台，培养了大批学术名家，可是除了圈子里的热闹，又回应了多少旅游产业实践重点、难点和热点问题，并获得了行业的真正认可呢？如果高端人才一直在"基金申请和论文发表"中打转转，出了再多高影响因子的论文又如何？也许是时候对奉若神明的"影响因子"认真审视了：我们每年发表的论文和文章可谓汗牛充栋，可是到底影响谁，这是一个问题。

旅游人才还应当是自我驱动的，坐言起行并切实引领产业创新发展的。创造性人才的成长看上去具有相当大的偶然性，但无不是理想牵引和价值驱动的天选之才。正如爱因斯坦所观察到的那样：几乎所有与热的本性有关的基础工作都是非专业的物理学家做的，他们仅仅把物理学家看成自己的一大爱好而不是生活的全部，比如多才多艺的苏格兰人布莱克、德国医生迈耶、美国冒险家伦福德，还有英国酿酒师焦耳，他在工作之余做了有关能量守恒的几个最重要的实验。② 但是放在一个更大的时空看，似乎又是必然，全社会对科学的尊重、对异己的包容，天才学者的自我驱动，都是不可或缺的要素。戴帽子的大师、名师或许可以培养，但是那些开山立派的宗师又哪里是培养出来的啊！多数人是因为看见而相信，但是

---

① 电影《妖猫传》有句台词，是杨贵妃看完"云想衣裳花想容"应制诗后说的，"李白，大唐有你，才真的了不起"。

② ［美］阿尔伯特·爱因斯坦、［英］利奥波德·英费尔德著，张卜天译，《物理学的进化》，第41页，北京：商务印书馆，2019年1月第1版。

对于战略领军人才和历史托命之人而言，他们是因为相信而看见。他们如同盗火的普罗米修斯，如同填海的精卫，如同逐日的夸父，倒下也是一片泽被后人的森林。

二、新时代的旅游人才需要专业培养，更需要实践锻炼，以及竞争与淘汰

高等教育和职业教育是旅游人才培育的主渠道，需要规模化的制式教育，也需要年轻人的自我修养。古代中国并没有近代意义上的科学，特别是基于实验室的科学体系，为什么也能出那么多的数学家、天文学家和工程师，创造璀璨的科技文明？虽然中国有这么多人才，为什么工业革命却没有发源于中国？在众多的"李约瑟之谜"的解答中，我认同林毅夫教授的观点：在以经验为基础的技术发明过程中，人口规模是技术发明率的主要决定因素。中国在现代时期落后于西方世界，是因为中国没有及时从以经验为基础的发明方式，转换到基于科学和实验的创新上来。同时期的欧洲，至少经由18世纪的科学革命已经成功地实现了这种转变。[①]现代科学的进步，进而生产力的进步和市场主体的商业创新，越来越依赖科学家遵循严谨的科学方法、理论验证和生产实践加以实现。严谨的科学方法的显著特征就是把有关自然的假说和积累的经验"数学化"，并与严谨的实验检验相结合。[②]旅游人才的培养更离不开高等教育、职业教育为代表的国民教育体系和相应的科技支撑平台，包括初等、中等和高等职业教育，也包括学士、硕士和博士学位教育，以及实体化的理论和科学研究机构、博士后科研流动站和工作站、国家重点实验室等支撑平台。

---

① 林毅夫，《制度、技术与中国农业发展》，第257页，上海：上海三联书店、上海人民出版社，1994年11月第1版。

② Needham, 1969, P.15.转引自注释1，第259页。

如果将人才看作是人口基数的函数，那么拥有2850万直接就业人员的旅游业，不用高等教育、科学研究和系统性的职业发展计划，也会有百分之一的人成为各方面的领军人物和行业骨干，哪怕是千分之一，也是很可观的数字。这么想对不对呢？当然是不对的。我们可以举出无数的例证说"刘项原来不读书"，或者历史上的不少状元终其一生也是籍籍无名，也可以列举更多的栋梁之材饱读圣贤之书，或者接受了系统的专业训练。同志们多是从事教育、科研和管理，或者将来要从事教育、科研和管理工作的，在看到问题并努力改进的同时，更要有教育自信和科学自信。那些以小概率案例得出"博士有啥了不起，不读书也照样成才"的结论，要么是柠檬精附体，要么是无知无畏，或者说是一种轻佻的姿态。

在我的心目中，理想的人才培养空间是一座空气中氤氲着咖啡香的图书馆、一个绿茵茵的大操场，加一群白发先生和白衣少年。不论是本科生还是博士生，都要尽可能多地在图书馆停留些时光。不能只读教科书和期刊论文，要多读些经济学、管理学、文学、历史学、哲学、自然科学方面的经典著作。不能只在手机上刷短视频，要多看《人民日报》《光明日报》《经济日报》《经济研究》，才能了解天下事。基础厚实了，眼界开阔了，知道自己将来要成为什么样的人，要为谁服务，浑身就有使不完的力气，用不尽的才华。本届年会推出的《旅游人才培养"10+2"经典案例》《旅游人才培养"15+1"创新案例》《旅游人才需求"10+1"趋势展望》，无不响应了国家需要、时代呼唤和行业需求。唯有如此，才能够经过起旅游者的评价和从业者的审视，并为历史所记忆。

只有经过产业实践和市场竞争而胜出的旅游人才，方能不负时代不负旅，实至而名归。人才培养的主阵地在综合性大学和职业院校，但是景区、度假区、国家公园、酒店、民宿、旅行社和在线旅游平台更是值得关注的社会大学和实践课堂。为落实"三定"规定的高层次新型人才培养任务，中国旅游研究院（文化和旅游部数据中心）持续推进产学研结合的学术共同体建设，通过博士后工作站、重点实验室、专题研修班、会议论坛、行业咨询和专题授课，将教员作为自己的终身职业。今年，我们还将结合亚太经济合作组织（APEC）的专题资助项目，在峨眉山风景名胜区设立"数字化旅游人才培养基地"，通过实践教学培养行业所需的专门人才。对于真正的人才来说，不能总幻想着戴着学位帽子走出校园，等别人把舞台搭好，观众组织好，自己再范儿十足地出场。没那么回事！绝大多数人、绝大多数时间，在绝大多数地方都是配角或者群众演员，而不是角儿。要想成角儿，就要在实践中摔打，就要与同龄人竞争，与自己较劲。这么多年来，每当自己被问及"为什么几十年如一日地熬夜，身体还这么好？"都不知道怎么回答是好，因为真实的答案有些残酷吧——身体不好的人早就被淘汰了。就像热带雨林，地球上最适合植物生长的地方，也是空间竞争最激烈的地方，"高耸入云的巨树高达40米，粗大的树枝四处伸展着抢夺阳光"[①]。自然界的生物和社会中的人都一样，不经过脱胎换骨的蜕变，就不可能有枝繁叶茂的华盖。

旅游业真正需要的人才得有理想，更得有化理想为现实的行动力。人才培养的方式也应当是多种多样的——学校教育、家庭教育、社会教育和实践培养，总之需要全身心投入地学习，而不仅仅是大脑的训练。为什么说穷人的孩子早当家？从小就得开始学着煮饭、烧菜、洗衣、照看弟弟妹妹，抓紧一切可能的时光看书学习，没有那么多的工夫去想那么多为什

---

① ［英］大卫·爱登堡著，林华译，《我们星球上的生命》，第78页，北京：中信出版集团，2021年6月。之所以阅读这本看上去与旅游研究很远的非学术著作，是因为自己对科普著作和传记作品的偏好，也是因为文化自信不能走向自我封闭，而是要以更加开放的心胸欣赏和接纳人类文明的一切先进成果。本书第6页的一段话也让我印象深刻："只有当无数有机个体最充分地利用每一种资源、每个机会的时候，只有当千百万物种的生命相互关联、彼此维持的时候，我们的星球才能有效运行。"

么。反观我们的旅游人才培养，多是立志读万卷书，做大学问者，奔着立功、立言、立德去的。事实上，真正能够成名成家者又有几人，绝大多数还不是活成了柴米油盐和家长里短？这没什么，只要我们尽力了，以所学所思所行助力旅游业品质提升和现代化转型，都是当代中国所需要的旅游人才。人尽其才，则天下皆才。

旅游领军人才需要宽松的环境和包容的心态。中国科学院院士、北京大学副校长张平文说，"北大数学科学学院的天才不是培养出来的，而是保护出来的"。清华大学强调"要为杰出人才营造一个好的环境，让他们在这个环境中自主学习和研究"[①]。如果把杂草、杂树和杂质都去除了，只剩下横平竖直的人工林，哪怕我们再努力，收获的也可能只是平庸。一个想把什么都安排得妥妥帖帖的父系思维，只能导致什么都要等待安排的婴儿思维。在一个演化的自然科学体系中，提出一个问题往往要比解决一个问题更重要。解决问题也许只是数学演算或者反复实验的事情。而提出新的问题，新的可能性，从新的角度看旧的问题，却需要创造性的想象力，标志着科学的真进步。[②]从这个意义上说，自然科学、工程技术领域的开创者，社会科学和人文学科的"历史托命之人"，经济学和工商管理等领域的"颠覆性创新"或者"破坏性创造"，都需要自由思想和思想自由的包容，才可能让每个人在任何可能的方向自由地探索，进而提升整个社会人才与人力资源的比率。

---

① 赵婀娜、吴月，《强基础研究 育拔尖人才》。载《人民日报》2022年3月18日第11版。
② ［美］阿尔伯特·爱因斯坦、［英］利奥波德·英费尔德著，张卜天译，《物理学的进化》，第72页，北京：商务印书馆，2019年1月第1版。在广泛的阅读和求学经历中，自然科学、工程技术和社会科学之间的互通互鉴是常有的事，多数情况下，其有效性仅限于哲学或者原理层面。一旦走向仿生学意义的操作，则需要经过科学和伦理的双重考验，比如达尔文的进化论已经成为人类知识图谱的重要组成部分，但是社会达尔文主义则很难通过"人是目的而不是手段"的拷问。

说到包容与宽容，我想到在挪威国立美术馆看名画《呐喊》的感受。伟大的作品是由伟大的艺术家创作的，问题是峡湾城市奥斯陆可以有容纳一个抑郁症患者或者精神病人的蒙克，就像荷兰和法国可以包容凡·高和高更那样。从这个意义上讲，艺术创作的高度取决于观众的数量和质量，或者更直接地说是市场的厚度。现实呢？我们甚至很难容下一个盲人琴师阿炳，更不用说那些各方面都比自己更优秀者。忌妒是人的天性，也许你们中间的最优秀者可以没有嫉妒心，但是平凡如我辈者倒是常有的。问题是把如何把嫉妒心化作前行和超越的动力，而不是拉高踩低、远交近攻的破坏力。这需要每个人的自我修养，也需要大环境的制度保障和小环境的机制保护。

三、新时代的旅游人才要到地方基层，到产业一线去，到祖国最需要的地方去

旅游管理是实践性很强的学科，旅游人才应当是行动研究的倡导者和践行者。生活丰富多彩，经济有那么多产业，社会有那么多事业，旅游只是其中小小的组成部分。不是为了发论文和评职称，而是为了这个世界一天天变得更美好，才是人才该有的样子。19岁就参与"曼哈顿工程"的核物理学，和丈夫阳早一起将自己的一生献给中国奶牛养殖事业的农业科学家寒春，写下这样的句子：世界上的事，只要下定决心并用心去做，一定会变得有意思，并成为你的专业，我觉得我不属于任何一个专业，我做的任何事情都是我的专业。① 我的老家蚌埠位于淮河岸边，是一座中等发

---

① 寒春（Joan Hinton，1921—2010），美国核物理学家，中国绿卡第一人，1949年到延安后就一直留在中国从事农业机械和奶牛养殖科研工作。1988年，因《奶牛成套设备研制、牛场设计与中间试验》项目而获得国家科学技术进步二等奖。她还说过，"有的人改造世界的目的只是为了自己，但这种建筑在大多数人痛苦之上的幸福，不是真正的幸福，它终究会被历史所消灭"。在她和阳早的身上，一直闪耀着理想主义的光辉，为信仰而来，在平静中告别。

达城市，而不是典型的旅游城市。在研究"十四五"旅游业高质量发展规划时，我反复强调要着眼于300多万城乡居民的文化需求和休闲消费，建设公共文化项目和休闲基础设施，培育当地的旅游市场主体和创业创新者。当地的禾泉山庄和卫食园两个项目之所以给人留下了深刻印象，是因为其带头人和入选"旅游思想者"①的企业家一样，都是知行合一的专业人才。

到旅游产业第一线去，广阔天地，大有可为。历史已经证明并将继续证明，只有经过基层的历练和实践的磨炼，才会有专业的尊严和学者的独立性。每年数以万计的旅游管理毕业生，不能总沿着"本科—硕士—博士—发表—基金—教授—博导—大师"这条路无止境地走下去，也不能总想着从官员那里分些权力，从老板那里打些秋风，以便在同行面前做出高人一等的模样来。不能再内卷了，同志们！走出书斋和实验室，外面的天地很是广阔呢，除了写论文、评职称、做课题，我们还有很多工作可以做。2022年，浙江在全省范围内开展艺术家驻村制度，对于乡村振兴和人才成长都是十分有益的。这么多高校和科研机构，能不能推出专业志愿者制度？我看是必要的，也是可行的。

到旅游教育第一线去，言高为师，身正为范。1985—1995年十年间，一大批优秀的初中毕业生报考了中等师范学校，学成后充实到县乡中小学的教学第一线。现在看来，他们中的大多数并不比升入高中再上大学的同龄人生活得更好，但他们是一个时代的师资典范，是今天各行各业骨干人

---

① "旅游思想者"由中国旅游研究院创设于2015年4月，在中国旅游科学年会或旅游管理博士后论坛期间发布。该奖项旨在致敬旅游领域知行合一的创业创新者，感谢他们以前瞻思想、卓越才情和不懈努力，持续提升游客、员工和居民的获得感，提升中国在世界旅游业的影响力。

才的托举者。① 今天的教育投入远远高于过去，可是我们中间还会出《乡村女教师》的主角吗？现在越来越多的旅游院校之所以有名，是因为教员而不是毕业生有名，而教员之所以有名，是因为论文发得多而不是教书教得好。不正常啊，同志们！

本次年会期间我们发布了旅游业急需人才的调研报告，其中就有"双师型人才"。不仅旅游教育，旅游科研和产业实践领域都需要类似的复合型人才。复合型人才不是要艺术家、科学家变成企业家或者反之，而是不同领域、不同层级的人才，在旅游需求的牵引下聚集到同一个时空，面向旅游市场，面向基层一线，形成人才复合体。研究院今年出站的一名博士后，"双一流"高校的旅游管理博士，放弃几所院校和旅游集团的机会，而决定要去南方的某职业院校任教，让我感到由衷的高兴：你们知道了什么是自己真正想要的，你们走向旅游教学第一线的身影，传道授业解惑的样子，真的很美啊！

到旅游科研的第一线去，建设以人民为中心的当代旅游发展理论。在学位论文开题或者基金申请时，青年学者经常被要求回答理论价值或者说科学问题是什么。结论往往是从文献特别是本领域的知名期刊和知名学者的论著中获得的。我从不反对研究生和青年学者在文献综述上下功夫，相反，这是科班训练的基本功，也是理论著述而非观点表达的分水岭。问题是我们现在只停留在理论对话这个层面，进一步地，只与知名学者发表在

---

① 我还想致敬乡村教师之外的另一个群体——赤脚医生，他们是活跃于20世纪六七十年代的农村半农半医的基层卫生人员。1965年，毛泽东同志在同身边医务人员谈话中提出："把医疗卫生工作的重点放到农村去。"作为一种制度安排，以王桂珍为代表的成千上万的赤脚医生真正使我国的卫生防疫体系深入到农村，用最经济、最实用的方式解决了农村缺医少药的燃眉之急，使科学的医疗开始进入数亿农民和千万自然村落。世界银行和联合国称"赤脚医生的出现是中国第一次卫生革命"。这样的群体还有很多很多，比如乌兰牧骑、大庆油田、铁道兵部队的工程技术人员，等等，都是旅游人才应当致敬和看齐的。

期刊上的论文对话。事实上，好的理论是看它对世界的解释力，更好的理论是看对实践的指导性，知行合一的行动研究才能出大成果。现在有些社会科学的文献从现行的评价指标上看很厉害的样子，其实不过是茶杯里的风暴，贡献很有限。希望当代旅游学者，也是未来中国旅游发展理论和生产实践、管理实践的领军人才，既要与理论对话，也要与实践对话，通过与本土的实践对话更能够产出原创理论和伟大思想。不要把"学"与"术"分得那么开，尤其不能有"君子不器"的自我精英化。马克思主义理论及其中国化的代表，都是如此，既与现有的理论（广义，不只是学术意义上的理论）对话，更与丰富多彩的生产和生活实践对话。

很多高校将公开发表C刊论文作为博士论文答辩或者是博士后出站的前置条件，虽然我对此一直就不认同，这相当于把学位授予权变相让渡给了期刊审稿人或者责任编辑，但是也不得不承认这是现阶段必须接受的规则。既然是发表导向，青年学者就必须，也只能按学校要求的八股文来写，但是心里要清楚：思想高于理论，理论高于学术。要谨防年纪轻轻的，正是理论创造力最为活跃的时候，即锁进了《肖申克的救赎》揭示的"体制化"：这些围墙很奇怪，刚来的时候，你会恨它，慢慢你就会习惯它，日子久了，你会发现你离不开它，那就是被体制化了。哪怕多年以后自由了，却因为无法适应高墙外的自由而郁郁离世，因为没有人告诉他不可以做什么，也不会有人指引他应该做什么。尽管是我一刷再刷的经典，每次看到这一段时还是不由自主地落泪而忧郁起来：这么年轻的面孔，连真正的自由都没有尝试过，就老去了。更令人不安的是，这么多的院校长和导师，不管看到了还是没有看到这一点，都不得不像电影《狗十三》的父亲那样，一边流着痛苦的泪水，一边将女儿强行纳入自己也不认同的规范之中。

到国际交流的第一线去，讲好新时代的中国故事，分享当代中国的旅游经验。告诉世界一个小康社会的旅游梦想照进现实、人民旅游权利日渐彰显的中国,"旧时王谢堂前燕,飞入寻常百姓家"的中国。告诉世界一个旅游企业数字化转型、旅游产业高质量发展的中国,"无边落木萧萧下,不尽长江滚滚来"的中国。告诉世界一个政府统筹疫情防控和企业纾困扶持的中国,"周公吐哺,天下归心"的中国。告诉世界一个生态文明思想指导旅游业和旅游可持续发展的中国,"绿水青山就是金山银山,冰天雪地也是金山银山"的中国。还要告诉世界一个旅游教育繁荣、旅游学术创新和旅游思想进步的中国,"有些鸟是注定不会被关在牢笼里的,它们的每一片羽毛都闪耀着自由的光辉"的中国。

2022 中国旅游科学年会
北京·2022 年 4 月 21—23 日

构建旅游业新思维　助力中国式现代化

党的二十大是我国在进入全面建设社会主义现代化国家新征程的关键时刻召开的一次十分重要的大会。党的十八大以来，我们经历了对党和人民事业具有重大现实意义和深远历史意义的 3 件大事：一是迎来中国共产党成立一百周年；二是中国特色社会主义进入新时代；三是完成脱贫攻坚、全面建成小康社会的历史任务，实现第一个百年奋斗目标。

党的十八大以来，人民的旅游权利得到充分保障，广大游客和市场主体的获得感不断增强。今天，旅游已经成为人民美好生活的重要选项和刚性需求。2019 年，我国国内和出境旅游分别达到 60.06 亿人次和 1.55 亿人次，旅游总收入超 6 万亿元。对于一个 14 亿人口的发展中国家来说，这是一个了不起的成就，对世界旅游业的繁荣与发展也有巨大的贡献。"吃有肉、住有楼，还有余钱去旅游"成为小康社会的生动写照。

尽管疫情对旅游业造成了前所未有的冲击，但是大众旅游消费意愿仍在，近程旅游、乡村旅游和本地休闲依然是城乡居民的基本需求。过去 3 年，文化和旅游系统统筹疫情防控、复工复业和助企纾困等工作，守住了旅游市场基本面和旅游行业基本盘，得到广大游客的认可和旅游业界的理解。这是过去 10 年党和国家重视和支持旅游业的结果，是新时代旅游发展的信心所在，也是理论建设和实践创新的现实出发点。

党的二十大报告提出，"以中国式现代化全面推进中华民族伟大复兴"。在这一进程中，旅游业面临着理念重构和实践创新的现实课题。

习近平总书记指出："这是一个需要理论而且一定能够产生理论的时代，这是一个需要思想而且一定能够产生思想的时代。"我们要全面、深入、系统地贯彻党的二十大精神，以新思维凝聚共识，以新动能提升效率，以新模式推进构建高质量发展新格局，把党的中心任务和中央的战略部署落到实处。

新思维要总结旅游业的发展成就和经验，系统回答新时代旅游发展为什么、依靠谁和做什么的根本问题。

20世纪80年代，发展旅游业是为了吸引外国人、港澳同胞、台湾同胞和海外侨胞来旅游，赚取经济建设急需的外汇收入，指导思想是政府主导、适度超前。

1984年，中共中央书记处和国务院提出旅游基础建设采取"国家、地方、部门、集体、个人一起上，自力更生和利用外资一起上"的方针。从那时起，就强调旅游业的经济属性和市场化取向。20世纪90年代提出发展国内旅游，培育"国民经济新的增长点"。1999年的首个"国庆黄金周"，标志着城乡居民的旅游意识觉醒和以国内消费为基础的大众旅游市场形成。10年后的《国务院关于加快发展旅游业的意见》明确提出"把旅游业培育成国民经济的战略性支柱产业和人民群众更加满意的现代服务业"。2013年颁布的《中华人民共和国旅游法》彰显了保护旅游权利和发展旅游产业的国家意志。2016年《政府工作报告》明确提出"迎接正在兴起的大众旅游时代"。2021年全国人民代表大会通过的"十四五"规划和2035年远景目标规划纲要及国务院印发的《"十四五"旅游业发展规划》，均对新时代大众旅游发展理念和指导思想、重点任务做了明确部署，进一步增强了大众旅游的人民性、智慧旅游的现代化和绿色旅游的未来感。

中国式现代化要求丰富人民精神世界，实现全体人民共同富裕，促进人与自然和谐共生。将促进共同富裕与促进人的全面发展相统一，既是马克思主义的基本观点，也是社会主义的本质要求，更是中国共产党人的一贯追求。旅游业要将推进人的全面发展和精神层面的共同富裕作为新时代的发展目标，不仅要强调经济属性，也要强调文化内涵；不仅要有产业功能，也要有事业目标；不仅要市场供给，也要公共服务。从人民的旅游权利出发，让更多人有得游、游得起、游得好，是我们的应尽之责。

为此，要进一步强化平民、平等和平稳的发展理念，让读万卷书、行万里路的梦想照进小康旅游的现实。通过发展国内旅游和出境旅游，培育健全人格，逐步实现全体人民精神生活的共同富裕，丰富人的精神世界，增强人的精神力量，应当也可以成为旅游新思维。

中国式现代化要求坚持中国特色社会主义，实现高质量发展。要将"游客满意度高不高""市场主体竞争力强不强""发展动能新不新"作为新时代旅游业高质量发展的衡量指标，在质的有效提升基础上寻求量的合理增长。

我们要进一步加强需求侧管理，以需求侧管理促进供给侧结构性改革，特别是要下更大的力气研判城市和农村居民的旅游需求及其变化。以消费视角重新审视旅游业，强化客源地思维，以主客共享、存量利用、增量拉动的新理念指导资源开发和项目建设。教育、科技、人才是全面建设社会主义现代化国家的基础性、战略性支撑，也是旅游业高质量发展的新动能。山、水、林、田、湖、草、沙自然资源，历史遗存、文化遗产、民族风情、民间文化等人文资源是观光旅游的本底资源，文化创意、科技创新、人才创业则是休闲体验、场景建设和度假旅游的关键要素。

"人山人海吃红利，圈山圈水收门票"的时代已经过去，"走马观花逛景点，扎店购物吃回佣"的模式更不可能让旅游业重回黄金时代。只有加快建设现代旅游业体系，着力提高全要素生产率，着力提升产业链和供应链的韧性和安全水平,才能实现旅游业供给侧结构性改革和创新发展的目标。我们还要从中国国情出发,创新旅游统计理论,完善需求导向的数据体系,让数据成为美好生活的温度计、共同富裕的测量仪和旅游业高质量发展的加速器。

中国式现代化要求促进人与自然和谐共生,推动构建人类命运共同体,创造人类文明新形态。无论是各级政府主导的旅游目的地建设,还是各类市场主体的旅游投资和商业运营,都要发展绿色旅游和文明旅游。

在全面建设社会主义现代化强国的进程中,我国将在世界旅游经济体系中扮演更加重要的角色,发挥更为关键的作用。民族复兴和人民幸福的中国梦将为国家旅游形象注入全新内涵,吸引"一带一路"国家、亚太经济合作组织、上海合作组织、《区域全面经济伙伴关系协定》成员国和金砖国家的更多游客来访,同时也会有越来越多的中国游客在这颗蓝色星球上自由行走,在海外目的地产生更多的消费,并可能继续扩大旅游服务贸易逆差。

对此,我们不必固守重商主义的传统,将旅游服务贸易顺差作为长期不变的目标。与改革开放初期相比,人民群众花些外汇到世界各地看一看,在提升生活水平和综合素质的同时,还可以促进文化交流,花些外汇是值得的,也是可以承受的。旅游业的开放范围也会越来越大,外国的旅行服务商、酒店管理公司和专业人士可以进来,中国的企业也可以出去,统筹用好国际国内两个市场两种资源,并接受全球化市场规则和商业伦理的考验。

在促进世界旅游业复苏与发展的进程中,中国所贡献的不仅有消费和投资的力量,还应有可持续发展的"中国方案"。

学习贯彻党的二十大精神
北京·2022 年 10 月 18 日

旅游业高质量发展的人民性、现代化和未来感

2022年1月20日,一则国务院印发《"十四五"旅游业发展规划》(国发〔2021〕32号文件,以下简称《规划》)的消息上了热搜、霸了大小屏幕。党中央、国务院对旅游业的高度重视,对于正在经历最艰巨挑战、最漫长复苏和最深刻变革的旅游业而言,无疑是现阶段最大的政策利好和信心释放。《规划》站在"两个一百年"未有之大变局的历史高度,概括总结了"十三五"期间旅游业发展的历史成就和发展经验,科学研判了大众旅游进入全面发展阶段所面临的形势和挑战,坚持以人民为中心,以现代化为导向,擘画了"十四五"旅游业高质量发展的新蓝图。

一、过去五年,是大众旅游全面发展的五年,也是融合发展、创新发展的五年

2016年是"十三五"开局之年,李克强总理在《政府工作报告》中明确提出"迎接一个大众旅游的新时代"。改革开放以来,我国旅游业从入境旅游起步,很快就进入了国家战略视野,并以星级酒店和导游服务引领了社会生活的风向标。1999年国庆节"黄金周"开始,旅游业逐步进入以国民消费为基础,入境、出境和国内三大旅游市场协调发展的新阶段。党的十八大以来,旅游业更是驶入了发展的快车道。2019年的国内旅游、出境旅游和入境旅游市场规模分别达到60.5亿人次、1.55亿人次和1.45亿

人次，成为全球最大的国内、出境和入境旅游市场。"十三五"期间人均出游超过4次，假日旅游成为新民俗，旅游成为小康社会人民美好生活的刚性需求。这是一个足以载入世界旅游发展史册的伟大成就，也是建设旅游强国最为坚实的市场基础。

过去五年，也是文化和旅游融合发展最好的五年。文化建设和旅游发展都是为了人民的美好生活需要，人民在旅程中领略自然之美和人文之美，提升了文明素质，增强了文化自信。游客越来越愿意到访文博场馆、历史文化名城和休闲街区、红色旅游景点，越来越愿意参与非遗和民俗活动。旅游业的经济属性强、市场化程度高，在文化传播、文化创造和文明互鉴的过程中发挥了重要作用。2018年文化和旅游部成立不久，就确定了"以文塑旅、以旅彰文；宜融则融、能融尽融"的工作方针，并取得了有目共睹的成就。

过去五年，还是旅游科技创新和产业现代化取得长足进展的五年。在制度创新、科技创新和市场创新共同作用下，投资机构和运营商创造出了更多"旅游+""+旅游"的新业态，现代旅游业体系初步成型。在过去的两年中，旅游业统筹疫情防控、企业纾困和行业复苏，稳步推进旅游业高质量发展，游客满意度再创新高。

二、未来五年，旅游业仍然处于高质量发展的战略机遇期

新冠疫情是过去两年，也是"十四五"前半段旅游业最大的影响因素，但是从总体上看，旅游业仍然处于高质量发展的战略机遇期。

人民对旅游休闲有期待。就是在疫情期间，人们也从来没有停止过对旅游的向往，微旅游、微度假成为过去两年的热词和市场主体创业创新的市场基础。2021年劳动节假期，全国旅游出游人次甚至超过了疫前同期水平。即将到来的虎年春节，北京等城市周边的民宿和度假村已是一房难

求,"包个小院过大年"成为家人团圆的新选择。冰雪旅游、自驾旅游、研学旅游、高铁旅游热度不减。人民从来没有像今天这样渴望休闲和旅行,无论是远方的美丽风景,还是身边的美好生活,都是人们愿意欣赏、体验和分享的。增长的意愿、升级的消费和下沉的市场,是旅游复苏的信心之所系,也是高质量发展的动力之所在。

国家对旅游发展有要求。《规划》对旅游业高质量发展有了更加明确的要求,要建设一批世界级旅游城市、富有文化内涵的世界级旅游景区和度假区、文化特色鲜明的国家级旅游城市和街区,发展红色旅游和乡村旅游。要结合长征、长城、大运河、黄河、长江国家文化公园的建设,培育一批国家级文化旅游带和国家级精品旅游线路。在规划布局节点城市、带状线路和区域空间的同时,《规划》也对冰雪旅游、避暑旅游、夜间旅游、研学旅游、自驾旅游等新需求和新业态,从消费环境、主体建设、产品供给、市场监管和政策保障等方面做了明确部署。特别要指出的是,《规划》对国家发展和改革委员会、财政部、自然资源部、交通运输部、住房和城乡建设部、外交部、工业和信息化部、国家民族事务委员会、国家卫生健康委员会、金融管理部门、文化和旅游部等部门支持旅游业发展提出了明确要求。《规划》还要求各地区要将旅游业发展纳入重要议事日程,从已经发布的安徽等地方旅游业发展规划来看,均从需求侧管理、供给侧结构性改革、制度创新等方面进行了响应和落实。

产业发展动能有创新。科技和文化从来没有像今天这样全面、系统而深入地推进旅游业的变革、创新和高质量发展,更多的机构携资本、技术、文化、艺术、教育、体育等新要素新动能跨界而来。新动能不是为了挽救一个旧时代,而是要创造一个新时代。从这些年中国旅游集团化发展论坛发布的文化和旅游融合案例、旅游科技创新来看,固然有些企业离场了,但是更多的企业在创新中前行。正是因为生生不息的创业创新,旅业的边界从来就不是封闭静止的,而是动态演化的。

三、坚持人民性、现代化和未来感,奋力开创旅游业高质量发展的新格局

在习近平新时代中国特色社会主义思想的指引下,《规划》系统研判了大众旅游新阶段的时代特征,坚定不移贯彻创新、协调、绿色、开放、共享的新发展理念,擘画了未来五年旅游业高质量发展的新蓝图。各级党委、政府和旅游业界贯彻《规划》的过程中,必须牢牢把握人民性、现代化和未来感三个基点和方向。

推进旅游业的高质量发展,必须坚持大众旅游的人民性。全面建成小康社会以后,旅游在扩大消费、繁荣经济、带动就业等经济社会发展方面仍将扮演关键角色,发挥积极作用。与此同时,我们更要关注旅游业在保障人民的文化权利、促进共同富裕方面的新内涵和新任务。放长历史的视野,"九五"之前的旅游业重心在入境旅游,关注如何吸引国际和港澳台游客到访以创造更多的外汇收入。从"十五"开始,国内旅游成为越来越显化的基础市场,扩大消费和平衡收支成为政策导向,并通过全域旅游和厕所革命让旅游业在更大的空间发挥作用。共同富裕不能只是物质充裕,还要更多的文化参与,"吃有肉、住有楼,还有闲钱去旅游"是老百姓对小康社会的朴素想象。在开启中华民族伟大复兴第二个百年梦想的今天,人民的旅游权利意识更加高涨,要有得游,还要游得起;要游得开心,更要玩得放心。人民对美好旅游生活的向往,就是我们的奋斗目标,也是新时期旅游工作的出发点。各级政府要从"国之大者"政治站位统筹经济功能和事业属性,以更大的力度保障人民的旅游权利。

推进旅游业的高质量发展,必须建设现代旅游业体系。要树立共同富裕的现代化发展理念,城市居民要出游,农村居民也要出游。无论市民还

是农民，旅游的方式都以自主、自助和自驾为主，多样性、分层次和品质化将是游客的主流需求。从国家公园到国家文化公园，从城市到乡村，从戏剧场到菜市场，都将成为主客共享的美好生活新空间。要培育文化创造和科技创新的现代发展动能，过去四十年，旅游业之所以取得举世瞩目的历史成就，并不完全是资源开发和市场创新的结果，而是享受了开放和人口两波红利。就是没有疫情，传统的红利窗口也将会关闭。与此同时，文化创意、科技创新、投资创业正在取代传统的自然、历史和人文资源，成为现代旅游业的新动能。要建设现代市场主体，旅行社、星级饭店和旅游景区是典型旅游业态，但不是旅游业的全部，更不是现代旅游业的代表，只有那些面向新需求，应用新动能，经由市场竞争成长起来的新型市场主体，才能代表现代旅游业的发展方向。要创新现代发展模式，对于广大中西部和北方经济欠发达地区而言，必须以现代思维取代传统经验，由资源依赖和政策依赖转向思想引领和市场驱动，因地制宜、因时制宜，将顶层设计和基层探索相结合，培育现代旅游发展新模式。

推进旅游业的高质量发展，必须具有绿色旅游的未来感。绿水青山就是金山银山，冰天雪地也是金山银山，当代旅游发展的行政主体、市场主体和消费主体要将生态文明和绿色发展理念贯彻到旅游活动的各环节、旅游产业的各要素。经过四十多年的发展，旅游业的贡献不能只限于消费、就业等经济领域，还要承载促进社会发展和文明提升的责任。既要推动文化和旅游进一步融合，也要推进文化和旅游相互借鉴，不断彰显旅游的社会属性。旅游业要承担"碳达峰、碳中和"的应尽责任，也要为传统文化创新性传承和创造性转化做出应有的贡献，让广大游客在行程中领略文化之美，增强文化自信。要结合研学旅行将文明旅游推向新的高度，既要抓好旅游过程中的文明，也要抓好游客出行前的文明教育，只有更多文明的居民出来旅游了，文明旅游才会得到稳定的保障。

旅游的未来感还体现在共同价值和人类命运共同体意识，体现在对多元文化的认同、包容和发自内心的尊重。在全球新冠疫情得到有效控制的前提下，还要分步有序促进入境旅游，也要稳步发展出境旅游。对于全面进入小康社会的中国来说，追求持续和全面的旅游服务贸易顺差既没有必要，也没有可能。只有在更高的层次上推进入境出境旅游市场动态平衡和相互促进，我们才能真正融入世界，并促进全球旅游业的繁荣和可持续发展。旅游业应当，也可以在"一带一路"倡议，在亚太经合组织、金砖国家、上海合作组织、RCEP、亚洲文明对话等多边机制和双边合作中发挥更大的作用，在世界旅游繁荣发展进程中讲好中国故事，贡献中国智慧。

《规划》对旅游理论研究和人才建设也提出了新要求，部署了新任务。没有实践支撑的理论是空洞的理论，没有理论引领的实践可能会走弯路。旅游教育、学术研究、理论建设机构要直面旅游业发展的重大现实问题、热点问题和难点问题，加强基础理论研究和行业智库建设，加快构建以人民为中心的中国特色社会主义旅游发展理论，对外讲好新时代的中国旅游故事。要用好中国旅游科学年会、中国旅游集团化发展论坛等研究成果交流平台，推进旅游学科建设和专业建设。加强需求研究和数据生产，吸引科技界关注旅游，加强事关旅游业创新发展的关键共性技术的研发与突破。建设一批体现国家意志、实现国家使命、代表国家水平的研究平台，构建更加广泛、更为多元、更有代表性的旅游学术共同体，为建设以人民为中心的现代化旅游业体系，推进旅游业高质量发展而努力奋斗！

《"十四五"旅游业发展规划》专家解读与推进落实研讨会

北京·2022年1月21日

国民旅游休闲讲稿（九）

以高质量人才推进旅游研究高质量发展

中国旅游研究院（文化和旅游部数据中心）[以下简称研究院（数据中心）]建院十五年来，取得了一些成就和经验，其中最关键的一条就是高度重视干部队伍建设和务实推进人才培养。2022年是研究院（数据中心）事业发展继往开来、各项工作承上启下的一年，更是推进各项事业高质量发展和可持续发展的关键一年。在反复研究和综合考虑的基础上，经部领导同意，院班子将年度工作主题确定为"人才建设"。

2021年9月1日，习近平总书记在中央党校（国家行政学院）青年干部培训班开班式上强调指出："对我们党的理想信念，不要语焉不详，不要吞吞吐吐，而是要旗帜鲜明、理直气壮讲。"培育什么样的干部，使用什么样的人才，是关乎研究院（数据中心）长治久安和高端旅游智库建设的大是大非问题，是必须回答而且必须回答好的战略课题，没有必要回避，也不可能有什么模糊的空间。作为国家级旅游研究平台和数据中心，我们要培养什么样的干部队伍，建设什么样的团队和梯队，特别是培养什么样的接班人，都必须要向部党组汇报清楚，向全体干部职工，向学术共同体和所有关心支持研究院（数据中心）发展的朋友们讲清楚。

一、下决心培养一批政治可靠、业务过硬、价值观一致的领军人才和学术名家

党历来重视干部队伍和专业人才的培养，并从政治、业务和管理方面提

出了具体要求。早在延安时期,党就提出"有计划地培养大批新的干部,就是我们的战斗任务"。20世纪60年代初,党提出了培养造就千百万无产阶级革命事业接班人的战略任务。党的十一届三中全会后,中央明确提出干部队伍"革命化、年轻化、知识化、专业化"的建设方针。习近平总书记强调,我们培养优秀年轻干部,千条万条,第一条就是教育他们对党忠诚,坚决防止政治上的两面人。研究院(数据中心)的各项事业的高质量发展更是离不开组织放心、行业认可、职工认同的干部队伍和领军人才队伍。

新时代的旅游名家和领军人才应胸怀"国之大者",而不是精致的利己主义者,更不能斤斤计较个人的功名利禄。2008年建院之初,我们就提出了"服务产业、报效国家"的建院宗旨。后来的"政府智库、业界智囊、理论高地"的发展定位,以及"理论近卫军、数据特战队"的建设要求,都是建院宗旨的具体体现和全体干部职工的行动指南。2015年以来,中国旅游科学年会每年都会推出一位来自业界的"旅游思想者",这两年又分批推出了"旅游学者志"。之所以这样做,是因为他们在产业创新和学术研究两个方面为不同时期的旅游发展战略做出了杰出贡献,值得我们铭记和致敬,也是青年人学习的榜样。党和国家在不同的历史时期,对旅游业有不同的战略要求。20世纪80年代是发展入境旅游、创造外汇收入,90年代后期是发展国民旅游、培育新的经济增长点,党的十八大以来大众旅游和智慧旅游进入国家战略体系,奠定了旅游强国的建设基础。全面建成小康社会以后,大众旅游进入全面发展的新阶段,保障人民的旅游权利、推进旅游业高质量发展是国家需要和行业期盼,也是对干部和人才队伍的具体要求。

同志们从海内外高校和研究机构获得了博士学位,完成了博士后的研究任务,来到了研究院(数据中心)这个旅游研究和数据生产的国家级平台上,除了以才情和努力服务国家战略,再无任何其他的目标和任务。专业人才如果没有对国家、对事业、对机构的奉献甚至牺牲,能成真正名家学者的，历史上没有，将来也不会有！如果有了研究员、副研究员、院长、所长的头衔或者这样那样的荣誉称号，就觉得自己了不起，就想着和组织讲条件、讲待遇、要这要那，一言不合转身就走，或者在背地里嘀嘀咕咕，甚至搞些见不得阳光的小动作，这样的人才能要吗？党和国家的旅游研究平台能放心交给他们吗？这个根本问题不解决或者解决得不到位，个人、组织和平台发展就会有停止甚至倒退的危险。即使凭平台和资历勉强得到一些看上去荣耀光鲜的位置和称号，也得不到学术共同体和旅游业界发自内心的认可，最终还是会被历史所淘汰的。只有为党和国家的旅游事业尽忠竭智者，为人民的旅游权利和产业发展而殚精竭虑者，才是我们事业继往开来的领军人才和学术名家，才会为人民所记住，历史终会给予应有的评价。

新时代的旅游名家和领军人才应是当代旅游发展理论的开拓者和旅游学术研究的创新者，而不是模仿跟随者，也不是小成即安者。历朝历代，无论是政治、军事、经济、社会，还是思想、教育、科学和文化，能够为历史记忆者，无不是开疆拓土者、制度奠基者和原始创新者。任何意义的模仿、守成和偏安的结果，都只会空留下一江春水向东流的哀叹。"宜将剩勇追穷寇，不可沽名学霸王"，没有这样的气势，事业做不成，学问也不可能做大。入境旅游时代，我们是理论和实践追随者，学习引进发达国家的旅游理论、规划和标准，指导地方和企业开发资源、做好服务。国民消费为主的大众旅游时代，我们是理论创新者和实践赶超者，在分析旅游市场和参与发展规划的过程中逐渐形成了一套基于国情的原创概念和发展理论，也积累了相对丰富的市场数据和产业案例。全面建成小康社会以后，我国进入大众旅游全面发展的新阶段，"三新一高"成为旅游发展的指导思想，对理论建设、政策研究、产业创新和数据生产提出了全新的要求。经过四十多年的发展，旅游理论创新和学术研究已经进入了事实上的"无人之境"，如何以高度的历史自觉，回答旅游发展的时代之问，已经落

在我们这一代旅游学人的肩上。

新时代的旅游名家和领军人才要积极担当，主动作为，不要在理论探索和科研实践过程中缩手缩脚。习近平总书记指出，"担当作为就要真抓实干、埋头苦干，决不能坐而论道，光说不练""担当和作为是一体的，不作为就是不担当，有作为就要有担当"。遇到困难就躲，见到问题就绕，对外小绵羊，对内称霸王，这样的干部和人才都是要不得的。在这个问题上，不能语焉不详，不能言行不一，也不能有任何爱惜羽毛的想法。那种担心观点出错而小心翼翼，担心闲言碎语而左右逢源的想法更是错误的。担心对团队严格要求会招致差评就想做老好人的想法，对事业发展有害，对自己成长也不利。须知，有黑子的太阳也是太阳，有瑕疵的英雄也是英雄。"苟利国家生死以，岂因祸福避趋之"，理当如是。人才建设要"相马"也要"赛马"，名家大师要培养，也要竞争。思想也是有市场的，也是需要竞争的，千万不能搞论资排辈那一套，觉得年龄和资历到了，自然就是领军人物或者说学术名家了。没有这回事！今后除了正常的招新，我们也会从国际国内的学术机构和企事业单位有意识引进一些领军人才和学术名家。

新时代的领军人才和学术名家要敢于开展理论斗争和学术争鸣，"好好先生"要不得。毛泽东同志指出："以斗争求团结则团结存，以退让求团结则团结亡。"习近平总书记指出，"总想过太平日子、不想斗争是不切实际的""共产党人任何时候都要有不信邪、不怕鬼、不当软骨头的风骨、气节和胆魄"。对共产党人来说，"好好先生"并不是真正的好人。奉行好人主义的人，没有公心，只有私心，没有正气，只有俗气，以为"坚持原则是非多、碰到硬茬麻烦多、平平稳稳好处多、拉拉扯扯朋友多"。自古以来，人们便对这种人嗤之以鼻，比如孔子就说，"乡愿，德之贼也"。那种总想着对谁都好，希望别人给发个好人牌的人，网上有两个词——"不粘锅"和"中央空调"，用在他们身上倒是比较恰当的。

什么是忠诚？不是在领导面前唯唯诺诺，不是在工作中不求有功但求无过，而是为了共同的理想、共同的事业而努力奋斗，并且敢于斗争！具体到研究院（数据中心）来讲，忠诚体现在"两个维护""四个自信"上，体现在对建院宗旨发自内心的认同和身体力行上，体现在理论斗争、思想争鸣、学术讨论、旅游统计和数据分析工作中自觉地站在党和国家立场上，无论是公开场合还是私下聚会都不说不利于团结的话，不做不利于机构和平台的事情。那种当面不说、背后嘀咕，业务不精人际补、诋毁同事求上位的做法更是要不得。厚积才能薄发，行稳方可致远。任何时候，我看都是光明磊落的好，也许有人一时不理解，没关系。"莫为浮云遮望眼""风物长宜放眼量"，最终还是会为绝大多数人理解的。

二、下决心培养一批发展潜力大、价值认同度高、敢于揭榜挂帅的青年人才

毛泽东同志说，"世界是你们的，也是我们的，但是归根结底是你们的"。历史的车轮滚滚向前，大浪淘沙、吐故纳新，从来不是以人的意志为转移的。无论愿意还是不愿意，我们总要制度性地离开这个平台，终有一天也要退出理论建设、学术研究和数据生产的历史舞台。"向苍天再借五百年"，不可能的事，文学的想象罢了。一代人有一代人的历史使命，谁都有退出历史舞台的那一天。问题是事业的接力棒交到什么人的手上？能不能获得组织信任和全体职工、学术共同体、旅游行业与国际上的认可？如何扶上马、送一程？都是亟须回答而且要回答好的现实课题。

要用好现有的干部和人才，让每个人都能在干事创业中成长。我常与院班子、支委和部所负责同志说，每位在编、院聘和执行专项任务的职工，包括博士后和访问学者，都是推动研究院（数据中心）事业发展的极其宝贵的资源。党和国家把这么多高学历、高职称和高素质的人才交到我

们的手中，千万不能辜负了组织的重托和同志们的信任。在前进的道路上，一个都不能少，一个人都不能掉队。将来我们的事业还要发展，编制、岗位和职能还会扩大，每个人都可能肩负更多的责任，拥有更广阔的舞台，发挥更大的作用。为了更好地培养人才，院里出台了职称晋升、科研奖励和学术成果资助出版的支持措施。例如，通过中高级职称评审促进复合型人才培养；研究报告或学术观点被省部级以上政府部门采纳，转化为政策，或者为政策法规的制定提供重要依据者，由院长办公会讨论决定后给予特别奖励。上半年，有几期内参和特别报告得到部相关领导肯定性批示，或者直接转化成为工作抓手，经研究分别给予了每篇成果30%和50%的奖励分值。对出现数据失误的报告也提出了批评，扣减了成果分值。上个月还颁布了支持青年学者学术专著出版资助的实施方案，对有关标准和程序进行了规定。这些文件、规定和要求不能一出了之，要通过网上办公平台和所务会传达到每个职工，更要务实贯彻下去。科研和人事部门年底要有量化考核和专题总结，要向同志们公开。

要压实学科带头人和学术方向带头人，特别是研究部门负责同志对人才建设的主体责任，在团队建设和青年人才培养过程中发挥关键作用。今年院里专门研究制发了关于压实所长责任强化研究所建设的文件。要求全面落实所长责任制，建立常态化所务会制度。抓好学科建设和人才培养，高质量完成政府智库研究成果，积极引导行业发展、做好业界智囊，巩固理论高地定位。加强研究项目管理，完善所内预算管理，做好数据和成果知识产权保护和保密工作，力争建设模范研究所。在研究院（数据中心）的组织体系中，院长、所长从来都不是荣誉和权力，而是沉甸甸的责任和压力。希望同志们在全面理解的基础上，统筹党建和业务工作，全面贯彻所务会、所务公开、科研组织、人才培养等各项要求，争创模范研究所。

要统筹用好机构、平台、系统和行业的资源，多种方式培养人才，多个岗位锻炼人才，为人才脱颖而出创造更多的机会。了解行政系统的运作，掌握市场一线的信息，搭建同行人脉，对于青年学者的成长是十分必要的，院里也会努力创造这样的机会。作为国家级旅游智库、研究平台和数据中心，会有很多系统内外的挂职、借调和国际交流的机会。过去十五年，我们在这方面积累了不少经验，当然也有一些失误和教训。希望同志们珍惜平台所给予的机遇，在服务行业和干事创业中成长。千万不能成为扛着机构的牌子游走四方的华威先生，更不能为工作中接触到的权力和利益而东张西望，结果乱了自己的心神，忘记了初心和使命。千万不能混淆了平台赋能和个人努力的关系，正确的处理方式是平台认可个人的才情和努力，个人感谢平台给予的高度和机遇，二者是相辅相成、互动成长的。很多时候，我们不得不与人性作战，不得不加强个人的思想修养。我们这代人从祖国的四面八方而来，从基层做起，一个学位接着一个学位读，一篇文章接着一篇文章写，一个项目接着一个项目做，有些成就和名声，才得以为国家所征召，有了服务产业、报效国家的机会。哪里有什么个人的时代，只有时代的个人。所以才要淡泊以明志，行稳而致远，六神不宁，终会输得干净。说易行难啊，同志们，修身养性是一辈子的事，对于青年学者尤其重要。

青年学者要与组织培养相向而行，让外因真正转化为人才成长的内在动力。习近平总书记指出，"干部成长无捷径可走，经风雨、见世面才能壮筋骨、长才干"。希望青年学者不要怕吃亏，更不能怕吃苦。每一期旅游内参和特别报告、每一篇文章、每一次演讲、每一次汇报、每一次调研、每一项具体工作都是青年学者成才的基石，务必全心投入，全力投入，全情投入。幸福是奋斗出来的，成长是需要煎熬的。年纪轻轻的，身体没那么娇贵，每天少睡些觉，少些聚餐娱乐的时间，我看不会有什么损失。心理不要那么敏感，每天关注别人怎么看自己，领导批评两句，同事和同行议论几句，就受不了了，就到处求安慰求理解，太敏感、太矫情、太玻璃心了!对待工作,无论是科研、学术,还是行政,都要自我加压,精益求精,功夫没下到位,出不了细活的,懂行的一看一听就能感觉出来。对待职责范围的事情和院领导交办的任务,如果总是抱着办事交差的心理,总觉得反正有所长、院长在后面把关兜底,那么就会跟不上时代的步伐和发展的要求而掉队。格局放不开,功夫下不到位,遇事斤斤计较,终将一事无成,不信我们走着瞧。只有以高度的事业心和反复磨砺出精品的劲头,才可能抓住每一次机会成长。

三、下决心培养一批政治素质高、善于统筹协调和创造性执行的行政人才

长期以来,知识分子有一个光荣传统,专业人才有一个优良作风,就是党叫干啥就干啥,党让去哪就去哪,哪里有事业哪里就是家,只要组织需要,就没有二话,就无怨无悔。与科学研究、理论建设和数据生产一样,行政管理也是研究院(数据中心)各项工作的有机组成部分,是底层器件,是幕后英雄。行政工作也是有专业性的,也是需要人才的。党建、行政、人事、宣传、外事、财务和科研管理这些岗位也是人才成长的舞台,也需要专业能力建设。行政管理人才是研究院(数据中心)人才工作体系不可或缺的组成部分,是领军人才和学术名家成长的有力支撑,是青年人才培养和学术梯队建设的具体保障。院里既要向他们提要求、压担子,也要加强培训、指导和帮助的力度。

支委和院班子对行政工作的总体要求是"权威、大气、精准、高效",建院十五年来,行政部门的同志们在理念上是认同的,在工作中是践行的。无论是退休的、在职的,还是由于种种原因而离开的同志,都是尽心尽力做好了本职工作,为我们共同的事业做出了应有贡献。那么多的文件起草、人员招聘、政府采购、基本建设、资本配置、财务审计、宣传推

广、品牌会议、国际交流、来访接待、科研管理、博士后全过程管理和学术共同体建设，等等，都是政策性强、时效性高和利益诉求多的事项，就这么十来个人，不容易啊！在此，我代表支委和院班子向同志们表示衷心的感谢！过去十五年，你们辛苦了！

今年根据工作需要，经院班子研究决定，调整了五名同志的工作岗位，有的是在行政系统内部调整，有的是从行政岗位调整到科研一线，也有的是从高级专业技术岗位调整到行政管理。大家都表现得很好，有大局意识，能够做到令行禁止，及时交接工作并快速适应新岗位的要求，以实际行动践行了"无论是博士还是硕士，都是党的战士；无论是研究人员还是行政人员，都是党的办事员"。对于人才成长而言，多岗位锻炼是必要的，可以起到增进理解、扩大共识、协同创新和提升能力的效果。希望同志们在新的工作岗位展现新形象，提升新能力，以"功成不必在我，功成必定有我"的心态全力推进包括人才建设在内的各项工作，为研究院（数据中心）的高质量可持续发展做出更大的贡献。

希望行政部门的同志们能够和研究院（数据中心）的中长期发展战略相向而行，善于学习新知识、善于掌握新技能，切实提高办文、办事和办会能力。不要把宝贵的时间和精力用在计算一个人对着机关的多少个处上，不要总觉得办事求人多辛苦，而是要一点一滴地提升自己的专业能力和工作经验，让自己成为平台建设和事业发展不可替代的人才。支委和院班子也会关心同志们事业发展的需要，多倾听大家的意见和建议，进一步加大轮岗交流、挂职锻炼和培训深造的支持力度，想方设法帮助同志们成长，切实提高每个人对研究院（数据中心）的向心力、凝聚力和获得感。

庆祝建党 101 周年暨人才建设年

北京·2022 年 6 月 30 日

旅游&重构·国家战略

科技创新是旅游业高质量发展的必由之路

习近平总书记在科学家座谈会上强调，充分认识加快科技创新的重大战略意义，"我国经济社会发展和民生改善比过去任何时候都更加需要科学技术解决方案，都更加需要增强创新这个第一动力""我国'十四五'时期以及更长时期的发展对加快科技创新提出了更为迫切的要求"。文化和旅游部学习贯彻党的十九届五中、六中全会精神，先后提出了发展大众旅游、升级智慧旅游、建设现代旅游业体系等工作要求。从经济社会发展和旅游业演化的宏观视域出发，我们可以得出显而易见的论断：在推进旅游业高质量发展、促进文化和旅游融合发展，建设现代旅游业体系的战略进程中，科技创新特别是移动通信、物联网、大数据、人工智能扮演了无可替代的关键角色，发挥了至关重要的积极作用。在文化和旅游融合发展的进程中，各地行政主体和市场主体要结合大众旅游发展的时代特征和地方旅游业发展环境，实施科技创新策略，以新发展理念推进旅游业高质量发展。

一、科技正以前所未有的力度改变社会生活方式，以前所未有的速度重构包括旅游在内的当代经济体系，以前所未有的温度照亮小康中国的旅游梦想

中国科学史上有著名的"李约瑟之谜"，即中国古代曾经创造出辉煌

的成就并领先于世界，明代中期以后却止步不前，与西方的差距越拉越大。在众多学者论著中，我记忆较深的是林毅夫教授的解释：在相当长的历史时期内，较高人口密度的国家出现杰出的数学家、天文学家、物理学家、医生和工程师的概率，远高于那些较低人口密度的国家，或者说科技和人都是人口总数和国土面积的函数。欧洲文艺复兴后，科技进步更多依赖于实验室装置，而非科学家个人的兴趣。如同经济活动一样，迂回的生产方式总是比自然力直接作用于生产对象更有效率，仍然依靠传统生产方式的中国逐渐失去了对世界科技进步的领导力。之所以和同志们分享二十多年前的学术观点，是因为今天旅游产业的进步同样是依赖于科技推动的迂回生产，而不是基于传统资源和劳动力以及现代生产方式。如果不能有效推进市场主体实施科技创新战略，不能帮助地方政府特别是旅游管理部门有效落实"科技+旅游""互联网+监管"新发展理念，当代旅游发展理论和旅游大数据就不能真正回应旅游产业实践所提出的时代之问。

携程、去哪儿、马蜂窝、途家等在线旅行服务商的成功，是移动互联网、大数据、创业团队、时代需求等多重因素综合作用的结果。改革开放初期的入境旅游时代，旅游发展的基础设施、商业环境和公共服务尚不健全，外国人、港澳同胞、台湾同胞和海外侨胞主要采取团进团出的方式，旅行社是旅游业的中心，也是龙头。在财务靠算盘、信息靠手写的年代，能够拥有电话机、传真机、打字机的旅行社，在同龄人的心目中就是现代商业文明的代表了。回过头看，那个时代的旅行服务主要依赖于导游和计调等一线操作人员。人工和自然力虽然可以满足少数游客的个性化需求，但不可能适应大众旅游时代的规模化生产和标准化作业。以 1999 年"国庆黄金周"为标志，解决了温饱问题的城乡居民开始取代外国人和港澳台同胞成为旅游消费的主体。因为没有语言、文化、支付等方面的差异，也没有签证的障碍，国民旅游一开始就以规模化、自由行、碎片化的姿态登旅游&重构·国家战略

上了历史舞台。

每年数十亿的游客规模和碎片化的消费需求，仅靠数千万旅游从业人员——哪怕是再有经验的劳动者的自然力，也是无法适应市场变迁和产业升级的双重压力的。对于牌照经济体系中的旅行社和分等定级导向的星级酒店而言，原有的商业模式和运营机制已经成为潜意识了。就像电影《肖申克的救赎》所隐喻的那样，监狱的高墙一开始是如此可憎，因为它限制人的自由。可是在里面待久了，也就适应了，在人生得到社会意义的自由时，反而不知所措。体制和环境也是如此，经过半个世纪的团队运作和手工操作，传统旅行社不再有能力捕获大众旅游时代的市场机遇。携程、去哪儿为什么能行？因为它聚焦于分散化的商务散客出行，从800电话呼叫中心，到个人电脑终端，到手持移动终端，再到大数据分析，现代科技在旅游服务诸环节与时俱进的泛在化应用，生动诠释了庞巴维克的《资本实证论》中"用机器生产机器"的经济学原理。如果没有大众旅游的时代需求，没有移动通信和大数据技术的时代革新，就是梁建章博士和庄辰超先生有再多的个人才情，加上后天的努力，也不可能有今天最大的在线旅行服务商的市场地位。从这个意义上说，没有携程、去哪儿的时代，只有时代的携程、去哪儿。

科技让最大多数的人群得以尽享平等的旅游权利，以及快速、便捷而自由的服务。在计算力对自然力替代的过程中，可能伴随着精英阶层眼中的旅游服务的标准化和旅游体验的世俗化。在多数人通过自然力服务于少数人的个性化享受，与全体人民通过计算力实现多数人的标准化服务之间，我宁愿选择后者。乾隆的江南、徐霞客的游记、李白的壮游、沈复的《浮生六记》之所以为世人所传诵，为后人所追忆，是因为生活在那些年代的绝大多数人都是在方圆百里的范围里终其一生。那些留在文字里的美丽风景和美好生活，虽然照亮了日常生活的无常，终究是与他们无缘的。究其原因，还是经济问题——远行的成本太高了。从这个意义上讲，飞机、火车、高速公路、互联网、人工智能等交通和通信领域的技术创新，让国民大众拥有在这块土地上自由行走的自由，这无疑是巨大的历史进步。过去十年，我们高举大众旅游的旗帜，坚定不移地走智慧旅游的道路，就是对人民性的礼赞，就是对现代化的追求。为了这个目标，现阶段的旅游发展可以付出特定时空的拥堵所导致的个人体验感的下降这样的代价。

二、当代旅游者要美丽风景，更要美好生活。当且仅当科技与旅游空间和消费场景相连接，才具有产业意义，才能推动经济增长和社会进步

前些年热炒的 VR、AR 概念，为什么只是停留在了一些展览会上的演示项目，而没有产生现象级产品和独角兽企业？从短期的商业因素看，是没有应用场景；从中长期的市场环境看，是因为没有稳定的增量需求支撑。人们在家里戴上那种模样怪怪的眼镜，或许可以对着屏幕做一些看上去傻傻的虚拟仿真动作，但是到了目的地和特定的消费场景，是不可能也没有必要做出这些动作的。在可穿戴设备微型化和内植化之前，增强现实、机器学习可能具有科技创新意义，也可能具有公司形象展示意义。如同 20 世纪希尔顿酒店集团就发布了月球酒店的概念设计图，但是在科技进步到人类能够以今天的机票价格那样低门槛地、大规模地往来月地之前，也只会停留在概念导入阶段。类似的科技还有马斯克的星链（Satellite Network）、星舰（Starship，SN5）和龙飞船（Dragon）勾画的火星移民和星际旅行的未来场景，我想在五十年、一百年以后可能会成为旅游新空间。至于怎么样让科幻成为现实，那是科学家和工程师的事情，旅游学者或许可以将其作为讨论的话题，而对于绝大多数旅行服务商、旅游住宿运营商、旅游景区和休闲娱乐机构而言，在未来到来之前，还是重点关注那些可以形成消费场景的科技为宜。在这方面，我们有责任告诉旅游业界如何理性地接触现代科技，既不要视而不见，也不要盲目跟风。

今天，通过智能手机收集信息、处理公务和社会交往已经成为日常生活的常态，航空飞行时提供 Wi-Fi 就是在满足刚性需求，或者说是能够营造消费场景的。但是提供语音通话功能则可能只有技术创新的意义，而不见得受到航空公司和旅客的欢迎。因为机舱是个狭窄且密闭的空间，接打电话会极大干扰其他人的休息、阅读和进餐，一旦这个场景营造出来，对旅游者的服务感知可能是负面影响。相对而言，机器人送餐服务倒是不会产生负的外部性，问题是游客在多大程度上接受它。类似的问题还包括智能语言导览和远程自动控制酒店的灯光、温度和湿度，人们外出旅游就那么需要把每一件事、每一个环节都安排得像国家元首一样分秒不差吗？这里面既有服务商和游客共同面对的"成本—收益"计算问题，也有潜在市场的厚度和消费心理问题。很多时候，游客不需要服务者以上帝视角打量自己，像暴露在 X 光机、CT 扫描仪面前的病人那样。事实上，对未来的不可预期正是人之所以为人的内在规定，游客越来越倾向于"向科学的傲慢说不"，并坦然接受这个世界的不完善和现实生活的不完美。

两年前在考察广东茂名的水东湾陆海空 5G 全景应用场景实验区时，我同当地领导、技术和运营团队讲：好的景区度假区一定要让游客看见风景之上的美好生活，在致敬传统传承文化的同时，要有面向未来的内容创造和场景营造。随着 90 后、00 后开始成为旅游消费的主力人群，目的地营销机构和旅游业界不能一味地言说过去，还要让他们看到未来的无限可能。这就需要吸引新时代的旅游者走进科技馆去感受科学，走到旷野中去眺望星空，促发人们在旅游的过程中去思考那些看上去没有直接的功用却能够影响人类文明演化的问题。现在看来，旅游业界现在还没有就此达成共识。发展旅游，就是钻山找洞，就是查历史找名人背书，甚至考证《武则天她妈在钦州》；项目开发，就是古城古镇、玻璃栈桥、不倒翁小姐姐，就是网红打卡地、"爆款产品"；政府重视，就是高层做指示、高规格发文件、层层开旅游发展大会。政、产、学、研各界都想着走捷径而不是行稳致远，以为靠一两个蹭热点的文案，打打擦边球的营销套路，签几个大项目的意向书，就可以把旅游发展起来似的。以"政府智库、业界智囊、理论高地"为使命的中国旅游研究院，一直在向各地政府和旅游业界公开宣传我们的主张：人山人海吃红利，圈山圈水收门票的时代已经过去。在大众旅游的旗帜下，在智慧旅游的道路上，文化、艺术、科技既是传统旅游业转型升级的赋能者，也是现代旅游创新发展的引领者。从区域旅游发展和目的地竞争的角度而言，那些以科技、文化、艺术、教育、体育等新动能满足当代旅游需求的城市和乡村，才是异国他乡的旅游者纷至沓来之地、流连忘返之所。

三、消费是理解旅游经济的钥匙，旅游业要从需求出发，重点关注那些正在或者将要进入市场导入期的科技，而不是科学发现和工程技术的原始创新

近代旅游业诞生以来，旅行社就倾向于在一个封闭的世界里以团队包价的形式为旅游者提供专业服务。之所以说是封闭的世界，是因为旅游者从目的地信息的获取、旅行证件的准备，到往返航空、铁路和长途巴士的预订；从中转接驳，到车站港口的接送；从酒店入驻、观光游览，到餐饮、购物和娱乐，都是通过旅行社和导游人员安排的。在此过程中，旅游者几乎没有机会与酒店、餐馆和商店之外的人员进行交流和互动，与城市

公园、商业街区、戏剧场、电影院、图书馆、体育场、文化中心等目的地的休闲空间和日常生活场景几乎是隔离的,好像有一个无形的玻璃罩把游客与目的地分开了。

随着人们旅游经验的成熟,地铁、博物馆、公园、街区与商业综合体、物联网等城市基础设施、公共服务和商业环境的完善,特别是共享汽车、共享单车、共享住宿、机器翻译等商业服务和业态的创新,游客得以无障碍地进入异国他乡的公共休闲空间,像本地人那样生活。在新基建为代表的科技力量作用下,横亘在游客与居民之间的无形之墙消失了。从商业街区到景区度假区,从戏剧场到菜市场,我们无法区分谁是本地居民,谁是游客。就像我们没有必要区分哪些是旅游资源,哪些是生活场景那样。一切为了市民生活而准备的空间、项目和设施,都可能成为面向游客的空间、项目和设施;一切游客在目的地所需要的生活必需和精神享受,都可以随时随地得到满足。如果没有现代科技的支撑,主客共享美好生活新空间就很难由理论构想转化成产业现实。以数字化为代表的现代科技正在深刻改变生产方式、生活方式和旅游方式,并根本改变了游客在旅游目的地的信息收集、出行决策、组织方式、消费行为、目的地形象传播和满意度评价。交通基础设施的完善、科技进步和文化变迁,让人们的旅游需求越来越趋于个性化和碎片化。以移动互联网和大数据为代表的科技应用,将人们在空间移动过程中的文化休闲、旅游体验的碎片化需求,与戏剧场到菜市场的分散化供给做了即时有效的链接。为了适应人民在大众旅游新阶段或者说小康旅游时代对美丽风景和美好生活的新期待,政府旅游行政主管部门和企事业单位早在十年前就提出智慧旅游的建设思路。5G、大数据、人工智能、物联网等新技术的应用和数字化科技企业的进入,进一步增强了旅游产业创新发展的动能。更多的目的地规划、建设和运营机构,更多的市场主体将科技创新成果转化为游客可触可感的项目、产品和服务，有效提升了游客满意度和产业竞争力，带动了旅游从传统的生活服务业升级为现代服务业。

为什么我们会关注科大讯飞的机器翻译技术，谷歌、百度、高德、腾讯、精彩旅图等地图技术，苹果、阿里、微信等支付技术，以及无人驾驶飞机、无人驾驶汽车？就是因为高速增长的出境旅游市场及其散客化趋势，使得游客独立面对的非母语沟通的消费场景日渐增多，导致旅行过程的地理信息搜索、非母语交流和非本币支付的需求变得越来越刚性。从需求变迁和市场演化的角度出发，无人驾驶汽车可能是下一个"旅游＋科技"的技术风口，这是高速增长的自驾出行和高门槛的国际驾照资格所决定的。基于5G通信、智能手机和大数据的即时翻译技术，基于微穿戴甚至无穿戴设备的增强现实技术，面向沉浸式、行浸式旅游演艺的光影技术，可能很快就会进入市场培育期和投资增长期。从这个意义上讲，我更愿意看到地方获得中关村科技园区、数字化产业示范区、北斗导航商业应用试验区这样的牌子，而不是星级酒店、旅游景区与度假区、旅游村镇等传统旅游空间的牌子。这么说并不意味着传统的旅游空间不重要了，而是因为前者更能够代表旅游业发展的未来。

也许有人会说太赫兹、北斗、天眼、蛟龙深潜、高超音速火箭等技术更炫，也更值得关注。我们不否认这些属于高精尖科技，甚至是形塑未来的国家战略，但是短期内不可能是文化事业、文化产业和旅游业关注并投资跟进的科技。道理很简单，这些需求主要是国家竞争所决定的战略需求，不需要考虑成本，也不会很快民用和商化的技术，是旅游业高质量发展的底层器件，也可以说是旅游产业未来发展的决定因素，而不是现实的影响因素。用我们熟悉的语言来说，这些高科技是旅游产业转型升级的自变量，作为因变量的旅游业要考虑的是如何适应它、应用它，而不必要更不可能考虑去如何决定它。作为旅游研究和理论建设的国家队，我们要在重点实验室的平台上保持科技前沿的关注，像预警飞机和相控阵雷达那样为旅游产业探索可能的商业机会，发现可能的市场风险，进而引领旅游业高质量发展的方向。无论是商业机会，还是市场风险，我们都给决策机构和战略单元以具体的方位坐标：距离多远？多长时间会到来？成为现实的概率有多大？怎么样才能最大限度地捕捉机会和规避风险？等等。如果没有这些信息，就对外发布我们的成果，就如同气象部门说"明天会下雨"，地震部门说"明年有地震"那样让人无所适从。我无法确切地知道明天下午3点我要出门去天津办事的时候，会不会下雨，下多大的雨，更无法确切地了解我所在的城市哪一天发生什么等级的地震，你让我怎么应对？我们不能因为几百几千亿年以后地球和太阳系都会消失，就现在都不活了吧。经济学家凯恩斯说，"从长期来看，我们都死了"，就是这个道理。我们得告诉业界可以做出清晰判断，并能够加以利用的数据、信息和观点才行。

四、面对科技对旅游业的不可逆转的泛在化改造进程，地方政府，特别是基层旅游管理部门要加强与科技企业、教育机构和专业智库的合作，有效推进数字化转型、科技成果转化和专业人才培养工作

中国旅游研究院（文化和旅游部数据中心）不可能，也没有必要去做科技领域那些原始创新的基础工作，而只能在旅游领域，还有文化和旅游融合的交叉领域的应用层面上下最大的功夫。需要说明的是，不能因此导出旅游研究、教育和行政部门只能做科技进步的附属物，我们的优势在于对旅游需求、市场和产业系统的了解和深入的理解。科技要素只有和市场需求、产业进步相结合，才能发挥最大价值，二者相辅相成，互促互进，共同成长。只有理解"科技+旅游"的产业内涵和商业价值，才可能在科学理论的指导下做出有意义的实践探索。搞学术研究和理论建设的同志，容易有一种鄙视链，似乎搞应用的不如搞技术的，搞技术的不如搞科学的，搞科学的不如搞纯粹理论的。现在这股风气似乎有向实践一线蔓延的倾向，哪怕建个旅游数据中心也要找顶级的科研院所从原始研发和底层器件做起，实验室越来越昂贵、屏幕清晰度越来越高、多元异构数据越来越复杂、报告里的技术名词越来越复杂，似乎不如此不足以显示自己的科技含量。完全没有必要嘛！都是为了人民幸福和国家富强而工作的，哪里有什么高低贵贱？！陈景润成功证明哥德巴赫猜想部分内容、"两弹一星"功勋科学家造出了国之重器、"杂交水稻之父"袁隆平让饭碗端在中国人自己手中，乌兰牧骑丰富了草原深处的文化生活，还有受到周恩来总理接见的掏粪工人时传祥、百货大楼售货员张秉贵，都是人民英雄、国家功勋和时代楷模，他们的名字都会为历史铭记。如果经过我们的努力，把实验室的科学发现、技术创新与旅游产业进步有机结合起来，让更多的国民在旅行的过程中尽享科技进步的福祉，就是在为人民的旅游权利谋福祉，为建设现代文化产业体系、现代旅游业体系做贡献。

我们愿意与包括福建在内的地方政府加强合作，做旅游市场需求变化的监测者和创新需求的发现者。在一个高度分工的社会里，做科学研究和实验室研发的团队可能没有足够的时间和精力去了解旅游市场的需求，尤其是那些可以承载科技创新成果商业化应用的消费需求及其商业实现路径。地方旅游部门的同志长期接触旅游市场的第一手信息，要与专业研究机构和企业研发团队多交流、多合作，做科技创新的观察者和业态创新的促进者。熟悉市场的企业家和经营管理团队，并不是每个人都能够理解决科学的价值和技术的作用。在人类知识生产的早期阶段，学科之间并没有泾渭分明的边界。事实上,人类社会三次社会大分工并不是太久远的历史。不要人为地画地为牢,想当然地把旅游视为某个学科的领域,更不能把学理和技术弄得泾渭分明。高层次的研究机构和高水平的研究团队要多做些科普工作,像盗火的普罗米修斯那样,以智慧指引产业前行的方向。基层和一线的同志也要多关注科学研究和数据生产,结合人才建设推进旅游业的高质量发展。

抓好"互联网+旅游"文件的落实和智慧旅游的升级,必须从大众旅游的基本国情出发,一切创新都要落实到满足消费、便利消费和激发消费、创造消费上。改革开放四十多年来,我国已经从旅游资源大国发展成为旅游大国,旅游已经进入国民大众的日常生活,国民消费已经成为旅游经济运行的基础支撑。2019年,国内旅游市场达到60亿人次,出境旅游市场1.55亿人次,旅游总收入超过了6万亿元,从总量上看,这些都是了不起的成就。未来五年,我国将形成一个百亿旅游人次和10万亿元消费的国内旅游超级大市场,保持对国民经济和社会就业10%以上的综合贡献率。在此进程中,互联网企业持续加强与旅游景区等实体机构的合作,用科技为传统企业赋能。广大游客的满意度和获得感得到提升了,实体企业的市场创新和商业活力得以增强了,才能进一步促进旅游消费扩容和旅游产业升级。

从供给侧来看,"互联网+旅游"要充分发挥市场机制在资源配置中的决定作用,充分发挥市场主体在智慧旅游建设中的积极性、主动性和创造性。如果成千上万的旅行社、线上旅行服务商、星级酒店、社会旅馆、民宿、景区、主题公园、旅游购物、交通车船等旅游企业没有加入这一进程,没有实现数字化转型和产业竞争力的提升,政府的规划目标和工作任务就可能落空。当然,建设智慧旅游新方略,推进旅游业高质量发展,也离不开政府的有效作为,既要优化营商环境,加大产业创新的促进力度,也要及时回应社会关切，务实推进包容审慎式监管。行业监管不能仅仅满足于做大平台、大屏幕等硬件投入，更要聚焦于欺诈消费、强迫消费、不合理低价、滥用市场垄断权利等不诚信经营，以及有悖公序良俗的不文明旅游。借助互联网和大数据，坚持依法治旅、依法兴旅，不断提升旅游治理体系和治理能力现代化水平。

福建文旅经济讲堂

福建·2022年3月29日

世界旅游休闲中心的中国视角与国际表达

一、世界旅游休闲中心的国际经验与中国方案

从对世界旅游业的考察调研，可以发现一个很有意思的结论：欧盟、北美、日韩等发达国家及其城市，都高度重视旅业业的发展，并为此制定法律，发布成长战略和产业政策。这些法律、战略和政策基本上是市场的、商业的和技术的，比如采取哪些措施吸引中国游客以达到什么样的预期目标，很少有人提出要把自己建设成为世界级、国际性的旅游目的地。加勒比、印度洋和南太平洋的岛屿国家、地区和城市，同样重视旅游业，同样会为了吸引特定目标市场的客群而推出引人瞩目的宣传口号，比如"百分百纯净的新西兰"，也同样没有提出世界级、国家级旅游目的地的宏观叙事，而是在疫情期间更多关注"在线郊游""博物馆虚拟探索之旅"等文化提升和国民教育活动。从文献和话题来看，也很少有人会关注世界级旅游目的地的标准是什么，又由谁来评定，或者找谁去做工作。事实上，我们理所当然视之为世界级旅游城市或者国际旅游目的地城市，无论是伦敦、巴黎、罗马、纽约、东京、香港这样的国际化大都市，还是威尼斯、卡萨布兰卡、奈良等历史文化名城，或者新加坡、拉斯维加斯、黄金海岸等运动休闲城市，往往是投资机构、专业运营商、旅行商，以及政府和社区互动成长的结果，更是国际旅游和旅行者口口相传的结果。在

此过程中，美国国家地理杂志（National Geographic）、BBC纪录片频道、孤独星球（Lonely Planet）、米其林指南（法语：Le Guide Michelin）等传媒机构和旅行杂志定期发布的榜单起到了一定的作用。需要说明的是，没有哪一个超国家组织或者具天然公信力的机构为传媒公司、旅行杂志及其发布的榜单背书：只要某一个进入某个排行榜就是世界级或者国家级旅游目的地了。相反，这些榜单是平等竞争的传播项目或者是广告产品，其发布者也是平等竞争的市场主体，经过市场考验而胜出者会在世界级旅游城市和国际旅游目的地评价体系中获得更多的话语权。

与发达国家和地区自然演化或者自然成长的旅游目的地不同，很多中国城市从决定发展旅游的那一天起，就对自己在国家和世界旅游发展格局中的地位提出明确的目标，并通过党委会、人民代表大会、政府工作报告等法定程序和五年发展规划、年度工作计划等法定文件加以确认。有些城市的旅游定位是国家战略，国务院发布的《"十四五"旅游发展规划》支持桂林建设世界级旅游城市，中央有关文件支持海南建设国际旅游消费中心，包括支持澳门建设世界旅游休闲中心。北京、上海、广州等城市要建设世界级旅游目的地、国际旅游城市、国际旅游消费中心，则更多出于其经济社会发展和城市升级的需要。

回顾改革开放以来的四十多年，特别是过去十年间，中国内地的经济增长和社会发展取得了令人瞩目的成就。2021年，中国共产党成立一百周年的时候，习近平总书记庄严宣告，经过全党全国各族人民持续奋斗，我们实现了第一个百年奋斗目标，在中华大地上全面建成了小康社会，历史性解决了绝对贫困问题，正在意气风发地向着全面建成社会主义现代化强国的第二个百年奋斗目标迈进。根据国家统计局发布的《2021年国民经济和社会发展统计公报》，面对复杂的国际环境、疫情和极端天气等多重挑战，国内生产总值（GDP）比上年增长8.1%，两年平均增长5.1%，经济

规模达到114.4万亿元,稳居世界第二大经济体,占世界经济的比重超过18%,对世界经济增长的贡献率达到25%。中国从来没有像今天这样从剧场的边缘走向舞台的中心,也从来没有像今天这样希望与世界平等对话,对包括旅游在内的经济增长、社会发展、全球治理、人类文明演化各个领域提出中国主张,并做出中国贡献。

作为全球旅游发展体系的后来者,中国长期以来都在扮演目的地而非客源地的角色,从发展理念到资源开发,从产业规划到服务标准,话语权相对较小。过去二十年高速增长的出境旅游市场,极大提升了中国在世界旅游业的影响力,但是并没有从思想和文化层面改变全球旅游治理的既有格局。从20世纪80年代的以北京、西安、上海、广州、桂林为代表的入境旅游目的地城市,到90年代末期国家旅游局推动的中国优秀旅游城市,再到过去十年的国际旅游目的地建设高潮,几乎每个城市的领导者都在找自己的国际对标城市。他们会派出专业团队考察学习对标城市的旅游休闲发展成就和发展经验,归纳总结系统可量化的统计指标,作为自己学习借鉴的样本和发展目标,并千方百计地寻找政府间国际组织,最好是联合国框架下的国际组织为自己背书。比如世界旅游组织曾经为杭州颁发的"最佳旅游城市",以及为宏村等地颁发的"最美乡村",都获得了地方政府和官方媒体的积极回应。据不完全统计,共有超过100个城市提出了冠以"世界级""国际"前缀的城市旅游发展目标。中国还发起成立了世界旅游联盟、世界旅游城市联合会、国际山地旅游联盟,定期召开世界旅游城市市长论坛,借此为所在城市增添更多的国际色彩。根据国家"十四五"旅游业发展规划,未来五年要将桂林等城市建设成为世界级旅游城市,还要建设一批文化底蕴深厚的世界级旅游景区和度假区,打造一批文化特色鲜明的国家级旅游休闲城市和街区。在国家规划和地方发展的双重推动下,内地将迎来新一轮国际旅游城市的建设高潮,也会更加关注澳门建设世界旅游休闲中心的成就、经验与方略。

二、世界旅游休闲中心的丰富内涵和创新方向

无论是城市的自我认知，还是主管部门和专业机构的外部评价，更多是从游客特别是国际游客访问量、旅游收入、对经济和就业的贡献、旅游资源和景区、酒店、主题公园、度假区、旅行社等市场供给量等经济视角考察国际旅游城市的内涵，并据此设计相应的观测指标。随着时代的发展和市场的演化，那些致力于成为全球旅游发展引领者的城市，越来越关注文化、艺术、科技、创新、伦理等非经济因素，以此提升所在城市的软实力和新形象。

世界旅游休闲中心应当，也可以成为具全球影响力的艺术中心和文化高地。音乐、舞蹈、美术、电影等艺术是跨民族、跨宗教、跨人种的文化交流形式，它们与诗歌、散文、小说等文学，以及历史遗存、博物馆、图书馆等文化空间一道构成了中华民族共同体和人类命运共同体意识的重要载体。澳门拥有世界文化遗产和葡萄牙风格的建筑，拥有独具特色的娱乐、休闲和餐饮文化，还有很多含中国传统文化标识的庙、观、寺、祠等宗教和文化场所，更有"一国两制"的生活方式以及由此而来的文化创造和制度创新空间。世界旅游休闲中心也应是全球艺术中心、时尚中心和文化高地，当以更大力度引进世界各地区的经典艺术和当代文化产品。还要更多引进内地的艺术作品，包括传统的京剧和当代艺术，让澳门成为展现当代中国文化的窗口。近年来，《只此青绿》《李白》《孔子》《五星出东方》为代表的舞台艺术，以艺术的语言表达了不同文化背景都能接受的家国情怀，让陈列在大地上的遗产、收藏在禁宫的文物、书写的典籍中的文字活起来了。澳门还要创造具有当代风格的文化作品和面向未来的艺术风尚。艺术不仅是戏剧场的经典流传，也包括面向游客的通俗艺术和流行文

化。迪士尼、环球影城以及默林旗下的乐高乐园、小猪佩奇，还有澳门的《水舞间》，都是游客喜闻乐见的文化作品。丰富多彩且富有创造力的文化艺术，为旅游发展注入了全新动能。

世界旅游休闲中心应当，也可以成为各国各地区游客与澳门市民共享的美好生活新空间。近悦方能远来，一名本地居民热爱并感受到幸福的城市，才能吸引异国他乡的游客到访，才能有发自内心的认同和真正的满意。一座本地居民没有幸福感和归属感的城市，却能够成为世界级都市旅游目的地，还没有这样的先例。相反，一座坚持以人民为中心，让市民感觉到安全、品质和幸福的城市，终将吸引越来越多的游客来分享它的从戏剧场到菜市场的花样年华。对此，我们有一个由浅入深、从现象到规律的认识过程。20世纪后二十年，中国旅游业享受了开放的红利，外国人、港澳同胞、台湾同胞和海外华人的入境旅游构成了基础市场。消费的低频性、停留的短期性和接待的封闭化，导致游客游览的景区景点、居住的涉外饭店、购物的定点商店、出行的旅游巴士，构成一个独立于本地生活之外的封闭世界，或者用更学术的语言描述为"环境罩"或者"旅游者罩"。21世纪的前二十年，中国旅游业的基础市场转向以国民消费为基础的大众旅游市场。北京人到上海、苏州和杭州，广州人到深圳、珠海、香港和澳门，没有语言和旅游证件的障碍，智能通信和金融支付的便利化，让供需双方的信息不对称减少到如此低的程度，以至于旅游者可以像本地人一样自由地行走、自在地生活。就是疫情期间，由于措施得当，内地和澳门的刚性旅行和旅游需求也从未间断。在开放和包容的国际旅游城市，游客从戏剧场到菜市场的每一个空间都能发现旅行的美好。这一观念可以从观察游客活动轨迹（mapping）所获得，也为疫情期间众多的市场创新所证实，比如上海春秋旅行社面向本地市民推出的"建筑可阅读，城市微旅行"。澳门旅游发展的经验告诉我们，商业环境、休闲空间和生活方式是城市旅游竞争力的关键要素，也是城市旅游形象、营销推广、产品研发和业态创新的资源依托。全面建成小康社会后，民族复兴、人民幸福的中国梦已经成为入境旅游的全新动能，"一国两制""澳人治澳"则是澳门的软实力，也是吸引国际游客和内地居民到访的重要因素。

世界旅游休闲中心应当，也可以成为产业要素的汇聚地和发展动能的创新地。对于空间相对逼仄、人口规模相对小的微型经济体而言，既没有秀美山川，也没有源远流长的历史文化，如何发展现代旅游业？如何建设国家级乃至世界级旅游城市？对全球范围内50万~100万人口的旅游城市或者城市旅游目的地的考察发现：现代生产要素、创新驱动、精细管理和精致服务，而非山山水水的自然资源和文化遗产、非物质文化遗产，才是建设现代旅游产业体系和打造世界级旅游目的地的关键之所在。城市类型的划分是很复杂的，中国的城市从行政级别上看就有直辖市、计划单列市、副省级城市、省会城市、地级市和县级市。从人口规模上看，城市则可以划分超大城市、大型城市、中型城市和小型城市。根据《人口统计学》的《世界城市地区》报告，中国目前有113个城市人口超过百万，北美和欧盟合计的数量为114个。当然，更多的城市人口在百万以下。瑞士洛桑、日本奈良、美国洛杉矶、新西兰惠灵顿、中国澳门，这些国际知名的旅游休闲城市都极其珍视自己的历史传统，同时拥有面向未来的文化创意和科技创新能力。过去十年，内地一直在倡导智慧旅游，在新基建、物联网、大数据和人工智能基础上，通过资本推动的创业创新稳步建设现代旅游产业体系。澳门拥有国际化的资本、科技、教育和人力资源优势，应当也可以有更大的突破，并为内地的城市旅游的创新发展提供可资借鉴的经验。

世界旅游休闲中心应当，也可以成为大众旅游、社会旅游、绿色旅游的理念倡导者和实践探索者。经过改革开放四十多年的发展，中国已经进入了大众旅游全面发展的新阶段。坚持人民性的价值取向，坚持现代化的发展目标，坚持以文塑旅、以旅彰文，稳步推进旅游业的高质量发展，已经成为中央和地方、政府与业界的广泛共识。社会旅游与大众旅游的人民性密切相关，强调行政权力（Power）对旅游权利（Right）的保障。政府首先要保障本国本地区人民的旅游权利，以及在这块土地上的休闲权利，决不能因为发展旅游而导致本地居民生活质量的下降。城市要以更加开放包容的心态，更加务实的司法和行政行为，保障外来游客分享美丽风景和美好生活的权利。绿色旅游是以生态文明和文化多样化为基础的旅游消费和产业发展模式，是内地和澳门旅游目的地建设的未来，需要在合作的基础上进行更加深入的理论探索和实践创新。过去十年，我们创造性发展了冰雪旅游、避暑旅游、夜间旅游，有力践行了"绿水青山就是金山银山""冰天雪地也是金山银山"的发展理念。未来的日子里，我们还要以更大的理论探索的勇气和实践创新的智慧，贯彻落实习近平生态文明思想，推进旅游业可持续发展。

三、世界旅游休闲中心的科教支撑与合作构想

旅游业是澳门的重要支柱产业之一，旅游业相关从业人员占当地劳动人口的 1/4，旅游业的相关收入超过当地总收入的 40%。澳门也是一座极具幸福感的城市，据澳门统计暨普查局数据，本地人均生产总值位居世界前三、中国第一。从 2002 年推动博彩业适度开放，到 2004 年提出建设中国与葡语国家商贸合作服务平台，再到 2007 年提出建设世界旅游休闲中心，回归后的澳门推动经济适度多元发展的路径更加明晰，经济快速增长的态势不断稳固。澳门的旅游接待人数从 2002 年的 1000 万人次上升到 2019 年的 3940 万人次，二十年翻了两番。2002 年，访澳游客的消费总额为 480 亿元，2019 年增长到 2700 亿元，年均增幅高达 5.6%。与世界其他

地区相比，内地始终是澳门的基础客源市场。2019年，内地访澳人数高达2790万，增幅达36.69%。

《中华人民共和国国民经济和社会发展第十四个五年规划和2035年远景目标纲要》第十篇第六十一章"保持香港、澳门长期繁荣稳定"，第一节"支持港澳巩固提升竞争优势"明确提出：支持澳门丰富世界旅游休闲中心内涵，支持粤澳合作共建横琴，扩展中国与葡语国家商贸合作服务平台功能，打造以中华文化为主流、多元文化共存的交流合作基地……支持经济适度多元化发展。第二节"支持港澳更好融入国家发展大局"进一步指出：高质量建设粤港澳大湾区，深化粤港澳合作、泛珠三角区域合作……加强内地与港澳各领域交流合作……支持港澳同各国各地区开展交流合作。

中国旅游研究院愿意与澳门高等院校和科研机构合作，共研共建澳门建设世界旅游休闲中心数字化监测体系和技术平台。世界旅游休闲中心建设涉及目的地形象及其认知、客源市场选择及其优化、基础设施与公共服务、投资与接待体系、市场主体竞争力、文化和科技新动能、产品研发与迭代、游客满意度、社区友好度等多个维度和众多指标，构建基于科学模型和权威数据的监测体系是澳门建设世界旅游休闲中心的基础工程。我和我的团队愿意将国家旅游经济运行监测与预警系统、全国和出境游客满意度调查系统，以及科技部和国家社科重大研究成果与澳门共享，共建专业团队为特别行政区政府建设世界旅游休闲中心提供长期的专业服务，就像我们过去十多年所做的那样。

中国旅游研究院愿意与澳门旅游企业和科研机构合作，共同承担国家战略科技创新重大项目和自然科学、哲学社会科学专题研究项目，共同申请亚太经合组织、亚洲开发银行等国际组织的重点项目。为扶持澳门的发展，科技部、自然科学基金委员会、国家哲学社会科学规划办公室都有专门的规划，国家"十四五"旅游规划、文化和旅游发展规划也有专门的部署。我和我的团队愿意与本地的研究机构、高等院校和大型企业加强合作，围绕"一带一路"旅游交流与合作、大湾区人文交流与旅游合作、智慧旅游和可持续发展等领域的重大项目，在"一国两制"框架下，构建更加紧密的联合攻关和协同创新机制。

中国旅游研究院愿意与澳门旅游部门、相关机构和旅行商合作，共商共建内地与澳门研学旅行双向交流机制。到目前为止，组织澳门青少年访问内地，了解历史文化和加强国情教育，取得了有目共睹的成就。未来还要让更多内地的青少年访问澳门，考察澳门的文化遗产，学习澳门科技、教育与文化的新成就，体验"一国两制"的成功典范，促进内地与澳门青少年之间的交往交流。我和我的团队愿意与澳门旅游局、旅游院校、文化机构和社会团体加强合作，有序扩大内地和澳门的教育科研和智库领域的专业交流。

建设世界旅游休闲中心是中央的重托，是澳门的使命，也是内地建设世界旅游城市和国际旅游目的地的示范样本。建设世界旅游休闲中心责任重大，使命光荣，需要包括旅游研究和旅游教育在内的社会各界一代又一代人的接续奋斗。希望走入历史的那一天，我们应当，也可以无愧于以下评价：世界旅游休闲中心不仅让各国各地区的游客来分享了澳门的花样年华，更让澳门人民在"一平台、一中心、多元化"的战略进程中获得了发展的机遇；不仅推动澳门和大湾区在旅游业高质量发展的战略进程中获得了巨大的商业成功，更为各国各地区旅游休闲城市建设和城市旅游发展贡献了面向未来的理念。

澳门科技大学校庆

澳门·2022 年 3 月 18 日

新时代旅游工作重心要及时转移到城市中来

一、中国特色社会主义新时代要求以城市为依托全面推进旅游业高质量发展

城市是最重要的客源市场，市场扩容和消费升级，包括疫情期间的行为变迁，都要求旅游工作推进供给侧结构性改革的同时，全面加强需求侧管理。过去十年，我国经济总量由 2012 年的 53.9 万亿元上升到 2021 年的 114.4 万亿元。其中，42 个重点城市（包括万亿 GDP 城市、副省级城市和省会城市）经济总量从 25.4 万亿元增至 52.6 万亿元，占经济总量的一半。十年间，上海、北京、深圳、重庆、广州、成都、苏州、杭州 8 城经济增量超过万亿元，万亿 GDP 城市从 6 个大幅增至 24 个。城市经济的持续快速增长，极大提升了市民的旅游休闲度假需求，从根本上奠定了大众旅游从初级阶段到全面发展阶段的市场基础，多样性和品质化的消费需求为旅游领域的创业创新提供了无限可能。

城市是最重要的旅游目的地，高品质的生活环境和现代化商业接待体系，包括公共文化服务，已经成为吸引游客到访的关键要素。城市还是最重要的旅游中转和集散地，完善的交通基础设施和便利化的入出境政策，决定了旅游市场的流量、流向和流速。杭州、宁波、绍兴、嘉兴、舟山、湖州六市组成的环杭州湾地区，是长三角一体化的重要组成部分。2003

年,时任浙江省委书记的习近平同志亲自主持编制了《浙江省环杭州湾产业带发展规划(2003—2020)》(以下简称《规划》),将环杭州湾地区放到以上海为龙头的长三角城市群乃至全国城市体系中去,创新性提出"突出园区和城市、民资和外资、制造业和服务业融合发展,实施大集群战略"。二十年间,环杭州湾六市常住人口从2304万增长到3717万人,地区生产总值从0.55万亿元增长到5.12万亿元。《规划》带动了区域交通互联互通体系不断完善,洋山港东海大桥、杭州湾跨海大桥、嘉绍大桥、沪杭甬高速智慧化改造,整体融入了上海"一小时交通圈"。城市化进程和城市群发展,显而易见地提升了区域乃至全国旅游发展格局。

城市是最集中的旅游创业创新空间,资本、技术、文化、教育和法治环境,构成了旅游投资和生态发育的肥沃土壤。党的十九届五中全会做出了实施城市更新行动的重要决策,《中华人民共和国国民经济和社会发展第十四个五年规划和2035年远景目标纲要》、国务院《"十四五"旅游业发展规划》明确要求,打造一批文化特色鲜明的国家级旅游城市和街区。北京、上海、重庆、成都、广州等地相继出台了关于实施城市更新行动的指导意见,实施了完善城市功能、补齐公共服务和基础设施短板、提升人居环境质量方面的具体措施。上海以艺术赋能工业遗存,将黄浦江畔的杨浦滨江段打造为"工业文化之旅,滨江遗存蝶变"的主题旅游线路。天安千树、M50创意园区、上海纺织博物馆、上海造币博物馆,吸引了众多国内外收藏家、设计师和策展人前来办展。依托城市空间的内容创造,已经成为城市旅游的新动能。重庆将市场休闲、旅游开放与城市更新相结合,让渝中半岛的十八梯老街区成为市民休闲新空间和旅游体验新场景。在这里,游客看见了文化的遗产,也看见了城市的未来。在这里,业者看到了理论与实践互动的重庆经验,也看到旅游城市建设和城市旅游发展的全新可能。

二、从风景到场景需要新探索,从旅游城市到城市旅游需要新思维

改革开放初期的入境旅游和世纪之交的大众旅游,旅游系统为国际游客、港澳台入境旅游者和国内旅游者提供的旅游空间以景区度假区和旅游线路为主。四十多年来,各级政府和旅游部门针对观光旅游市场,以《旅游景区质量等级的划分与评定》(GB/T 17775—2003)《旅游度假区等级划分》(GB/T 26358—2022)等国家标准为抓手,建设了一批高等级旅游景区和度假区,认定了一批工业旅游示范基地和乡村旅游重点村镇,推出了一批红色旅游经典线路,充分满足了入境旅游和大众旅游初级阶段的需要。相对而言,如何利用城市的品质生活和商业体系,特别是博物馆、美术馆、图书馆等公共文化资源,以及市民公园、郊野公园、休闲街区、购物中心等公共空间,提升城市旅游形象和国际竞争力方面还缺乏系统的理论指导和规划引领。

旅游是生活方式,是小康社会的刚性需求,旅游目的地是生活环境的总和,公共文化和商业体系是城市旅游竞争力的关键。数据表明,游客在惯常环境的生活方式和消费习惯决定了目的地体验项目和消费场景的选择。相对而言,城市规划和建设部门还没有完全意识到游客对文博场馆、公共文化、公共艺术、商业街区日益增长的诉求,旅游部门也没有充分意识到城市的文化、艺术、教育、科研、商业和生活服务等存量资源对旅游发展的极端重要性。城市管理者的目的地营销机构如果无视散客化和自助游时代的游客需求,特别是对城市基础设施、公共文化和公共空间的开放和分享需求,继续在传统的旅游要素、旅游行业和旅游空间打转转,城市旅游就无法摆脱"资源诅咒"和"小旅游"的局限。

从过去十年城市旅游发展实践来看,包括100多座定位于世界旅游城市、国际旅游目的地和更多培育国家旅游休闲城市的规划和实践来看,基

旅游&重构·国家战略

本处于自下而上的探索阶段。为更好地指导各地从旅游城市建设转向旅游城市发展，2021年，文化和旅游部、发展和改革委员会首次公布了评定国家级旅游休闲城市和街区的标准。根据《国务院办公厅关于进一步激发文化和旅游消费潜力的意见》，公布了一批文化和旅游消费试点城市、夜间文化和旅游消费集聚区名单。为促进文化和旅游消费升级，打造消费中心城市，北京、重庆、深圳、苏州、武汉、三亚等多个城市发布了文化和旅游发展规划、文化产业发展规划，城市旅游进入了规划推动和标准建设新阶段。如何从城市旅游而非旅游城市的视角，在中国式现代化的伟大进程中建设现代旅游业，有效促进以城市为依托的旅游业高质量发展，文化和旅游系统还有很多工作要做。数据表明，相对于景区景点和目的地小交通，娱乐、购物和餐饮一直都是游客对目的地城市的弱感知项，也是城市旅游的短板之所在。

与海内外旅游者持续升级的旅游需求相比，与推进文化和旅游深度融合的战略相比，与巴黎、伦敦、法兰克福、纽约、多伦多、东京、新加坡、迪拜、香港、澳门、台北等世界级城市相比，中国内地城市在全球旅游市场的知名度、竞争力和平等包容性方面还有相当大的差距。那些国际公认的世界级旅游城市，无不秉持自由、开放、平等、共赢的原则，为游客提供更多的城市通行和生活体验的便利。柏林是欧洲接待过夜游客的第三大城市，面向学生、低收入群体等价格敏感型用户，推出了48小时到6天的城市旅游通票。持卡者不仅可以免费乘坐市内交通工具，还可享受市内200多景点和文化娱乐设施25%~50%的价格优惠。城市要以更加开放的心胸，充分借鉴、吸纳、融合世界各国各地区的文化建设成果和旅游发展经验。迪士尼之于上海、环球之于北京，不仅为游客提供了休闲度假新选择，为旅游业提供了新主体，更为城市增添了全球化的气质和文化融合的全新可能，四季、凯悦、宝格丽之于酒店业，爱马仕、路易威登之于零售业,不仅为市民和游客提供了时尚生活新空间,更为所在城市增添了时尚气息和创新活力。

三、构建以人民为中心的城市旅游发展理论和政策体系,持续提升游客满意度

在中国特色社会主义新时代,以中国式现代化全面推进中华民族伟大复兴的新征程,加快构建以人民为中心的当代旅游发展理论,指导世界级旅游城市、国家级旅游休闲城市和街区建设,培育主客共享的美好生活新空间。游客是旅游业的定义者,也是城市旅游的评价者,更是国家级和世界级旅游城市的形塑者。不管有无游客到访,城市都是所在国家和特定地区的政治中心、生产和消费中心、文化创造和交流中心、市场生活空间和休闲场景。越是高品质的生活,越是完善的商业环境,越是能够吸引海内外的游客到访。异国他乡的游客来得多了,体验得多了,自然就会形成对城市的感觉。随着时间的积淀,城市的气质和形象开始定型或者演化,加上《国家地理》《孤独星球》《米其林指南》,还有 Meta、Ins、微信、抖音等互联网媒体的放大和加速,城市旅游获得了生生不息的生命力。从这种意义上讲,没有放之四海而皆准的城市旅游发展模式,也没有什么机构可以判定一座城市是什么级的旅游城市。人民,只有人民,才是旅游城市的建造者和城市旅游的形塑者。

贯彻落实党的二十大精神,各级各类城市都要坚持以文塑旅,以旅彰文,推进文化和旅游深度融合。既要创造性转化、创新性发展优秀传统文化,更要以国家富强、民族振兴、人民幸福的中国梦为依托,打造社会主义先进文化新地标。北京 CBD、上海浦东、深圳前海、广州"小蛮腰"、成都春熙路、珠海横琴、重庆李子坝地铁站、苏州工业园区等现代化建筑空间,北京国家大剧院、上海彩虹和厦门爱歌室合唱团、广州图书馆、佛

山四季艺术汇等文化空间和艺术创新，上海的"建筑可阅读，城市微旅行"，无锡的"江南水弄堂，运河绝版地"、北京的亮马河国际风情水岸、南京的熙南里和《南京喜事》等文化和旅游融合项目，都已经成为城市旅游的新名片。

进一步完善游客满意度调查的理论、工具与方法，用好游客满意度调查成果，使之成为新时代旅游治理体系现代化、推进城市旅游高质量发展的有力抓手。从过去这些年的工作成果来看，包括文化和旅游深度融合、旅游公共服务、旅游业高质量发展，政府的每一分努力，游客都能感受到。中国旅游研究院专项调查数据显示，新时代十年，游客综合满意度指数呈波动上升趋势，从"一般满意"（70~75）提高到"基本满意"（75~80），2019以后进入"满意"（80~85）区间。从具体指标来看，2012年第四季度为74.56，2022年第三季度为79.35，连续40个季度平均增长率2.76%，2021年第三季度达到最高值82.71。值得关注的是，同期入境游客对样本城市、出境游客对海外目的地城市的满意度评价并没有明显上升，部分年份还有下降趋势。从近年数据看，国内、入境和出境旅游者对城市的"期望—满意"指数越来越趋近。

以重庆、杭州、青岛、苏州、厦门、北京、无锡、成都、南京、黄山、上海、济南、西安、宁波、烟台、沈阳、广州、天津、洛阳和郑州二十强城市，形成了一批可复制可推广的城市旅游发展模式。在各级党委的领导下，在各级政府的统筹推进中，旅游发展已经成社会各界的共识。从数据来看，游客对市民态度的评价一直在稳步提升。同时也要看到，由于面向散客的旅游基础设施、旅游公共服务、公共关系与传播推广、城市治理等方面的短板和不足，导致游客对城市形象的评价尚不稳定。当然，城市旅游有一个长期的、动态的演化过程，既要看到经济社会发展基本面对旅游发展的基本支撑，也要理解阶段性事件包括突发疫情对游客满意度的影响。这就要求我们看到大众旅游人民性的根本要求和智慧旅游、文明旅游的未来趋势。时时刻刻关注游客怎么想、业界怎么说，才能真正做到民有所思，政有所应。

城市旅游主要依托主城区展开，但不能忽视行政辖区范围内的卫星城市、小城镇和农村地区。我们有直辖市、副省级城市、计划单列市、地级市和县级市，一些中心城镇放到世界其他国家也是城市的建制。在行政区划的城市范围内，既有城市里的乡村，也有乡村里的城镇，这是由中国的国情决定的。中国式现代化是共同富裕的现代化，更是人的全面发展的现代化。要统一规划建设交通基础设施，完善公共文化体系，城里人可以去农村看山望水记乡愁，农村人也能到城市观光休闲享文化，这是新征程上旅游城市的题中之义，也是新时代城市旅游该有的样子吧。

"2022中国城市旅游发展论坛"开幕

无锡·2022年11月24日

绿色旅游的国家战略与地方实践

一、绿色旅游的时代背景和国家需要

党的十八大以来,以习近平同志为核心的党中央以前所未有的力度抓生态文明建设,绿色发展成为包括旅游在内的国民经济各行业和社会各界的广泛共识。过去十年,我国生态环境保护实现了历史性、转折性、全面性跨越,党的十九大明确提出到2035年基本实现"美丽中国"建设目标。这些年,"美丽中国"和中国梦已经成为国家旅游发展的全新动能,也是国际旅游推广的主体形象和文化交流的主要内容。生态文明建设成就优化了人众旅游全面发展新阶段的国土空间格局,奠定了绿色旅游的资源基础和未来走向。2000年以来,全球新增的绿化面积约25%来自中国,生态系统与生物多样性保护整体稳定,森林覆盖率达到国土面积的23.04%。近年来,我国启动了以国家公园为主体的自然保护地体系和国家植物园体系建设,形成了较为完整的就地保护与迁地保护相结合的生物多样性保护体系。到2025年,国家重点保护陆生野生动物、植物种数保护率将分别达到75%和80%。我国还编制了国家公园空间布局方案,综合考虑自然地理格局、生态功能格局、生物多样性和典型景观分布特征,遴选出50个左右的国家公园候选区,总面积约占国土陆域面积的10%。① 在这

---

① 寇江泽等,《2022年,我国将新设立一批国家公园》,载《人民日报》2022年5月23日,第15版。

片美丽的国土上，处处是风景，时时可休闲，极大满足了人民群众的旅游需求。

随着全面小康社会的建成，包括旅游在内的国民经济各行业由高速增长转向高质量发展阶段，这个基本判断并没有因疫情而改变。经此一疫，旅游业回不到过去了，回不到"人山人海吃红利，圈山圈水收门票"的传统模式了。既然回不到过去，那么未来在哪里？我们又该如何走向未来呢？批判旧模式易，建设新模式难啊！从暑期旅游市场恢复和政策取向来看，很多中西部旅游目的地走的还是资源依托、扩大投资、景区建设、造势推广的传统模式，世界旅游景区和度假区培育、国家级旅游休闲城市和街区建设、红色旅游和乡村旅游创新发展还没有完全破题。旅游投资机构、旅游集团和各类旅游运营商尽管认可"过去未去、未来已来"的战略研判，但是对绿色发展和数字化转型还缺乏有效的路径和方法，距离建设世界级旅游集团还有很长的路要走。旅游消费过程中的不文明行为还有待进一步约束和引导，搞不好会影响居民对游客的态度，进而形成对旅游业发展的负面压力。如何让游客在旅程中领略文化之美、增强文化自信，倡导洁白朴素的生活方式，还有很多工作要做。

大众旅游的人民性、智慧旅游的现代化、绿色旅游的未来感是建设现代旅游业体系、推进旅游业高质量发展的指导思想，也是贯彻落实国家"十四五"旅游发展规划的必然要求。旅游业的经济属性强、市场化程度高，进入大众旅游全面发展的新阶段以来，旅游与经济社会发展和生态文明建设联系更加紧密。2019年，国内旅游市场规模超过60亿人次、入境旅游市场1.45亿人次、旅游收入超过6万亿元，旅游对国民经济和社会就业的综合贡献率双双超过了10%。党的十八大以来，国家更加重视旅游业的发展，各级党委和政府对旅游业的战略摆位和发展积极性的持续提升，旅游发展空间持续拓展，旅游营商环境持续优化。与此同时，我们也要看到旅游发展理念、旅游发展方式和游客消费行为还存在一些与生态文明和可持续发展目标不完全兼容的问题，比如不文明旅游与不合理低价并存、过度开发自然资源和人文资源，以及政绩工程和形象工程驱动上马的旅游项目，导致闲置和低效资产增加、产业和市场脱节的中长期风险累积，等等。破解上述难题和困境，需要习近平生态文明思想的统领，需要贯彻可持续发展理念，需要构建绿色旅游发展体系。

绿色旅游是与时俱进的理论创新，也是行之有效的实践探索，与大众旅游、智慧旅游、文明旅游共同构成了我国新时期旅游发展的指导思想。深入思考绿色旅游的发展趋势，统筹推进绿色旅游的理论建设、学术研究和政策设计，系统总结绿色旅游的地方实践和产业创新，对于推进文化和旅游融合发展、旅游需求侧管理、供给侧结构性改革和高质量发展，无疑具有重大的理论意义和实践价值。

二、绿色旅游的理论内涵与导入路径

生态文明理论是绿色旅游的价值基础和根本导向。习近平总书记关于生态文明和绿色发展的一系列重要论述，是发展绿色旅游的根本指导和价值取向。20世纪80年代，旅游业要创汇，要发展入境旅游，要政府主导，要适度超前。1999年"国庆黄金周"标志着旅游业进入以国民消费为主、内需拉动的新阶段，要促进消费、扩大就业、发展大众旅游，要培育"国民经济战略性支柱产业和人民群众更加满意的现代服务业"。2018年以来，要以文塑旅、以旅彰文，要推进文化和旅游融合发展，要建设现代旅游业体系，要推进旅游业高质量发展。过去四十年的发展历史表明，有中国特色的当代旅游发展理论一直在与时俱进地回应"旅游发展为什么""旅游发展依靠什么""旅游发展重点任务是什么"等一系列重大现实问题，也一直在指导地方和业界正确处理旅游需求与资源开发、项目建设和产业创新、游客与居民、文化与自然之间的关系。值此大众旅游全面发展和旅游业高质量发展的新阶段，我们更要深入学习和全面贯彻"绿水青山就是金山银山""冰天雪地也是金山银山""推动形成绿色发展方式和生活方式""实行最严格的生态环境保护制度"，推动旅游业可持续发展，促进人与自然和谐共生。

生态体验和品质生活是绿色旅游的发展导向。山、水、林、田、湖草是生命共同体，良好的生态环境是普惠的民生福祉，也是绿色旅游产品创新的环境基础和要素支撑。无论是绿色旅游项目还是绿色旅游线路，特别是那些深受广大游客喜爱的森林浴、温泉浴、草原游、观鸟、观星、潜水、滑雪、登山、徒步等生态旅游产品，都需要生态环境的加持。今天，人们外出旅游不再是简单的"我来了，我看了"，而是追求美丽风景之上的美好生活，追求人与自然和社会的和谐相处。受益于需求拉动、要素创新和动能集聚，承载绿色发展理念的旅游新业态开始从概念导入走向商业实践，自驾游、森林游、草原游、山地游、研学游、定制游、轻奢游、户外露营均已完成了业态培育和项目导入，并成为旅游经济新亮点。大众旅游与小众体验、社群经济与玩家入场、数字化与网络直播，正在加速绿色旅游的产品化进程。事实上，只有完成产品化并为游客所接受和购买，绿色旅游才会步入不可逆的发展进程，并成为当代旅游的主流价值观。

需求侧管理和供给侧结构性改革是绿色旅游的重点任务。一段时间以来，各地以旅游发展之名，行房地产项目开发和城镇化建设之实，导致一些经济社会欠发达地区频频出现烂尾工程、闲置项目和低效资产。究其原因，有发展理念和政绩观的问题，也有需求侧管理不足和供给侧结构性改革不到位的原因。很多项目从无中生有到无疾而终，中间只隔了一个可持续发展和绿色旅游的距离。旅游经济的运行是以游客的到访为前提的，游客带来了消费增量，叠加到当地的消费之上，进而拉动投资和市场创新。正是从这个意义上讲，消费是理解旅游的一把钥匙，现在是重新找回这把钥匙的时候了。与发达国家和地区尤其是国际化大都市相比，自然资源和人文资源丰富但是经济社会欠发达的地区发展旅游，有一个先市场推广，再商业开发；先存量资源利用，再增量投资；先基础设施建设，再产业链完善和商业生态发育的客观规律。现实呢？在早出形象、快出政绩的心理作用下，地方政府和旅游行政主管部门片面强调传统的资源优势和投资拉动，在没有充分的市场调研和科学规划的情况下，找专家开个头脑风暴会，策划几个"唯一""第一"，就开始上项目了。结果没有游客来，企业不愿意再投资，怎么办？政府就直接投资或者用公共资源融资，继续大宣传、大开发，旅游业终是落入无序开发的陷阱不能自拔。是全面反思和系统总结资源驱动型旅游目的地开发模式的时候了，更是全面理解和系统贯彻新发展理念的时候了。值得关注的是，从中央到地方的旅游业"十四五"发展规划，以及国家文化公园、冬奥遗产、冰雪、避暑、康养等专项规划，都将绿色、生态、可持续作为新时期旅游业发展的指导思想付诸实践。

　　大众旅游的人民性和智慧旅游的现代化是绿色旅游的现实保障。游客是绿色旅游从理论建设到产业实践的关键，没有游客的认可和行动，绿色旅游只会是美好的理念。绿色旅游和可持续发展不是不让人们消费，更不是限制游客的合理消费，相反，当且仅当更多国土空间、美丽风景和品质生活为本地居民和外来游客所共享时，绿色旅游才能真正深入人心，形成共识并化作旅游活动的指南。大众旅游的消费需求是多样性和品质化并存的市场，旅游主管部门和旅游目的地既要与环境保护和生态领域的专业机构、非政府组织和非营利机构合作，引导大众旅游者参与绿色旅游、慈善旅游和负责任的旅游，也要与一些有文化调性、面向小众市场、有市场推广能力的商业机构合作，通过旅行指南、创新产品和主题活动凸显绿色旅游目的地形象。要推进旅游与文化、科技、生态融合发展，促进现代旅游业体系建设，促进所在城市、所在地区的共同富裕。一些很好的理念之所以落不了地，是没有与其相匹配的产品落地。没有产品，游客就没有触感，市场主体没有获得感，理念终究是坚持不下去的。

产业政策和地方经验是绿色旅游的推广动能。今年四月，福建省政府印发《福建省"十四五"生态省建设专项规划》明确提出，加快建设全域生态旅游，争取到2035年实现率先建成美丽中国福建示范区的目标。具体措施包括优化全域生态绿色发展布局，全方位提升18个省级全域生态旅游示范县（市、区），打造一批生态旅游小镇。建设蓝色海丝、绿色休闲、红色文化三大生态旅游带，多渠道增加旅游、文化、康养等生活性服务有效供给。建设一批最美城乡绿道、福道、亲水栈道、森林游步道，着力培育一批生态旅游产品。建设一批融健身、休闲、赏景等功能为一体社区公园、"串珠公园""口袋公园"，营造自然生态、地域人文和休闲旅游融合发展、主客共享的城乡美好生活新空间。

三、绿色旅游的发展方略与实践要点

消费是理解旅游经济的钥匙，没有游客认同为核心的广泛共识，绿色旅游终将事倍功半。消费行为及其背后的观念有一个自然演化的过程，绝大多数的情况下取决于个人的成长环境和社会教育。游客是出游的居民，居民是归来的游客。从这个意义上讲，没有绿色生活的居民，也就没有绿色出行的游客，绿色教育和绿色共识应当也必须发挥政府的力量，从社会统筹抓起。如何以法律和行政的力量守住文明旅游的底线，以教育和宣传的手段改造"占有越多，幸福越多"的消费传统理念，如何用好科学、教育、文学、艺术、美学影响国民大众的旅游偏好，是小康旅游时代必须回答的现实课题。

在目的地选择、交通出行、观光、浏览、休闲、度假、会议,以及餐饮、住宿、购物等生活体验和旅游消费链条的各环节各要素,全面导入绿色可持续发展的理念,促使绿色生活方式成为广大游客的自然选择,通过游客的绿色消费倒逼市场主体的绿色生产和旅游目的地绿色开发。

旅游是经济属性强、市场化程度高的产业,没有企事业单位承担共同而有区别的责任,绿色旅游可能只会停留在理念层面和倡导阶段。绿色旅游要引导市场主体贯彻新发展理念,培育新发展动能,建设现代旅游业体系。要通过发展规划、产业政策、产品和技术标准、正面和负面清单,让旅行服务商、旅游住宿机构、餐饮和零售企业知晓自己要做什么,不能做什么。以新基建为代表的科技创新,不仅能够提升企业研发水平,也能促进节能减排技术的研发、应用与示范推广。旅游景区度假区普及新能源交通工具、集装箱旅馆、拼装式可拆卸季节性度假屋、集采式生活污水处理系统、太阳能夜间照明设备等旅游新装备,以及虚拟现实、增强现实、沉浸式演出等旅游新场景,都是发展绿色旅游必不可少的技术迭代和要素更新。

发展绿色旅游还要有效引导地方政府在资源开发、项目建设和产品创新上牢牢守住生态文明的底线,坚定不移地走适度开发和可持续发展的模式。在发展绿色旅游的过程中,要注意防止生态原教旨主义和放任自流的市场经济两种极端倾向。不能一说绿色旅游就这也不能动,那也不能动,最好把整个阿尔山,甚至兴安盟全境都纳入国家公园的核心区。对于国土面积和人口总量如此巨大的发展中国家而言,理论上不成立,现实中不可行。也不能为了迎合游客的需求和资本的意志,搞涸泽而渔那一套。规划是旅游发展的基础文件,本应是政府为了可持续发展的战略目标,统筹旅游者的分享权利、世居者的发展权利、投资者、经营者和企业员工的市场权利、社会组织特别是环境和文化保护组织的社会权利,进行顶层设计、资源普查、基础建设和产品开发的行政权力,很多地方却以"专业事交给专业人去做"的理由，将这些行政权力以业务外包的名义让渡给规划机构甚至是商业和私营机构。

各级政府要将绿色旅游纳入国家公园、国家文化公园和各类生态文明示范区建设体系。无论是海洋还是陆域国土空间，无论是保护生物多样性的国家公园，还是保护文化遗产的国家文化公园，都不能排斥包括科普和研学在内的旅游利用。当然，任何意义上的旅游利用都必须以保护为前提，要积极探索"云直播""云旅游"和核心区之外的合理利用。生态环境部的"国家生态文明建设示范市县""'绿水青山就是金山银山'实践创新基地"、国家民委"全国民族团结进步示范区示范单位"也可以成为绿色旅游的政策支撑。阿尔山、兴安盟要做绿色旅游的先行者和示范者，总结绿色旅游促进生态文明转型的经验，巩固绿色旅游目的地的主体形象，扩大标杆示范引领效应和社会认同。

绿色旅游离不开国际交流合作，包括技术、产品和商业模式的合作，也包括发展理念的互鉴和发展成果的共享。借鉴世界可持续旅游、负责任的旅游、善行旅游等理论成果和实践经验。除了自然景观和人文资源，旅游目的地还需要建设酒店、民宿、餐饮、娱乐等接待设施，这些项目都会产生碳排放。发展绿色旅游，有必要推广风力发电等绿色能源、氢能源汽车等绿色交通、户外太阳能电池和屋顶雨水收集技术、秸秆和木屑等生物质建材，以及被动房[①]等绿色建筑。在第二十六届联合国气候变化大会上，德国海德堡利用废弃货运站开发的列车新城被列为可持续城市发展的最佳实践范例。作为全球最大的被动房建筑群之一，因其先进的节能效果

---

① 根据德国被动房研究所的定义，被动房是指"仅通过新风系统的后冷却或热补偿来实现热舒适的建筑"。通俗地讲，就是通过给整个建筑物"穿衣戴帽"，提高建筑保温隔热的性能和气密性，并充分利用自然通风、日晒采光等被动热源，有效降低建筑物的碳排放。李强，《被动房，节能环保受关注》，载《人民日报》2022年5月23日第17版。

和较高的生活质量而成为海德保的城市新名片。根据能源与环境设计先锋（LEED）的2021年数据，在2019年年度全球十大LEED市场排名中，巴西认证的绿色环保建筑数量位居全球第五位。2021年，意大利西西里大区与爱彼迎（Airbnb）达成战略合作协议，促进基于乡村文化遗产保护的可持续旅游业发展，并参与西西里岛的"壹元住房"活动，收购当地废弃房屋，翻建成保留地方建筑特色的现代化住宅，优惠提供给长期度假的游客。① 日本建筑师畏研吾先生的《负建筑》强调人对自然的敬畏，让建筑成为生态理念的载体，在功能与艺术之间保持必要的平衡，对发展绿色旅游都是有启示意义的。

新西兰通过建立生态台账，开展精细布局，多举措保障生态恢复计划，对包括旅游在内的经济社会发展产生了明显的"溢出效应"。② 新西兰生态恢复的范围已经从最初的大型国家公园、森林、离岸岛屿等相对远离人类活动的区域，转向人类活动较多的城镇周边和乡村地区的湿地、森林、沙地和地热资源，制定了将原生物种覆盖率提升到10%以上的目标，并通过《阿科尔山脉遗产地区法案》《沟壑修复计划》《湿地和野生：灌木和溪流恢复计划》等地方性法规和行动计划加以落实。这些生态修复计划推动了保护区成为生物和生态学科的全球性研究与实践基地，强化了民众环保意识，形成了一批环保教育和生态旅游基地，带动了当地经济发展，促进生态价值变现。

借鉴是为了更好地发展，引入国际绿色旅游先进理念和有益经验的同时，对外讲好新时代的中国旅游故事。在人类命运共同体的指引下，为世

---

① 文化和旅游部驻罗马旅游办事处，《意大利推出可持续旅游发展新范式》，载文化和旅游部国际交流与合作局编辑，《文化和旅游国际交流通讯》2022年第4期。

② 郭磊、相文昊，《新西兰生态恢复收获多重溢出价值》，新华社《内部参考》2022年第47期。

界旅游业的健康可持续发展提供中国方案、贡献中国智慧。

四、兴安盟建设绿色旅游目的地的工作建议

1. 创新部区合作机制，理论先行、政策引领、共商共建，高位推进兴安盟绿色旅游目的地建设和高质量发展

参照部省《关于高质量打造新时代文化高地推进共同富裕示范区建设行动方案（2021—2025）》，请文化和旅游部、内蒙古自治区政府共建兴安盟（阿尔山）绿色旅游示范区，成为大众旅游、智慧旅游之后新时代旅游发展的思想策源地和实践样板地。以此为契机，汇聚国家、自治区和兴安盟的政策资源和行政力量，全力打造富有文化底蕴、主客共享、面向未来的绿色旅游目的地和生态旅游产业集群。

2. 以乌兰浩特为中心，阿尔山为龙头，科右中旗、科右前旗、扎赉特旗、突泉县三旗一县为支撑，以国家级旅游休闲城市、世界级旅游景区和度假区、国家自然保护区、国家生态文明建设示范市县为重点，优化提升兴安盟绿色旅游国土空间新格局

按照党的十九届六中全会精神、国民经济和社会发展第十四个五年规划、旅游业发展"十四五"规划，国家将启动建设一批富有文化底蕴的世界级旅游景区和度假区、文化特色鲜明的国家级旅游城市和街区，重点发展红色旅游和乡村旅游。作为5A级旅游景区的阿尔山国家森林公园、乌兰浩特市和阿尔山市要分别进入世界级旅游景区和国家级旅游休闲城市的建设名单，阿尔山海圣泉度假区则力争进入国家旅游度假区序列。统筹规划科尔沁国家自然保护区、图牧吉国家级自然保护区、蒙格罕山自然保护区、代钦塔拉五角枫自然保护区，建设有关野生动植物保护为目标的国家公园。在科学规划、法治建设和组织完善的基础上，探索将核心保护之外的区域作为绿色旅游的空间载体。

3. 以游客满意度为导向，聚焦冰雪旅游、避暑旅游两大目标市场，研发推广森林、草原、山地、观星、康养、研学、自驾、红色等旅游产品新谱系

2022年的中国旅游日内蒙古自治区分会场设在阿尔山，从盟文旅局推出了微信公众号的宣传文案来看，"如果不能远走高飞，来兴安盟看看山山水水"，重点还是资源而非产品。经过改革开放以来四十多年的发展，我国已经进入了旅游权利广泛普及、旅游经验极大丰富的大众旅游全面发展新阶段，个性化和多样性成为主要特征。当代游客对目的地的期待既包括山山水水构成的美丽风景和深厚绵长的历史人文，也包括基础设施、公共服务、商业环境和丰富多彩的旅游产品所构成的美好生活。全盟年平均气温3℃，夏季平均气温20.9℃。兴安盟河流湖泊众多，与森林、草原、山地构成了高品质的生态旅游的本底资源，绰尔河、归流河、哈拉河、图牧吉泡子、哈达泡子、达尔滨湖，特别是阿尔山48座矿泉群集合了冷泉、温泉、热泉和高热泉的混体，水质优良，医疗效果及价值极高，自1853年（清咸丰三年）至今已有170年的开发利用的历史，完全应当、也可以成为阿尔山和兴安盟旅游的金字招牌。

4. 招商引智、科技兴旅、产业强旅，建设具有全国影响力的新型旅游市场主体和创新引领力的旅游产业生态体系

从人口、经济和社会发展指标看，兴安盟旅游业还处于资源依托型发展阶段，要走向市场导向型和要素驱动型现代旅游业发展阶段，必须强化市场主体和产业生态体系建设。超前推进覆盖农工商文旅"数字兴安"战略，实现特色资源和特有产品的种植、加工、交易、质控和物流配套的全链条增值。兴安盟野生药用植物丰富，五岔沟至阿尔山地区还有松口蘑、榛蘑、黄蘑等珍稀菌类植物，更有野生经济动物140多种。遗憾的是，如此丰富的资源却没有实现产品化，一方面人均消费上不去，另一方面游客

又在持币待购。如何打破"资源诅咒",以产品开发促旅游购物,已经成为兴安盟绿色旅游高质量发展的现实制约因素。要本着"游客购买的任何产品都是旅游购物,旅游购物重在原产地、重在品牌、重在体验"的原则,请农业、林草、工信、商务、文化和旅游部门在资源普查和市场调研的基础上,引导本地企业和个体工商户尽快推出一批"兴安礼物"。在品牌培育的早期,可以借鉴香港"红帆船"模式,通过政府背书为特色商家增信。要尽快组建本地旅游投资集团,以市场机制和专业能力对接中国旅游集团20强为代表的盟内外投资机构和旅游运营商。

衷心祝愿兴安盟旅游明天更美好!让我们一起,与山盟、与水盟,与兴安盟!

兴安盟贯彻新发展理念推动高质量发展大讲堂第十四期专题讲座

兴安盟·2022年8月5日

乡村旅游大市场，乡村振兴新动能

乡村旅游是大众旅游和现代旅游业体系的重要组成部分。党的十八大以来，乡村旅游市场规模持续扩大、产业链条不断延展、综合带动作用日渐明显，已经成为乡村振兴的全新动能。

一、形成了乡村旅游大市场，延展了乡村旅游产业链

乡村旅游是"看得见山、望得见水、记得住乡愁"的极佳表达，可以弥补人们在都市生活环境中产生的疏离感，客群广泛，资源丰富，发展空间很大。中国旅游研究院（文化和旅游部数据中心）大数据监测显示，2019年，我国乡村旅游接待量已超过30亿人次。受新冠疫情影响，过去三年的全国旅游出游距离和目的地活动半径进一步收缩，城市近郊的乡村旅游却逆势增长。每逢周末和节假日，乡村客栈和精品民宿往往一房难求，"包个小院过大年""鸡犬相闻观星星"已经成为新年俗。

数十亿人次的游客，支撑形成了千亿级旅游消费市场。目前，我国已有超过6万个行政村开展乡村旅游经营活动，涵盖了观光、休闲、康养、避暑、冰雪、耕读、研学、娱乐诸多产品体系。持续升级的乡村旅游有效带动了特色种植、生态养殖、土特产加工、民俗展演、旅游装备租赁、直播带货、乡村电商、物流配送、民居修缮等新业态发展，农村居民的生产节奏和生活面貌发生了明显改善。

现在的乡村旅游，已经从卖环境向卖场景、卖创意转变，民俗和非遗也成了乡村旅游的全新吸引力。内蒙古呼伦贝尔市海拉尔区友联村是全国文明村镇，也是旅游兴村的典型。曾经的人口净流出村通过发展乡村旅游，而今处处是花海，家家皆经商。生活富裕了，产业兴旺了，乡村旅游大市场吸引了越来越多的企业家、文艺工作者和退休干部投资乡村，并且以乡贤乡亲的身份在乡村定居，带动了更多年轻人返乡创业。

二、培育了乡村振兴新动能，丰富了共同富裕新内涵

随着乡村旅游市场的扩容和产业的升级，越来越多的资本、科技和文创等新型生产要素，特别是来自城市的企业家和艺术工作者开始进入乡村，有效地促进乡村文化氛围和教育水平的提升，为共同富裕注入了精神享受和文化消费的全新内涵。

浙江省杭州市余杭区永安数字稻香小镇，引入稻乡农村职业经理人和力石科技的数字乡村项目，以现代农业和传统文化吸引城市旅游者和外地参访者，让传统的农业生产区成为近悦远来、主客共享、城乡融合的乡村振兴示范村。通过发展乡村旅游，农民打开眼界，拓宽了视野，提升了综合素质和生活质量。2021年底，桃夏村创立专业合作社，全村70%以上村民入股，积极探索"共富新模式"。村民表示，"游客越来越多，生意越来越好，干劲更足了，生活也更有奔头了"。当越来越多农村居民解决了"三不愁、两保障"的生存需求，"诗与远方"开始成为共同富裕的新内涵，他们以朴素的语言表达对小康社会的理解，那就是"吃有肉、住有楼，还有闲钱去旅游"。

据中国旅游研究院（文化和旅游部数据中心）测算，2022年春节假期期间，19.1%的农村居民参与了探亲访友和近程休闲等在内的旅游活动，同期全国出游游客中农村居民占比达38.1%。

三、丰富了中国故事新素材，走进了国际旅游大舞台

十年来，各地融合农文旅，贯通产＋销，乡村旅游成为推动"农业升级、农村进步、农民发展"的关键途径。

江西省九江市修水县何市镇农业产业园区通过高科技手段打造"农业会客厅"，新推出 VR、DIY 盆栽等多项趣味体验项目，引导游客从休闲趣味中学习了解现代农业技术。产业辐射带动周边乡镇 10 万余亩葡萄、果蔬、茶叶、蚕桑、苗圃等高效种植，带动周边农户开办农家乐、特色小吃、民宿、户外运动等项目，全方位推动当地传统农业向科技农业升级。

据监测，2021 年乡村旅游监测点生活垃圾集中收集点覆盖率 95.8%，接入生活污水处理设施的农户占比 67.2%，水冲厕所普及率 85.1%。乡村旅游成就了美丽乡村，加速了农村的现代化进程，农民的获得感满满。

在脱贫攻坚、全面小康、乡村振兴和共同富裕的战略进程中，农村和农民是主要受益主体，乡村旅游是重要途径。总结推广乡村旅游典型案例，与世界分享乡村振兴和共同富裕的经验，已成为当代中国故事的新颖素材。据埃菲社报道，"在中国，包含特色民俗文化活动的乡村旅游业日益成为产业扶贫的重要方式。游客对民俗文化的兴趣让他们前往中国少数民族聚居的村庄，将村里的特色产品售至国内其他地方，真正改变了当地人的未来"。2021 年 10 月，文化和旅游部推出了全国范围内的 100 个典型案例，展示了乡村旅游扶贫成果，引起联合国和国际社会的关注。

2021 年，联合国世界旅游组织在全球范围内评选最佳旅游乡村，浙江余村和安徽西递村成为首批入选乡村。越来越多的国际友人参与乡村旅游活动，以世界各国人民听得懂的语言，讲述他们感兴趣的故事，美丽中国因此注入了乡村振兴新内涵。

四、践行了以人民为中心的发展思想，明确了未来发展方向

党的十八大以来，乡村旅游发展进程中所形成的宝贵经验，也应当是今后一个时期发展乡村旅游要坚持的原则。

坚持以人民为中心的乡村旅游发展导向，持续提升游客满意度和农民获得感。发展乡村旅游，要贯彻以人民为中心的发展思想，提高农民的获得感、幸福感、安全感，通过完善利益联结机制，保障农民持续获益。西塘古镇、周庄、建水古城、呈坎、江湾、塔拉特村等将旅游休闲空间嵌入当地居民的生活空间，按照主客共享理念不断完善基础设施和接待体系，推动标准化和服务水平提升，让农民更多参与旅游经营和分享旅游业增值收益，形成了乡村旅游可持续、高质量发展的内生动力。

坚持中央统筹，高位推动，形成乡村旅游发展的政策合力。党的十八大以来，党中央和国务院在"三农"工作和乡村振兴战略的总体布局中，更加注重乡村旅游的独特作用，出台了多项政策措施推动乡村旅游加快发展。中央一号文件多次就乡村旅游发展做出明确部署。文化和旅游部门、各地政府积极贯彻中央部署，形成了《关于促进乡村旅游可持续发展的指导意见》《促进乡村旅游发展提质升级行动方案》《乡村旅游扶贫工程行动方案》《关于促进乡村民宿高质量发展的指导意见》等一批关于推动乡村旅游发展的政策文件，在政策许可范围内高效解决乡村旅游经营主体诉求，采取务实举措促进乡村旅游创新发展。

坚持文化引领、科技赋能，推进乡村旅游高质量发展。发展乡村旅游，既要注重传承文化遗产和非物质文化遗产在内的优秀传统文化、承载红色基因的革命文化，也要展现全面小康、乡村振兴和共同富裕的社会主义先进文化。除了吃农家饭、住民宿，越来越多的乡村旅游经营主体通过美食、采茶、亲子、研学、健身、文化体验等各种方法拓展消费场景，丰富了乡村旅游产品形态，是乡村旅游高质量发展的典型示范。

坚持生态、绿色、可持续的乡村旅游发展道路。发展乡村旅游能够把生态环境优势转化为生态经济优势。乡村旅游资源消耗低、环境污染少，通过促进农村产业结构调整，有力地保护了乡村生态系统和生物多样性，乡村生态环境质量得到显著改善。福建省三明市常口村曾经是"没有水泥路，没有新房子，没有路灯"的"三无"村，因为发展乡村旅游各项基础设施加速健全，2021年5月发放了14万多元林业碳票，生态环境变成了可交易、可收储、可贷款的优势资源，闯出了绿色旅游发展的新路子，是践行"绿水青山就是金山银山"的发展典型。

乡村旅游兼具突出的经济、社会、文化和生态效应，是《中共中央关于制定国民经济和社会发展第十四个五年规划和二〇三五年远景目标的建议》提出的旅游发展重点任务之一，是旅游业高质量发展的重点领域，是人们美好生活向往的喜悦落脚。党的十八大以来，乡村旅游发展驶入快车道，为今后很长一段时期乡村旅游"更多的国民参与、更高的品质分享"奠定了基础，也指明了方向。

学习贯彻党的二十大精神

北京·2022年10月25日

高增长的露营需求与硬保障的制度供给

自古以来，人民群众就有郊野踏青、避暑赏秋的传统，在亲近自然的同时，也增进了家人朋友之间的感情。全面建成小康社会以后，旅游休闲更加成为人民美好生活的日常选项。受新冠疫情影响，旅游休闲的时空收缩带动了本地休闲和近程旅游的高频需求，也催生了包括露营经济在内的新业态。快速发展的露营旅游休闲，在促进休闲消费、培育绿色健康生活方式、便利人民群众就近出游等方面发挥了积极作用，有效推动了旅游休闲领域的创业创新，也引发了规范建设、文明旅游和可持续发展的讨论。

民有所呼，政有所应，满足人民对美好旅游休闲生活的向往与追求，以需求引领供给，进而推进供给侧结构性改革，是新时代政策创新的价值取向，也是制度演化的必由之路。近日，文化和旅游部会同中央文明办、国家发展改革委、公安部、应急管理部、自然资源部、住房和城乡建设部、国家体育总局等13个部门联合印发《关于推动露营旅游休闲健康有序发展的指导意见》（以下简称《指导意见》），既立足于露营旅游休闲的需求侧管理，又着眼于露营旅游休闲的供给侧结构性改革，推动各部门担负起共同而有区别的责任，形成系统推进露营旅游休闲高质量发展的行政合力。

为适应人民群众不断增长的露营旅游休闲需求，《指导意见》提出，构建全国营地服务网络体系,形成精品线路营地体系。重点任务第一条明确提出,科学布局营地建设,保障各类营地供给,合理安排营地空间和配套设施。需要独立占地的公共和经营性营地建设项目应当纳入国土空间规划"一张图"衔接协调一致。在强调顶层设计和自上而下的规划的同时,《指导意见》也关注了基层探索和自下而上的合理诉求。过去三年,越来越多的游客开始关注身边的美丽风景、日常的美好生活,争取有更多时间与家人在一起。每逢节假日和周末,以家庭为单位的本地休闲和近程旅游者选择到访城市公园、郊野公园、城乡绿道、森林公园,生动诠释了全面小康社会和美好生活该有的样子。扶老携幼的一家人走累了,就近搭个帐篷休息便成了再自然不过的需求。从自发的休闲需求,到自然的业态发育,再到自觉的行政规划,有一个上下互动的制度演化过程。《指导意见》直面需求,加强引导,明确提出在符合相关规定的前提下提供露营服务,鼓励城市公园利用空闲地草坪区或林下空间划定非住宿帐篷区域,供群众休闲活动使用,扩大露营营地发展空间。

  为贯彻习近平生态文明思想,发展绿色旅游,《指导意见》提出,用好存量资源,满足人民群众对露营旅游休闲的便利化需求。无论是房车自驾车营地,还是背包旅游者的帐篷营地,都具有偶发、就近、便利的需求,是一个由近及远、由点到面、从小到大的发展过程。在推进建设各类专属性露营地的同时,《指导意见》探索支持转型退出的高尔夫球场、乡村民宿等项目发展露营旅游休闲服务,鼓励有条件的旅游景区、旅游度假区、乡村旅游点、环城游憩带、郊野公园、体育公园等在符合相关规定的前提下提供露营服务。南京旅游集团管理的聚宝山郊野公园,充分利用原有的路旁、湖边和林下资源,建设小分散、大聚集的帐篷营地,与园内的卡丁赛车、无动力亲子运动乐园、国际马术俱乐部等项目联动,让传统的郊野公园成了吸引家庭休闲、研学旅行、团队建设的时尚生活新空间。从全国范围来看，像这样政府推动和企业主导的露营旅游休闲发展模式，已经取得了一些可复制、可推广的经验，但是也面临着土地、林草、自然资源等方面的制度和法规约束。针对发展过程中的政策痛点，《指导意见》提出，优化露营旅游休闲用地政策，对符合条件的土地资源以及国有建设用地上老旧厂房转型发展露营旅游休闲项目，要依法依规予以支持。

生命高于景观，没有安全就没有旅游，《指导意见》提出，各地发展露营旅游休闲要保障广大游客的身体健康和生命财产安全。近年来，本地休闲和近程游为代表的高频次旅游活动构成了旅游市场的基本面。一些未开发的景区景点之所以成为网红打卡地，与大众旅游全面发展阶段的个性化需求有关，也与传统旅游景区不完全适应疫情防控常态化下即时性、本地化的休闲需求有关。露营旅游休闲的自发成长也带动了户外装备制造、包装食品和预制菜等餐饮业态以及流动商贩等零售业的自发成长，有的地方已经形成了相当规模。在鼓励利用存量、合理开发增量的同时，《指导意见》提出，营地选址应当科学合理、安全至上，要求经营主体落实相关公共安全责任和食品安全主体责任，建立安全管理制度和应急预案，配备必要的监测预警和消防设施设备。避免在没有正式开发开放接待旅游者、缺乏安全保障的"野景点"和违规经营的"私设景点"开展露营活动。

丰富人民精神世界，实现全体人民共同富裕，促进人与自然和谐共生，是中国式现代化的本质要求。共同富裕包括物质生活的共同富裕，也包括精神生活的共同富裕。景观之上是生活，满足人民对露营旅游休闲的新期待是新时代旅游工作的新目标。文化和旅游、发展改革、自然资源、城乡建设等部门对露营旅游休闲健康有序发展提出了明确的指导意见。相信随着各级政府的贯彻落实，加上各类投资机构和市场主体的跟进，人民的旅游权利将得到更加有力的保障，"有得游、游得起、游得开心、玩得放心"的旅游休闲新格局将会加速形成。

《高增长的露营需求与硬保障的制度供给》特约评论员文章

北京·2022 年 11 月 30 日

科技日新，高质量发展，应对危机，重构旅游业高质量发展新格局，需要地方政府新的发展系统构向力行，将新时代旅游工作的重心转移到践行以数字化和现代科技构建新的系统现总结旅游目的地发展标本化旅游管看见文化的遊

更瓶见城市的未来，以更加开放的心态拥抱世界，建设人类命运共同体是旅游人的初心，也是当看的使命

诗与海，尽心尽力也尽命了。

PART 3

地方战略

PART 3

政府纾困的决心　旅游复苏的信心

按照党中央、国务院决策部署，坚持稳中求进工作总基调，为帮助包括旅游在内的服务业领域困难行业渡过难关、恢复发展，经国务院同意，国家发展改革委、财政部、文化和旅游部等十四部委印发了《关于促进服务业领域困难行业恢复发展的若干政策》的通知（发改财金〔2022〕271号），提出新一轮纾困扶持政策措施。在旅游业面临市场收缩和艰难复苏的今天，本轮政策让市场主体和广大业者看到了政府助企纾困的坚强决心，也为消费增长和产业创新注入了坚定信心。

一、旅游业面临着历史上最严峻的挑战和最漫长的复苏

改革开放四十多年来，旅游业先后经历了政治风波、自然灾害、公共卫生事件、经济危机多重考验，但是从来没有像新冠疫情这样长时间的全面停滞，也没有任何可资借鉴的经验。20世纪90年代的市场疲软和亚洲金融危机影响了刚刚起步的国内旅游市场，但是市场主体数量和从业人员的规模相对有限。1999年国庆节假期首次实施七天假期的"黄金周"制度，有效激发了大众旅游的消费热情。2003年的"非典"、2008年汶川大地震对旅游业的影响在空间和时间上都有限。历时三年的新冠疫情则全面影响了入境、出境和国内三大旅游市场，旅行社、在线旅行商、酒店、民宿、旅游景区和度假区、旅游车船等所有业态，以及包括70万导游在内

的2850万直接从业人员。2020年，全国国内旅游人数28.79亿人次，同比下降52.1%；国内旅游收入2.23万亿元，同比下降61.1%。全国31 074家旅行社营业收入只有2389.69亿元，营业利润-69.15亿元，星级饭店平均出租率39.0%。

我们来看最新的一组数据，2022年春节，全国国内旅游出游2.51亿人次，同比减少2.0%，按可比口径恢复到2019年春节假日同期的73.9%；实现国内旅游收入2891.98亿元，同比减少3.9%，仅恢复到2019年同期的56.3%；省内游客占比78.3%，其中地市级行政区域的游客占比73.9%，游客平均出游距离131.8千米，较2021年同期减少1.5%。这意味着出游人次减少的同时，出游距离和目的地游憩半径也在下降，旅游消费进一步收缩。对于高度依赖城乡居民空间位移和异地消费、经济属性强、市场化程度高的旅游业而言，市场没了，就什么都没了。

面对入出境旅游全面停滞、国内跨省旅游因疫情防控不得不局部"熔断"，主要靠近程旅游和本地休闲市场支撑的旅游业，暂退旅行社质量保证金、免交协会会员费用和相关的财税政策很难让企业有切实的获得感。最令人担忧的是，旅游消费意愿仍在持续下降，旅游市场主体信心则在逐渐流失。一旦业者因为看不到希望而选择躺平，甚至连声音都消失了，我们将不得不面对旅游业历史上最黑的黑暗。旅游业的困难，政府看到了，业者的声音，政府也听到了。

二、政策彰显了政府助企纾困和扶持发展的坚强决心

2020年春节过后，产业复苏和企业纾困一直都是旅游系统的工作重点。中央政府政策目标是普惠的，而非特殊的；政策传导则是市场的，而非行政的。效果上看，对行业有感的还是市场政策，3月14日恢复了省内游，7月14日恢复了跨省游，旅游业开始筑底回升。2021年劳动节假

期,全国国内出游人次比2019年同期已经有了小幅的正增长。从暑期开始,受局部地点多点散发疫情的影响,特别是南京禄口机场、内蒙古额济纳旗、湖南张家界等地涉旅疫情的影响,国务院联防联控机制对跨省游采取了有条件"熔断机制",旅游业复苏进程受阻,旅行社、线上旅行商、旅游景区和度假区、酒店和民宿等旅游企业自然减员和收入下降明显。

针对上述困难,本轮纾困政策坚持目标导向、问题导向和分类实施,针对旅游业打出"10+7+N"的政策组合拳。10是针对包括旅游在内的服务业出台十条共同适用的纾困扶持措施,7是针对旅游业出台七条纾困扶持措施,N是回应业界呼声的精准实施疫情防控"四个精准""三个不得",力求保持经济发展和社会生活的正常秩序。加上国务院有关部门和各地在贯彻落实的过程中陆续出台的专项支持举措,可以预期旅游业将进入疫情以来层级最高、力度最大、效果最为明显的政策周期,有力促进旅游市场复苏进程。

从旅游业纾困扶持措施来看,既有继续实施旅行社暂退旅游服务质量保证金的延续性政策(第24条),也有符合条件的旅游企业缓缴失业保险、工伤保险费(第25条),鼓励机关事业单位将符合条件的工会活动、会展活动从方案制订到组织协调交由旅行社承接,合理确定预定款比例的创新政策(第28条),还有对政府采购住宿、会议、餐饮等服务项目时,不得限制星级饭店和民营企业参与采购的明确要求(第27条)。本轮政策还将加强银旅合作、银行和非银行金融机构的专项支持,鼓励旅游企业发行公司信用类债券、拓宽旅游企业多元化融资渠道,为各部门、各地贯彻政策预留了创新空间(第26、29、30条)。

除了有针对性的七条政策,各类旅游市场主体更要重点关注服务业共同适用的十条纾困扶持政策。共同适用的含义可以理解为,旅游企业可以直接享受文件所列的政策红利。从文本角度看,政策规定得很细致,也非常方便操作。2022年对生产、生活性服务业纳税人当期可抵扣进项税额继续分别按10%和15%加计抵减应纳税额(第1条);将"六税两费"适用范围由增值税小规模纳税人扩展到小型微利企业和个体工商户(第2条);对不裁员和少裁员的企业继续实施普惠性失业保险稳岗返还政策,将中小微企业的返还比例从60%最高提至90%(第5条);引导银行用好降准释放的2.2万亿元资金,优先支持困难行业特别是服务业小微企业和民营企业(第7条);督促指导降低银行账户收费、转账汇款手续费、银行卡刷卡手续费,减轻服务业小微企业和个体工商户经营成本压力(第9条)。从统计数据来看,绝大多数旅游企业特别是旅行社都属于小型微利企业。行业协会和旅游企业要组建专班研究并用好十条普惠政策,而不能只聚焦于专门针对旅游业和七条政策,争取所在地政府的政策支持,切实降低企业的经营成本和财务费用。

三、旅游业注入了市场复苏和变革创新的坚定信心

除普惠十条和旅游七条,市场主体还要关注精准实施疫情防控措施为旅游市场带来的利好预期。如果说前者为市场主体注入了财政、金融和产业政策支撑力,后者则有利于营造鼓励消费、放心出游的社会环境,并有效提振旅游市场信心。比如第42条要求"认真落实严格、科学、精准的疫情防控措施,坚决防止和避免'放松防控'和'过度防控'两种倾向,有效恢复和保持服务业发展的正常秩序"。什么是正常秩序该有的样子?是迪士尼度假区的游客一边做着核酸,一边观看绚丽的烟花表演;是管理空间可以精准到20平方米的奶茶店,其他地区店照开、人照进;是疫情防控常态化以后城市居民、广大游客心态的成熟与稳定,有疫防疫,没疫就正常生活、休闲和旅游。如果各地各部门按照这个做了,必然会带来旅

游意愿和消费热度的提升。政策千万条，市场第一条。市场起来了，企业有生意做了，旅游业自然就复苏了。

从政策文本来看，第42条还提出了"四个精准"，即建立精准监测机制、提升精准识别能力、强化精准管控隔离、推广精准防护理念，可以理解为是对"放松防控"的再次强调，更是对"过度防控"的理性回调。第43条强调，严格落实国务院联防联控机制综合组防疫政策"五个不得"要求的基础上，进一步对服务业行业提出了"三个不得"的精准防疫要求。文件明确要求"不得非经流调，无政策依据对餐厅、商超、景区景点、电影院及相关服务场所实行关停措施，延长关停时间""不得在国务院联防联控机制政策要求基础上擅自增加对服务业的疫情防控措施"。还有一句话值得关注，"各省级人民政府要统筹本地区疫情防控措施总体要求，针对服务业行业特点，建立疫情防控措施层层加码问题反映、核实、纠正专项工作机制"。这些政策有助于推动旅游行政主管部门调整团队旅游和"机票+酒店"业务的熔断机制适用范围，由跨省游熔断调整为跨市游熔断，也不排除直接取消这一市场管制工具。对于旅行社和线上旅行社来说，这是显而易见的政策利好预期。更为乐观的推测是，这些措施也在为下一步放开入出境旅游做压力测试和积累经验。

针对餐饮、零售、交通运输和民航业的纾困扶持政策将进一步释放旅游供应商活力，优化旅游供给结构。对铁路、航空公司和机场、交通的金融支持，加上相关的税收和费用减免，新能源交通工具更新和港口建设政策，将营造更加有利于游客出行和在地消费的交通出行环境。

旅游者多了，消费起来了，旅游业的春天还会远吗？

评十四部委《关于促进服务业领域困难行业恢复发展的若干政策》

北京·2022年2月19日

中国入出境旅游复苏的进程研判与政策展望

过去三年的国际和港澳学术交流中，我被问到最多的问题就是"中国（内地）的出境旅游什么时候可以放开"，曾经不止一位大使和旅游官员愿意出一百万元获得确切的答案。当然，这是句玩笑话，不过确实反映了世界各国各地区对中国市场的重视，对世界旅游业复苏、振兴与可持续发展的期待。

一、秉持更加开放的区域主义，以商务旅行带动国际旅游的韧性复苏

习近平总书记在中国—东盟建立对话关系30周年纪念峰会发表主旨演讲，指出双方关系发展最重要的经验之一就是"包容互鉴，共建开放的区域主义"。由东盟发起，2020年11月正式签署并进入建设阶段的《区域全面经济伙伴关系协定》（Regional Comprehensive Economic Partnership，RCEP），作为世界上参与人口最多、成员结构最多元、发展潜力最大的自贸区，在世界各国经济增长普遍放缓的今天，为疫后复苏和地区繁荣带来了新动力，成为扩大旅游交流，深化旅游合作提供了全新机遇。

2022年6月23日发表的《金砖国家领导人第十四次会晤北京宣言》指出，"我们认识到旅游业复苏的紧迫性和增加游客互访量的重要性，将进一步加强金砖国家绿色旅游联盟工作，采取措施，打造有韧性、可持续、包容的旅游业"。各成员国正在采取有效的措施，包括构建平台、对

话交流、政策储备和压力测试，以有效落实元首共识。对此，我们要根据联合国统计署和世界旅游组织的定义，着眼于商务、留学、探亲访友、医疗美容等多种动机的跨国旅行者都纳入国际游客的范围，而不是只盯着持旅游签证且由旅行社操作的团队旅游者。按照分阶段、可管控和务实推进的原则，各国应将贸易和投资领域的商务旅行置于国际旅游复苏的优先议题，并最大限度地减少商务人士的跨国（境）旅行的障碍。

经由贸易和投资而来的商务旅行，应当也可以在国际旅游复苏和可持续发展进程中扮演关键角色，发挥重要作用。2022年前7个月，中国外贸进出口总额保持了两位数增长，主要贸易伙伴保持相对稳定，东盟仍为第一大贸易伙伴，东盟、欧盟、美国、韩国和日本位居前五位。上半年，中国对"一带一路"国家和RCEP贸易伙伴进出口总额分别增长17.8%和5.6%。尽管在部分口岸城市实行了人货分离的政策，但是复苏向上的贸易和投资活动还是带来了商务旅行的刚性需求，并为旅行服务、旅游住宿和商务会展业提供了显而易见的市场机遇。

8月24日，国务院常务会议强调"为商务人员入出境提供便利"。近日，中国驻巴西、马来西亚、墨西哥、泰国、新加坡、印度尼西亚等大使馆相继发布公告，进一步优化外国人来华签证政策：自北京时间2022年8月24日0时起，中国允许持有效APEC商务旅行卡[①]人员、持有效学习类居留许可的外国留学生入境。可以预计，APEC商务旅行卡的一小步，将是中国在贸易和投资领域扩大商务往来的一大步，在不远的将来，中国与东盟、中国与金砖国家、中国与"一带一路"国家之间的商务旅行将会更加便利，入出境旅游市场也会因此而步入稳步回暖的轨道。

[①] APEC商务旅行卡是亚太经济合作组织各经济体之间的签证便利化措施，持卡人经APEC相关经济体批准后，5年内无须办理该经济体入境签证，每次入境可在有关经济体停留60天至90天不等。

二、提升游客满意度和企业获得感,以国内市场复苏推进国际旅游交流合作

出境旅游是国内旅游市场的延伸,旅游集团和中小微企业是入出境旅游服务水平提升的保障。一个国家和地区的国内旅游市场还没有完全复苏,旅行社、酒店、景区和度假区、高铁和航空公司、餐馆和购物中心也没有恢复常态化经营,签证、移民、海关、口岸、边检等部门还没有做好政策和技术上的准备,就要完全放开入出境管制,理论上不可行,实践上做不到。可行的路径是旅游主管部门和旅游业界坚决执行政府疫情防控政策,在促进国内旅游市场稳步复苏的基础上,在坚持与国际同行在多轨对话的进程中逐步形成交流与合作的共识。在不确定的环境中讲好中国的旅游故事,在对话与交流的过程中形成共识:躺平不可取,躺赢不可能,只有"拉手不放手",才能促进国际旅游市场的韧性复苏和包容性增长。

2020年春节以来,中国政府坚持人民至上、生命至上,坚持外防输入、内防反弹、动态清零的疫情防控总方针,统筹推进旅游复工复业和助企纾困工作。从暂退旅行社质量保证金,到恢复省内、国内旅游组团接待和"机票+酒店"业务;从"跨省游熔断机制"精准到县级行政区域,到旅游景区和度假区实施限流、预约、错峰制度;从降息贴息、债务展期、减免租金、发放消费券等投资、财政和金融政策,到缓交有关税费的人力资源和社会保障政策,中央和地方政府对旅行服务、旅游住宿、旅游景区和度假区采取一系列适应中国国情的助企纾困措施,为旅游企业度过萧条期提供了有力的政策支持。与此同时,政府和教育、科研、商会、行业协会等社会机构一道,共同促进旅游市场主体创新自救和数字化转型。

疫情期间,本地休闲、近程旅游、文化和旅游融合、遗产活化、自驾旅游、研学旅行、露营经济等新需求和新业态成为新亮点,也是旅游市场复苏和旅游企业创新的有力支撑。中国旅游集团的"故宫以东"、华侨城

集团的"欢乐海岸"、携程集团的"度假农庄"、开元旅业集团的"森泊度假"、春秋旅游集团的"建筑可阅读，城市微旅行"、景域集团的"帐篷客"、南京旅游集团的"长江传奇"、岭南商旅集团"消失的名菜""花园酒店博物馆"等项目，无不彰显了市场主体生生不息的创新力。正是由于旅游企业的砥砺前行，特别是各地政府的制度创新和主动作为，全国游客满意度保持在80分以上的满意水平。

政策千万条、市场第一条，只有巩固疫情防控成果，让国民有了安全和品质的出游预期，进而恢复常态化的旅游消费，旅行服务、旅游住宿、旅游景区和度假区，以及交通、餐饮、购物和娱乐领域的市场主体才能复工也复业。为确保2022年中秋、国庆假期前后不发生本土规模性疫情，中国政府在全面落实第九版防控方案的基础上，强化优化了一系列防控措施。对此，我们既要看到倡导广大人民群众国庆假期前后在本地过节，尽量减少跨地市出行，乘坐长途交通工具须持48小时核酸证明以实现安全有序出行的目标，更要看到推广"落地检"，强调"九不准"，"自愿免费即采即走，不限制流动"的理性应对。数据表明，相对于2021年下半年的一轮接一轮的局地疫情与旅游市场景气之间的"跷跷板"效应，2022年下半年疫情对旅游市场的波动幅度及影响范围明显缩小。随着疫情防控更加精准化和生产生活趋于常态化，国内旅游市场复苏向上的趋势将更加稳固。一个有效统筹疫情防控和旅游复苏的国内市场，必将有利于奠定入出境市场恢复的政策基础，必将有助于培育国际旅游合作的产业动能。

三、加强各国各地区的公共机构和私营部门间对话，务实推进国际旅游的包容性增长和可持续发展

旅游是经济属性强、市场化程度高的综合产业，用消费这把钥匙打开旅游业的大门之后，里面不仅有经济，还有政治、社会、科技和文化，更

有人民与人民之间的交流交往。在统筹疫情防控与旅游复工复业方面，中国愿意与世界各国各地区分享经验，也愿意向世界各国各地区学习和借鉴。要实现有韧性、可持续和包容的旅游发展目标，脱钩是不可能的，封闭更是要不得的，国家和国家之间、行业和行业之间、人民和人民之间，都应当也必须相互交流、相互学习和相互借鉴。

根据中国旅游研究院监测的数据，2020年以来，全球主流媒体和互联网社交平台对中国每年七个公众假期，尤其是春节、国庆节假日旅游市场数据，以及疫情防控政策的变化保持密切关注。总体来看，新闻报道和专业评论的立场越来越趋于中立，视角和观点越来越趋于客观，在重点关注疫情防控对旅游业影响的同时，也在有意识总结中国旅游市场复苏的经验和数字化转型的做法。

由APEC批准立项、中国旅游研究院组织中小微型旅游企业数字化转型项目的阶段性成果表明：今天的旅游业，已经不可逆转地进入了数字化驱动的现代化进程。数字化已经不是写在书本上的概念，也不是实验室仿真的技术，而是实实在在的生存能力和发展动能。积极融入数字经济，面向以人民为中心的大众旅游和现代化导向的智慧旅游，综合运用5G、移动通信、大数据、人工智能、区块链、元宇宙等当代技术，推进旅游业高质量发展，已经成为我们必须回答，而且要回答好的现实课题。在这一领域，科技部的"科技助力经济2020""科技创新2030"等重大重点项目都予以关注和支持，并在旅游热度预报与节假日客流调控、景区预约、酒店无接触服务、沉浸式实景演出等项目上取得了社会和经济效益。事实上，中小微型企业的数字化转型、旅游集团和科技企业共同促进的业态创新，不仅是应对新冠疫情影响的阶段性措施，也是促进旅游业可持续发展和包容性增长的必由之路。

我们注意到，联合国世界旅游组织（UNWTO）的《世界旅游晴雨表》

显示：2022年前5个月，全球国际旅游数量达到2.5亿人次，较2021年同期增长221%，恢复到2019年疫情前水平的46%。截至目前，全球已有79个国家和地区取消了所有关于新冠疫情设置的入境限制[1]，更多的国家调整优化了入境政策。日本自9月7日起，对全球游客开放"半自由行"，即入境仍需通过旅行社预订"机票+酒店"，并向政府报备行程后自由活动，每日入境人数配额提高至5万人。主管旅游事务的国土交通大臣表示"还将进一步放宽"，直至完全意义上的自由行。越来越多的国家认识到，没有完全意义上的自由行，就不会有国际旅游市场的真正复苏。

我们注意到，中国公民持旅游签证且随旅行社出境的游客，在出境旅游市场的比重在逐年下降，来华入境旅游者的散客和自由行的比例更高。研判国际旅游市场的复苏程度和未来走向，当然要看团队旅游者的人数和旅游行政主管部门的政策风向标，更要看广义跨国旅行人数的变化，并密切关注航空、移民、边检的疫情防控的作业指导。总体而言，包括中国在内的政策导向开始转向国际旅行特别是商务旅行、留学和探亲入出境的便利化。

我们注意到，中国民航局两年前实施国际客运航班熔断政策以来，根据全球疫情形势的变化及防控要求，多次对熔断措施进行了调整。2022年8月7日起，国际定期客运航班熔断措施再次进行了优化调整，其中熔断门槛从每班5例放宽到4%，熔断周期由两周和四周，缩短到一周和两周。受此新政影响，国内外航空公司当月恢复了多条国际航线，机票预订量环比涨幅达两成，入出境机票平均支付价格环比下降超一成。[2]

6月28日，国务院联防联控机制发布第九版新冠肺炎防控方案，将密

---

[1] 取消新冠入境限制的具体措施包括：不需要疫苗证书、不需要新冠的核酸检测（出发前和抵达后）、不需要隔离、入境政策回到疫情前，不再有新的疫情相关的各种限制。

[2] 京报网2022年8月19日，《民航局再调整国际航班熔断措施！国际机票订单大增》。

切接触者、入境人员和回国人员的隔离管控时间从"14天集中隔离医学观察+7天居家健康监测"调整为"7天集中隔离医学观察+3天居家健康监测",核酸检测措施也有明显的简化。回顾过去三年的入境隔离政策调整过程,我们有理由对第四季度采取更加精准化的入出境旅游疫情防控政策保持乐观的预期。

随着政策储备、压力测试和精准防控经验的积累,中国的入出境旅游市场在2022年底2023年初迎来一个稳步复苏和逐步回暖的窗口期,是完全可以期待的,也是需要从现在起就要认真准备的。

推进旅游业复苏合作展望论坛
桂林·2022年9月19日
粤港澳大湾区高级旅游发展论坛
澳门·2022年9月23日

以更加开放的区域主义促进入出境旅游复苏

当前,新冠疫情持续延宕,世界经济复苏乏力,入境和出境市场复苏充满不确定性,每年在上海和昆明轮流举办的中国国际旅游交易会(CITM)是旅游目的地推广、服务贸易和产业合作的盛会,也是各国旅游部门就共同关心的话题开展双边会晤和多边磋商的机会。在中国文化和旅游部国际交流与合作局的大力支持下,中国旅游研究院联合云南省文化和旅游厅、昆明市人民政府,在交易会期间举办 RCEP 框架下国际旅游交流与合作发展论坛,数百名来自区域成员国家的政府官员、业界代表和专家学者隆重集会,共商当前旅游经济形势,共建面向未来的旅游产业合作机制,并发布研究报告、权威数据、发展案例和会议共识。下面,我向大会简报 RCEP 与旅游业研究报告的主要内容,并就坚持开放的区域主义,促进旅游复苏与繁荣谈几点意见与建议。①

一、积极践行开放的区域主义,RCEP 将为包括旅游在内的区域和世界经济带来长期利好

开放的区域主义是亚太各国普遍认可的理念。中国和东盟是这一理念

---

① 感谢中国旅游研究院国际旅游研究所杨劲松博士、李隆辉博士、刘祥艳博士、张燕博士、雷蕾博士,国际交流部杨丽琼博士对本报告的专业贡献,感谢中国文化和旅游部国际交流与合作局高政局长、张西龙副局长对本报告的指导。

的倡导者，也是实践者。2021年，习近平总书记在中国—东盟建立对话关系30周年纪念峰会上总结双方关系发展的经验，其中之一就是"包容互鉴，共建开放的区域主义"。王毅外长在出席澜湄合作第七次外长和二十国集团外长会期间指出，长期以来，中国和东盟同地区国家一道，秉持开放的区域主义，以自由贸易推动地区经济一体化，以平等协商深化区域和次区域合作，以开放心态建构朋友圈和伙伴网，推动亚洲成为发展的高地、合作的热土。①

《区域全面经济伙伴关系协定》（Regional Comprehensive Economic Partnership，RCEP）2012年由东盟发起，目前拥有中国、日本、韩国、澳大利亚、新西兰和东盟十国等15个成员。历经八年的双边谈判和多边磋商，2020年11月，RCEP完成了正式签署并进入建设阶段。根据国际货币基金组织测算，截止到2020年底，RCEP 15个缔约方总人口达22.7亿，GDP达26万亿美元，出口总额达5万亿美元，均占全球总量的30%左右。RCEP作为世界上参与人口最多、成员结构最多元、发展潜力最大的自贸区，在各国经济增长普遍放缓的现实背景下，为全球疫后复苏和地区繁荣带来新动力。RCEP缔约国不可逆的开放承诺，大大提高了市场准入的确定预期，有利于增强成员国的相互信任和发展信心，并释放包括旅游在内的多方面合作信号。

RCEP核心在于增强货物贸易、服务贸易、投资以及人员流动方面的市场开放，为成员国之间的人员往来和旅游发展提供更加有利的制度保障。在货物贸易方面，各成员国承诺通过立刻降税和十年内逐步降税方式，最终实现区域内90%以上的货物贸易零关税。RCEP提出区域原产地累计规则，并就海关程序、检验检疫、技术标准等达成了一系列高水平

---

① 新华社南宁7月14日电，《巩固同周边国家关系 弘扬开放的区域主义》，载《人民日报》2022年7月15日第3版。

规则。这意味着更多来自成员国家的优质消费品，有机会以更低关税进入区域市场，跨境电商和旅游购物将会变得更加高效，也更为便捷。在服务贸易方面，将进一步提升金融、法律、建筑、海运等多个重要领域的服务贸易开放水平。在投资方面，用负面清单和服务具体承诺的方式推动投资准入谈判，将有效拉动商务、会议、展览和奖励旅游市场的增长。在人员往来方面，RCEP给予自然人临时跨境流动更多的便利，承诺适用范围扩展至服务提供者以外的投资者、随行配偶及家属等协定下所有可能跨境流动的自然人类别。新规让更多人高频次、短期化的跨境流动变得更加便捷，有效促进了观光、休闲、度假、研学等细分市场的增长。

中国政府高度重视RCEP各项承诺的落实工作。李克强总理强调，要做好《区域全面经济伙伴关系协定》生效实施工作，支持企业抓住协定实施的契机，增强企业参与国际市场竞争力，进一步提升贸易和投资开放水平。商务部、海关总署等相关部委陆续出台关于《区域全面经济伙伴关系协定》的公告和指导意见，商务部、发展改革委等6部委联合印发《关于高质量实施<区域全面经济伙伴关系协定>（RCEP）的指导意见》，指导地方和企业如何抓住RCEP发展机遇。北京、上海、浙江、江苏、山东、广东等地先后出台推进《区域全面经济伙伴关系协定》的政策和指引，鼓励企业积极了解和参与RCEP。北京市商务局于2022年5月印发《把握RCEP机遇 助推"两区"高水平发展行动方案》，方案提出要优化服务贸易发展环境，加强与RCEP成员国在教育、环境保护、旅游会展、医疗健康、软件信息等领域的服务贸易合作。2022年一季度，我国对RCEP其他14个成员国进出口总值超过2万亿元，同比增长6.9%，占同期我国外贸总值的30.4%。其中，与韩国、马来西亚等多个国家进出口额同比增速超过两位数。

二、旅游部门和业界对 RCEP 还缺少系统研究，特别是入出境旅游市场恢复与产业合作的政策储备急需加强

RCEP 与区域内旅游市场关联紧密，对入出境旅游市场的恢复与发展将产生显著的影响。2019 年，RCEP 国家接待境外游客总数量达到 3.8 亿人次，旅游外汇收入 3000 亿美元，分别占全球 19% 和 21%。RCEP 成员国出境游客总数量达到 2.6 亿人次，产生旅游消费 4300 亿美元，分别占全球的 24% 和 31%。2019 年，中国公民出境旅游目的地排名前十五位的国家（地区）中，越南、泰国、日本、韩国等 RCEP 成员国就占了十个。RCEP 成员国的来华入境旅游者占入境旅游市场的份额高达 66.67%，韩国、缅甸、越南、日本、马来西亚、菲律宾、新加坡等 RCEP 成员国长期稳居外国客源市场的前十位。曼谷、东京、新加坡、大阪、吉隆坡、京都、清迈、首尔、巴厘岛、芭堤雅，一直都是中国游客喜欢到访的旅游目的地。

随着 RCEP 各项承诺逐步落实和建设步伐的加快，各伙伴国对中国入出境旅游市场和旅游服务贸易的重要性将进一步增强。遗憾的是，2020 年初的新冠疫情让国际旅游，特别是中国与 RCEP 成员国的入境和出境旅游陷入了全面停滞状态。根据中国旅游研究院（文化和旅游部数据中心）课题组的综合测算，假设新冠疫情全面结束，在较低和较高的不同恢复场景中，当年的中国游客前往 RCEP 旅游目的地的旅游人数规模分别为 4100 万人次和 9600 万人次，吸引 RCEP 成员国访问中国的旅游人数规模分别为 2900 万人次和 6300 万人次。疫情常态化下中国出境游客最关注旅游目的地安全因素，更倾向于东京、曼谷、京都、大阪、首尔、清迈、巴厘岛、札幌、芭堤雅、悉尼等旅游目的地，以及京都、札幌、首尔、北安县郡、山形市、富良野、小樽、八幡平市、青森、春川等冰雪旅游胜地。

RCEP 提升贸易和投资开放度，要求更多人员流动方面的便利化政策配套。随着成员间商务人员流动的增多，将会带来更多的旅游客流和旅游消费。RCEP成员国良好的旅游产业基础和日趋频繁的旅游服务贸易，有助于旅游产业链的重构和优化，为区域内整合旅游要素提供了更好条件，尤其是高品质的人力资源、科技、金融和文化创意将为旅游业发展带来新的活力。从高端酒店、精品民宿的运营、管理人才，到户外潜水、帆船、冲浪项目的资深教练，从度假区、度假地的管理者，到露营、自驾的专业团队，现代旅游业急需的专业人才跨国流动将助力旅游业的高质量发展，特别是自驾游、夜间旅游、研学旅游、冰雪旅游等细分产业的专业化供给优化。

RCEP将助力鲜明特色的国际旅游目的地建设和推广，旅游极有可能成为早收清单的重要内容。RCEP形成的开放格局，不仅鼓励市场主体聚焦科技、产业和人才合作，推动科技、管理和商业模式创新，还将从市场、产业和文化等方面加速包括中国在内的各成员国世界级目的地的建设和"一程多站"国际旅游线路的培育。除北京、上海、香港、新加坡、曼谷、雅加达、河内、东京、首尔等国际化大都市，山水甲天下的桂林，世界第三极的西藏，海滨度假胜地普吉和芽庄，文化遗产旅游地吴哥窟、琅勃拉邦，以及众多的边境地区和口岸城市都将从中获益。

随着RCEP的落地推进，成员国旅游业将在更多领域和更高层面展开竞争与合作，在目的地基础设施建设、公共服务、旅游推广、数字经济、人力资源和对外开放等方面将提出更高要求。相对而言，旅游部门和旅游业界对RCEP还知之甚少，更不了解其具体内容。中国旅游研究院（文化和旅游部数据中心）对旅行社和OTA等旅行服务商的专项调研显示，超过八成的企业负责人对RCEP不了解，甚至没有听说过RCEP，这与货物贸易领域的市场主体形成了巨大反差。在知道和了解RCEP的受访者中，超过七成认为RCEP将带来"更大市场机会"和"更多合作机会"，超过一半的市场主体听说过 RCEP，但不了解更不清楚如何融入 RCEP，只有少数企业考虑过"技术引进"和"人才引进"。在市场调研和业界交流的过程中，超过七成的受访者认为，RCEP 意味着更加激烈的旅游市场竞争，国际游客要求更高的服务水平，未来的国际旅游市场业务模式将面临系统创新的压力。超过三分之一的受访者认为加入 RCEP 有限制，应用相关制度和规则有门槛。总体而言，旅游业界的关注点依然停留在等待国际旅行恢复上，旅游部门的工作重心在于国内市场宣传推广和行政体系的品牌建设上，对包括 RCEP、澜湄机制、孟中印缅经济走廊、中巴经济走廊、中老铁路，以及"一带一路"、金砖国家、上海合作组织、中国—中亚五国、中国—中东欧等国际合作机制对旅游业的影响，还缺乏应有的国际视野，也缺少应有的政策储备和应对策略。

三、坚持开放的多边主义，创新合作机制，有序推进入出境旅游市场复苏和旅游业高质量发展

成员国旅游部门及其智库机构要系统研究 RCEP 对旅游业的影响，主动推进涉及人员流动、跨境购物和旅游市场主体建设方面的政策协调与落地。在研究和评估的基础上，进一步明确旅游在 RCEP 政策框架中的角色与地位，提升成员国对旅游业的关注度，建立政府间旅游工作机制，协调国家旅游议程和战略目标，营造更有利于旅游业高质量发展的营商环境和政策体系。用好 RCEP 框架下升级人员往来便利化的可能性和条件要求，积极推动入出境旅游便利化的整体提升。推动 RCEP 框架下的旅游政策与亚洲旅游促进计划、澜湄机制、东盟 10+3 对话机制、东亚文化之都、亚太经合组织、"一带一路"等国际合作机制中的人文交流机制的衔接，以更加开阔、更为高远的视域推动成员国的旅游合作。

成员国旅游部门及其智库机构要加强沟通，增进了解，邻居要常来常

往,以人文交流促进产业合作。整合旅游智库、教育、研究和传媒领域的力量,加强旅游商会和专业协会之间的合作,系统开展RCEP各成员国旅游领域的国别研究,及时交换市场数据和产业信息。在系统评估的基础上,明确各自在区域和全球旅游产业链中的竞争优势、要素培育和发展战略,在区域旅游发展体系中承担共同而有区别的责任。推动成员国提升旅游业的地位,明确区域旅游市场开放的进程设定和产业合作的方案更新。推动现代金融、现代科技、文化产业、教育研学与旅游业的对接与融合,推动旅游领域的市场规则、产业设施、要素市场、商品市场、市场监管和反不正当竞争规则的一体化进程。

成员国旅游部门及其智库机构要积极引导旅游业界和市场主体了解RCEP、融入RCEP、用好RCEP,在制度创新的基础上推进市场创新。面向地方旅游部门和市场主体,特别是边境地区、口岸城市和旅游集团、旅行服务商,开展形式多样的RCEP专题培训,重点解读市场准入、海关程序与贸易便利化、服务贸易与投资,以及贸易数字化的承诺要件与实施要点。加强与商务、海关、移民、口岸、航空、铁路等部门的政策沟通和信息共享,加强旅游数据统计与数据分析领域的合作,发布《RCEP对旅游业的影响与政策建议》《RCEP旅游统计报告》《RCEP成员国旅游合作指南》等专题文件。建立健全RCEP成员之间旅游产业和投资景气预警与分享机制。鼓励航空、铁路、公路和海洋部门与旅游业合作研发跨境自驾旅游、专列旅游、邮轮旅游等新产品,推动边境旅游示范区和跨境旅游实验区建设。

成员国旅游部门和旅游业界要在做好疫情防控的前提下,积极推动入出境市场有序恢复。国之交,在民相亲,民相亲,在常来往。读万卷书,行万里路,自古以来就是中华民族的优秀传统,出国旅游尤为人民所向往。积极发展入境旅游,有序发展出境旅游,是世界各国旅游部门的分内职责。RCEP各成员国互为重要的客源地和目的地,彼此都有恢复并扩大入出境旅游市场的期待。从近期国际航班复航率和外交、移民、海关、卫生等部门的疫情防控精准化趋势来看,包括商务、探亲、教育、科技和文化交流等非旅游类的签证政策,都在向着有利于人员的跨境流动方向变化,也可以说国际旅游与旅行市场的拐点已经显现。事实上,除了旅行社的团队旅游和在线旅行商的"机票+酒店"业务,所有持有旅行证件者都可以在遵守目的地疫情防控政策的前提下自由旅行的。政策焦点在于团队旅游和"机票+酒店"业务,或者说旅行社的境外招徕和境内接待业务如何尽快放开,并正面回应业界的疑问:个人可以坐飞机、住酒店、进景区,有组织的团队为什么不可以?没有任何数据显示有组织的团队旅游者,要比没有组织的自助旅行者更容易感染和传播疫情。

各成员国旅游部门要正视彼此的期待和业界的诉求,积极探讨城市间和国家间的点对点团队旅游试点方案,与旅行社和在线旅行代理商充分沟通,研究制订可执行、可评估、可管控的入出境团队旅游市场开放的路线图与时间表。

RCEP框架下国际旅游交流与合作发展论坛
昆明·2022年7月23日

旅游集团要有战略引领力，更要有产品创新力

回顾过去四十多年的旅游业发展进程，关键词是政府主导、资源开发、平台构建和业态创新。进入大众旅游全面发展新阶段，主基调是品质化和多样性、新动能和潮产品。新时代旅游工作重点是大众旅游、智慧旅游、绿色旅游、文明旅游、文化和旅游的深度融合，旅游集团要有战略引领力，更要有产品创新力。

一、中国式现代化进程中的旅游业新思维

习近平总书记在党的二十大报告中明确提出："从现在起，中国共产党的中心任务就是团结带领全国各族人民全面建成社会主义现代化强国、实现第二个百年奋斗目标，以中国式现代化全面推进中华民族伟大复兴"。坚持以文塑旅，以旅彰文，推进文化和旅游深度融合，是当前和今后一个时期旅游工作的重点，也是旅游市场主体发育和旅游产业高质量发展的理论基础和精神动能。

改革开放四十多年来，党和国家对旅游业战略摆位的不断提升，过去五年和新时代十年以国民消费为基础的大众旅游、科技进步和文化赋能，基础设施和公共服务的投资，加上大众创业万众创新的政策支持，我国旅游市场主体快速走过了发育、成长和壮大的过程。回头来看，没有大众旅游的人民性和智慧旅游的现代化，携程、去哪儿、同程、途牛、马蜂

窝、美团、大众点评等在线旅行商，春秋、众信、凯撒等民营旅行社，七天、如家、汉庭等经济型酒店，长隆、方特、海昌海洋公园、横店影视城等主题公园和度假区，黄山、张家界、丽江、周庄等自然和文化遗产类上市公司，还有众多的中央和地方国有旅游集团的资源整合和战略重组，是不可想象的。过去三年，我们过多地关注疫情防控和企业纾困的短期政策，现在是关注旅游市场基本面和旅游产业中长期发展趋势的时候了。从《"十四五"旅游业发展规划》等政策文件和规划文本来看，新时期旅游工作将着眼于需求侧管理，逐步将重心转移到城市，重点放在农村。同时也会更加强调供给侧结构性改革，培育和壮大各类旅游市场主体，持续推进旅游业高质量发展。旅游是经济属性强、市场化程度高的产业，必须尊重市场规律，给市场主体和企业家留出更大的发展空间。现在看来，政府在旅游领域的声音还是太大，行政的力量还是太强，市场主体的竞争力和企业家的创新引领力还没有得到充分发挥，这也是很多地方出现低效项目和闲置资产的深层原因。建设现代旅游业体系，推进旅游业高质量发展，我们需要更多具有强大竞争力和社会影响力的旅游市场主体，特别是具有国际竞争力的旅游集团，需要更多在市场打拼中成长起来的企业家。

包括旅游集团 20 强在内的成千上万的市场主体为旅游产业发展做出巨大贡献，受到各级政府重视和社会关注的同时，也承受了来自政府、业界和消费者的多重审视。这些审视正在倒逼我们重新思考自己在新时代旅游发展战略体系中的角色、地位和使命，重新规划自己的价值取向和发展方向。2009 年 12 月，首届中国旅游集团化发展论坛在深圳华侨城召开，旅游集团开始以独立的姿态登上中国旅游产业创新发展的时代舞台，成为建设旅游强国的强大力量。我们更加认识到：旅游集团从来都不是独立的小圈子，而是相互支撑和相互作用的旅游经济体系的关键节点，是联系旅游产业上下游、合作伙伴与竞争对手、经济社会发展方方面面的商业组织。

在旅游经济和产业生态体系中,旅游集团和上市公司是市场经济发展的必然结果,也是市场活力的必要支撑。与其他市场主体一样,旅游集团既有谋求寡占和垄断的一面,也有推动创新和促进竞争的另一面。旅游领域同样面临如何发挥资本的积极作用并同时抑制其消极作用的现实课题。坚持底线思维,为资本画出红线的同时,也要毫不动摇地支持和引导资本规范健康有序地发展,毫不动摇地鼓励支持引导非公有制经济发展,依法保护各类旅游市场主体的合法权益。现在各省市的旅游发展大会都希望能邀请到旅游集团20强的企业家,区域发展规划也注重听取企业家的意见。这是好事,说明培育了十四年的旅游集团20强品牌得到了广泛认可,但是不能仅仅停留在领导会见、论坛发言、招商引资的层面。要真正做到政治上信任,发展上鼓励,就要让企业投资有钱赚,发展有预期,社会有地位。

二、旅游复苏进程中的旅游集团新任务

旅游集团要重建市场复苏和产业振兴的信心,引领各类市场主体创新前行。疫情终将过去,胜利一定会到来,而且正在到来。从根本上看,对抗经济下行压力,不是财政是否发力,货币是否宽松,而是自然的经济生态系统是否可以保持持续繁荣的内生动力。[①] 如果把旅游业比作海洋生态,我们既要看到"一鲸落而万物生",还要看见"海洋雪(marine snow)"和"鲸

[①] 英国金融时报署名文章《薇娅被罚,并非鲸落下》,转引自中国新闻社《外报动态》2022年第1期。原文中的"鲸落"源于西谚"一鲸落而万物生",比喻行业巨头的退场犹如鲸鱼倒下,可以滋养中小生物。其实,鲸鱼活着的时候,同样是海洋生态系统不可缺失的一环。写到这里,我想到清代诗人龚自珍的《己亥五首·其五》,"落红不是无情物,化作春泥更护花"。古今中外、文理经法,倒多有相顾莞尔之处。

鱼泵（whale pump）"①。要保持旅游产业体系绵延不绝的内生动力，兼具虹吸能力和外溢效益的企业集团就是必不可少的物种，其存在本身并不会从根本上抑制竞争。相反，在寻找竞争优势的过程中，旅游集团、大型上市公司和头部企业还会通过供应采购、服务外包、内部创业孵化，以及走向产业资本或者金融资本属性的对外投资，进而对中小微型企业和个体工商户进行交易驱动型增长。在旅游经济进入复苏增长的新阶段，旅游集团的战略规划和市场创新，包括企业家和领导者的言论，都应当与中央部署和国家战略相向而行，最大限度彰显旅游市场复苏的信心和产业振兴的能力。旅之大者，为国为民，沧海横流，方显英雄本色，本就是旅游集团该有的样子。

旅游集团不能寻求垄断地位，而要培育可持续发展的竞争优势。竞争中立是市场经济国家经济立法的基本理念。②2022年，《中共中央　国务院关于加快建设全国统一大市场的意见》标志着竞争中立已经从理念导入转入市场实践。从近几年国家反垄断调查和执法结果来看，行政执法机构对大企业利用市场力量实施强制"二选一"、自我优待、收取不合理费用、大数据"杀熟"、哄抬物价等行为被严肃处理，明确表达了维护中小微型企业和消费者合法权益的价值取向。当前和今后一个时期，国家将进一步强化经营者集中的反垄断审查，更加关注大企业通过收购初创企业、消灭竞争

---

① 在海洋生态系统中，养料的有无是一个关键限制因素。条件好的地方，植物和动物生活在海洋表层的水中，它们死后的尸骸作为"海洋雪"不断下沉，若不是鲸鱼的作用，大洋的很多地方依旧是广袤的蓝色沙漠。体积庞大的鲸鱼下潜进食、上浮排便都会带来周边海水的大幅波动并增加周围海水的营养成分，这种被称为"鲸鱼泵"的鲸排便行为是维持大洋养分充足的一个重要过程。见［英］大卫·爱登堡著，林华译，《我们星球上的生命》，中信出版集团股份有限公司，2021年6月第1版。

② 竞争中立又称"竞争中性"，从全球范围的国内立法、区域共同体立法、国际软法和多边经贸规则的文本来看，主要包括国有企业公司化改革、税收中立、信贷中立、监督中立、债务和补贴中立、公共采购中立、透明度、反垄断等内容。本段内容参考了《中国经济社会论坛》2022年第5期封面文章《坚持竞争中立，营造各类市场主体公平竞争的市场环境》，作者为张茅。

对手、扼杀技术创新的"猎杀式收购",包括旅游集团、上市公司和OTA等大型平台企业,必须也只能把更大的资源和精力投入到技术创新上来。

在市场经济条件下,旅游企业也会出现"集团恐惧症",比如一些"互联网+旅游"的创业团队经常要回答风险投资者的灵魂拷问:如果阿里、腾讯、携程进入这个赛道,你怎么办?我想和各位企业分享三个基本观点。一是市场竞争甚至是生死存亡的残酷竞争本是市场经济的常态,也是创业创新的魅力之所在。温室里长不出参天大树,只有在国际国内旅游市场的大风大浪里反复试错,才可能成长为世界一流的旅游集团。二是国家的反垄断法律体系越来越完善,政府的宏观调控和微观监管能力越来越现代化,独占、寡占和滥用市场权力的空间越来越小。旅游集团做大了,就不能只盯着旅游系统和旅游行业的小圈子,更要着眼于作为市场主体的共性,在法治和规则的框架内规划可持续发展新路径。三是从业态创新和项目创业的历史来看,那些专精特新的小微型企业终将成功应对大集团的在位优势,并在长期竞争中突围而出,成为新的头部企业。这也是我多次强调的观点:旅游业没有天然的嫡系部队,也没有永远的主力军。谁为国民大众的旅游权利而奋斗,谁就是旅游业的嫡系部队;谁能够真正推进文化和旅游深度融合和高质量发展,谁就是旅游业的主力军。

旅游集团要做科技创新的带头人和数字化转型的引领者,持续推进旅游创业创新。党的十八大以来,我国制造业增加值连续12年保持世界第一,超过60个国民经济大类已经广泛开展数字化转型工作,并由生产、管理等单点应用走向横跨产业链、供应链的全环节深度变革。[①] 数字化转型正在为企业带来更高的生产运营效率、更快的市场响应水平和更大的价值创造。在车联网领域,从"辅助泊车"到"自动驾驶",从"无人物流"

---

① 王政、韩鑫,《强链补链 数字转型》,载《人民日报》2022年3月21日第7版。

到"自动送餐车",一直在对自驾旅游的出行方式、实体空间和消费场景进行更新改造。随着"科技冬奥"的创新成果进入商业应用阶段,游客可以通过VR(虚拟现实技术)设备零门槛体验雪橇、高山滑雪等专业运动项目,从而扩大旅游消费的科技供给。本届论坛发布的"潮品牌 新势力——2022中国旅游创业创新案例",特别是澳门新濠国际的特别案例和竞鹅电竞酒店等30个精选案例,可以说是新生代旅游力量的一次集中展示。希望各大旅游集团领导人从中看见旅游业生生不息的未来,也看见传统业态危机四伏的当下。在推进技术、人才、资金等各类要素向主业集中的同时,加速推进科技创新和数字化转型,积极布局战略性新兴业务。

  旅游集团要与小微型企业共建新型旅游产业生态,包括上游的供给商和下游的分销商,也包括景区度假区和旅游休闲综合体周边的个体工商户。习近平总书记指出,"现代化经济体系,是由社会经济活动各个环节、各个层面、各个领域的相互关系和内在联系构成的一个有机整体"。小微型企业和个体工商户是现代旅游生态体系不可或缺,也不可替代的有机组成部分。截止到2022年6月,我国共有实有市场主体1.61亿户,其中私营企业0.46亿户,个体工商户1.08亿户,占市场主体总量的95%以上,贡献了50%以上的税收,60%以上的国内生产总值,70%以上的技术创新成果,80%以上的城镇劳动就业,即我们常说的"56789"。为什么迪士尼选择上海,环球影城选择北京,海昌、长隆、银基也选择了大都市?除了高频次的本地休闲消费,完善的供应和分销体系,以及都市内生的高素质专业群体推动的创业创新等都是关键要素。如何帮助小微市场主体和个体工商户渡过难关,需要多样政策精准滴灌,也需要旅游集团和平台企业与国家战略相向而行,发挥更大的作用。从这个意义上讲,帮助小微型企业,也是在帮助旅游集团、上市公司和大企业。现在很多大集团和平台公司都成立了自己的研究机构,当然可以通过数据报告提升所在集团和平台的影响力，也可以关注公共政策，但是最应当扮演的角色应当是旅游集团发展的瞭望哨和参谋部。我们还将在2023年的旅游科学年会上与企业家和业界朋友重点讨论这个话题。

旅游集团要统筹入境、出境和国内旅游市场，利用国际国内两种资源，高水平建设世界一流企业。早在2011年，第三届中国旅游集团化发展论坛就围绕"旅游集团的国际化发展"主题进行了充分研讨并形成共识：用好境内境外两个市场和资本、技术、管理多种资源，是旅游集团国际化成长的商业逻辑，也是旅游强国建设的必由之路。高速增长的中国公民出境旅游市场和海外消费，更为旅游集团国际化增添了信心和力量。先后在纽约证券交易所、纳斯达克、香港证券交易所上市的如家、七天、华住、亚朵、携程、去哪儿、开元，并购海外资产或者与国际投资机构战略合作的锦江、海昌等旅游集团已经积累了跨国经营的经验和人力资源储备。更多具备条件的旅游集团正以塑造全球影响力、世界知名度的服务品牌为目标，构建务实高效的跨国公司管理体系。为实现世界一流旅游集团的建设目标，我们就不能只把目光聚焦于国内，而是要增强面向全球的资源配置和整合能力，将我国超大规模市场优势转化为国际竞争优势。要下决心培育一批旅行服务、旅游住宿、旅游景区和度假区、旅游演艺和文化娱乐领域具有全球产业链供应链的"链主"企业。进一步强化企业社会责任，构建员工收入、游客满意度、社区和企业发展动态平衡的创新体系，为共商共建共荣的世界旅游共同体贡献中国智慧和中国经验。

三、世界一流旅游集团建设进程中的产品创新

产品创新是坚持以人民为中心的发展理念，推进文化和旅游深度融合的必然要求。每家企业创立之初，都是为了解决消费者和生产者某个具体痛点，并以产品或服务的形式成为交易对象。在市场经济条件下，正是旅游

产品丰度的指数级增长推动了旅游业的繁荣和高质量发展。如果没有好的产品，再好的理念也无法落地，文化和旅游深度整合也将无从依托。从近三年的情况来看，那些逆势增长的公司时刻都在关注面向终端的产品和游客感知的服务。从世界商业史的视角看，所有伟大的公司都是面向消费终端的公司。关注产品得客源，得客源者得天下。世界一流企业从来都不是哪个机构发个牌子评出来的，而是消费者用脚投票投出来的，是市场竞争出来的。

产品创新要求旅游集团更加关注需求变迁，将更多资源配置到产品研发上来。没有游客认可的产品作支撑，业务条线和事业群就会只停留在概念层面。多年以来，受益于对外开放、经济增长和消费扩张等一波又一波的红利，包括旅游集团在内的多数市场主体卖的是自然和历史文化资源，而不是真正的旅游产品。时代变了，是旅游者在定义旅游业，而不是旅游业在定义旅游者，这句话的内涵是消费需求在推动产品创新和产业进步。从这个意义上讲，优秀的企业家一定是卓越的产品经理，产品创新是旅游人的 DNA，要渗透到血液中。新时代的旅游集团必须重构核心产品的市场竞争力，用创新产品去满足需求，用高品质服务去引领市场。消费是理解旅游经济的钥匙，市场是旅游集团的生存基础，只有高效率地满足需求，才能真正地引领市场。

产品创新要求旅游集团重构愿景与使命，努力成为满足人民美好生活需要的旅游休闲运营商。无论是国企还是民企，旅游集团都要在商言商，靠产品和业绩说话，不能有大企业病，更不能总想着自己是什么级别和什么规模的企业，甚至去谋求商业机构不该谋求的权力。企业是面向市场的，不了解游客的消费需求，无法持续迭代产品的企业是长不大，也长不了的。勉强活下来，也是徒有其名罢了。要多看看国内外的小微型企业，特别是小巨人、独角兽、瞪羚等创业型企业在做什么。也许它们现在还是工业企业、农业企业、互联网企业、传媒和时尚机构，但是只要他们开始为旅游者提供旅游行程服务和目的地生活保障，它们就会成为旅游集团的友商或者竞争者。面对来自科技、文化、艺术、设计等领域跨界而来的创新力量，请放手让年轻人做他们想做的事，让听见枪声的人当前线指挥官吧。企业家不是培养出来的，产品不是冥想出来的，都是残酷竞争的结果。希望更多旅游集团的领导者和企业家能够成为最优秀的产品经理，让更多现象级产品承载旅游人的商业梦想。

现在，我代表中国旅游研究院课题组宣布2022年中国旅游集团20强名单[1]，他们是：中国旅游集团、华侨城集团、首旅集团、中青旅控股、美团网、河北旅游投资集团、山西省文化旅游投资控股集团、锦江国际（集团）、复星旅游文化集团、携程集团、华住集团、上海春秋国际旅行社（集团）、上海景域驴妈妈集团、南京旅游集团、同程旅行集团、浙江省旅游投资集团、杭州商旅（运河集团）、开元旅业集团、祥源控股集团、安徽省旅游集团、黄山旅游集团、福建省旅游发展集团、山东文旅集团、江西旅游集团、湖北省文化旅游集团、广州岭南商旅投资集团、四川省旅游投资集团、明宇实业集团、陕西旅游集团。

致敬，国家旅游业第一方阵！

为了人民的旅游权利和美好生活，前进！

2022中国旅游集团化发展论坛
北京·2022年12月12日

---

[1] 从2009年开始，中国旅游研究院与中国旅游协会联合发起旅游集团专项调查，迄今已连续开展14年。根据企业申报、诚信背书的原则，按照营业收入单一指标确定入围名单。由于存在营业额相同的可能，每年最终入围的旅游集团在20~30名。入围后的旅游集团20强排名按先中央后地方的原则排列，中央企业根据国务院国资委对央企的排序；地方企业根据注册地，按国家统计局公布统计数据时地方先后顺序排列；同一省市按照先国有后民营，同地同类企业按营业收入规模排列。

数字化是旅游业未来的发展动能
更是当下的生存要件

经过四天的主题发言、专题研讨和专业分享，以中小微型旅游企业和从业人员数字化转型为主题，亚太经合组织牵头举办、中国旅游研究院联合组织的研讨会圆满完成了所有议程，今天胜利闭幕了！

我代表中国旅游研究院和联合主办方，向所有发言嘉宾、培训专家和与会代表致以最诚挚的谢意！你们的精彩发言、专业分享和积极参与，有效地促进了 APEC 经济体之间的交流与合作，为致力于数字化转型的中小微型旅游企业和从业人员提供了前瞻性思想和实践性案例，也为走向复苏的旅游业注入了信心和动能。

本次研讨会上，来自 APEC 各经济体的旅游中小微企业负责人、从业者、旅游科技创新平台和专家学者分享了如何利用数字工具和现代科技应对疫情影响的成功经验。俄罗斯联邦旅游署专家顾问德米特里·彼得涅夫（Dmitry Peternev）先生、秘鲁外贸和旅游部工业设计师维克多·弗洛因特（Victor Freundt）先生、中国香港特别行政区旅游发展局总干事程鼎一（Dane Cheng）先生，分别介绍了各经济体在推动旅游业数字化转型的措施、成就和经验，对于包括中国在内的 APEC 各经济体在旅游领域的数字化转型和现代化建设提供了宝贵的经验。两位培训专家谷歌公司的高级客户经理都铎·玛丽安（Tudor Marian）先生和LETS公司的社媒营销经理王宣竟女士分别就旅游中小微企业融入数字经济、从业人员如何利用数字工具，进行了有针对性的培训和专业指导，在这个炎热的夏季为旅游业下了一场及时雨。

我要向APEC秘书处、旅游工作组、中国文化和旅游部国际交流与合作局，表示崇高的敬意！2021年11月，中国文化和旅游部牵头组织，中国旅游研究院申报的中小微型旅游企业数字化转型项目正式获批立项，这也是中方在文化和旅游领域首次获批APEC立项。从筹备、立项、推进到展开，获得了有关机构和部门领导特别是APEC秘书处项目主任丹尼斯·乌尔塔多·莫拉莱斯（Danisse Hurtado Morales）女士、项目执行干事德维·普拉梅斯瓦里（Dwi Prameswari）女士、中国文化和旅游部国际交流与合作局副局长封立涛先生、多边处处长王艳杰女士的大力支持和专业指导，为本次研讨会的胜利召开和下一步的工作提供了坚强的组织保障。

我还要向我的同事刘祥艳博士和项目研究团队、参与项目调研的旅游企业，以及中方工作组的全体人员表示衷心的感谢和热烈的祝贺！你们的才情和努力、理解与认同、付出和配合，是调研展开和会议举办的关键支撑。在沟通和交流的过程中，你们对旅游业的理解、对数字化的认识、对旅游业发展的信心，都给我留下了极其深刻的印象。任何时候，人都是最宝贵的资源，有了这样的队伍，旅游业就没有战胜不了的困难，就没有应对不了的挑战，就一定能够迎来旅游复苏和产业繁荣的明天。

女士们、先生们，今天的旅游业，已经不可逆转地进入了数字化驱动的现代化进程。积极融入数字经济，面向以人民为中心的大众旅游和现代化导向的智慧旅游，综合运用5G、移动通信、大数据、人工智能、区域链、元宇宙等当代技术，推进旅游业高质量发展，已经成为我们必须回答，而且要回答好的现实课题。

希望APEC各经济体旅游主管部门、旅游商会、行业协会用好本次会议成果，促进中小微型旅游企业和从业人员的数字化转型。今天，数字化已经不是写在书本上的概念，也不是实验室仿真的技术，而是实实在在的生存能力和发展动能。政府和行业组织得告诉业者一个真实的世界：经此一疫，旅游业回不到过去了，"人山人海吃红利、圈山圈水收门票"的时代一去不复返了。如果我们继续抱着"旅游业是劳动密集型、经验驱动型的行业"的传统观念，将无法立足于文化引领、科技赋能、创业创新的新时代。

希望APEC各经济体的教育和研究机构、行业媒体和意见领导者，在更大的范围内宣传会议成果，为中小微型旅游企业的数字化转型构筑更加广泛的社会基础。相对于经验和传统，探索和创新并不是件容易的事。中小微型企业是包括中国在内的全球旅游业的基础支撑，也是最有活力和韧劲的基干力量。如何增强广大中小微型旅游企业、个体工商户、自由职业者、灵活就业者的数字化思维，加快其融入数字化进程的信心和希望，分享数字化转型的宝贵经验，需要包括研究机构、大学和职业院校、培训机构、行业媒体和互联网平台的共同努力，更需要全球范围的知识分享和共商共建。

希望课题组以及以任何方式参与本项目的公共部门和商业机构，坚持问题导向，以高质量的研究成果为APEC各经济体的投资机构和中小微型旅游企业提供务实而专业的解决方案。习近平总书记指出："广大科技工作者要把论文写在祖国的大地上，把科技成果应用在实现现代化的伟大事业中。"成千上万的旅行社、在线旅行商、民宿、分享住宿、旅游零售、休闲娱乐等中小微型旅游企业和从业人员，需要技术创新、市场创新和产品创新以提升抵御风险的能力。我们需要想他们之所想，急他们之所急，多做些雪中送炭而不是锦上添花的事情。疫情终将过去，通过数字化转型有效提升中小微型旅游企业的国际国内市场竞争力，是旅游智库和研究机构的分内之责，应尽之职。

女士们，先生们，当前，全球旅游业正在走出新冠疫情的影响，中国也正在进入统筹疫情防控和复工复业的新阶段。从国际航班复航数量和签证、移民、口岸等政策更新来看，入出境旅游市场也有望迎来新的利好预期。研讨会的闭幕并不是研究项目的结束，而是推进旅游领域国际交流合作特别是数字化转型的新起点。中国旅游研究院将继续与APEC秘书处、旅游工作组保持密切沟通，与各位嘉宾及时联系，持续跟踪旅游领域中小微企业和从业人员的创新实践，为世界和中国旅游经济繁荣提供更加有力的理论支撑和数据保障。

谢谢！

APEC旅游中小微企业和从业者个人数字化转型主题研讨会
北京·2022年7月22日

元宇宙＋旅游：未来的视角与当下的主张

一、元宇宙，与旅游有关吗？

互联网来了，有人说互联网与旅游没有关系。你能在网上订票，能在网上坐车、住店和吃饭吗？能看出山河壮丽和历史厚重吗？"祖国山河美不美，全靠导游一张嘴"，才是正解嘛。而今，互联网让世界变成了地球村，互联网也成为人类的共同家园。中国已有10亿多互联网用户，"无预约，不旅游"已是广为接受的消费习惯，那些为买张飞机票还要倒儿趟公交车到西单大厦，为过年回家而到处求人买一张火车票的时光，早已经成为历史深处的记忆。后来，携程创业了，去哪儿兴起了，途牛跟进了。有人说OTA（在线旅行商）与旅游没有关系，做旅游还是得靠人与人面对面的服务，没有线下的服务就不可能有线上的销售。再后来，马蜂窝、小红书、美团、抖音也进场了，有人还是说它们与旅游没有关系，总觉得掌握资源才是王者。今天，他们看着身边越来越少的客户，多么希望政府反垄断反到把平台拆掉，一切都能回到最初的模样！可是他们不明白，就算禁止了所有的出租车和共享汽车，人们也不愿意再坐回人力三轮车。有没有这次疫情，旅游业都不可能回到过去了。

风起于青萍之末，任何对新生事物的漠视都可能带来商业上的失败，甚至被滚滚向前的时代列车抛出。柯达胶卷、诺基亚手机、飞鸽自行车，哪一家企业不努力？十里红妆、华阴老腔、燕京八绝，哪一项非遗没有辉煌过？平遥、丽江、婺源、西塘、青岩，哪一座历史文化名城古镇没有经历过盛世繁华？曾经的五星级酒店、AAAAA级景区、国家优秀旅游城市，哪一个不曾发愿做永不落幕的金字招牌？五岳归来不看山，黄山归来不看岳啊！谁也没想到2022年国庆节首日的九寨沟只有1名游客，其中当然有疫情的原因，但又不完全是。当我们看到那么多的游客为玲娜贝尔而去了迪士尼，为了哈利·波特而去环球影城，为了奥特曼而去海昌海洋公园，为了马戏节而去长隆，还会幻想"人山人海吃红利、圈山圈水收门票"的昔日重来吗？也许有人会说，那些只是主题公园或者是度假区，而不是旅游景区。但是，游客的闲暇时间和消费预算真真切切被这些场景、内容和空间分走了，至于它们是不是旅游业，还是把决定权交给游客吧。正如我在疫情期间反复说过的这句话：旅游者定义旅游业，而不是相反。

今天，元宇宙来了。

二、元宇宙是什么？不是什么？

元宇宙概念起源于1992年科幻小说《雪崩》，随着Facebook改名为Meta，宣称全面转型元宇宙公司，元宇宙概念开始转向商业导入期。中央的信息与工业化、金融、文化和旅游等主管部门，上海、浙江等地方政府通过召开座谈会、专题调研等方式予以关注，进而通过政府文件和投资项目推进，加上文化、时尚和财经媒体的助力，元宇宙终成当下热词。2022年11月举办的第五届中国国际进口博览会上，微软和西门子基于智能云的"工业元宇宙"及智能化工厂、智慧供应链、车联网、自动化营销及用户协同，充分展现了科技改变包括旅游在内的生产体系和生活方式的无限可能。①

元宇宙是一个"码农"和工程师联手打造的数字世界，这个数字世界以社交网络为基础，以现实世界为原型，以开放生态为理念，整合了5G、VR（虚拟现实）、区块链、物联网、人工智能等信息技术，并能够为生产者和消费者所感知。根据科学家的意见，这个数字新世界需要经由数字孪生、数字原生和虚实相生三个阶段才可能最终建成。首先是数字孪生，即生成一个现实世界的数字映射，人们在真实世界能做的事，比如聚会、上学、会议均能在这个映射中完成。疫情期间广泛使用的线上会议已经改变了商务旅行的方式，等这个映射世界建成后，还会改变人们更多的生产和生活方式。其次是数字原生，元宇宙将逐步出现现实社会所没有的元素，例如元宇宙社会信用、人际关系、发声通道，以及一些数字化、虚拟化的全新商品，这将对现在的社会组织方式带来重大改变，催生更深层次的数字化属性。最后是虚实相生，现实世界和元宇宙世界将平行存在，甚至逐渐形成现实世界满足基本物质需求，元宇宙世界满足更高层次精神需求的结构，社会属性、法律体系和人类文明将在数字世界中持续演化，并终将形成全新的规则。

需要强调的是，元宇宙不是VR游戏而是生态环境，不是互联网社交平台升级版而是数字化工具创造的新世界，不是开个研讨会、发个宣言、搭个平台就能让理想照进现实的乌托邦，而是需要科学实验、研发、生产、推广、销售多个环节的试错创新过程。元宇宙本身仅提供数字世界底座及强大的开放能力，需要众多的第三方开发者才能构建元宇宙世界的丰富形态，这个宇宙的极限是人类的想象力而不是物理规律，当然也包括旅游形态。从这个意义上讲，元宇宙是数字生活新空间，是信息加工、内容

---

① 姜泓冰，《首发首展首秀　科技改变生活》，载《人民日报》2022年11月9日第2版。

创造、场景营造、要素组合等旅游生产方式的颠覆者,是游前体验、行中增值、游后驻留、社交互动的旅游消费创新的昭示者。

三、元宇宙可以做什么?不可以做什么?

天下没有包治百病的灵丹妙药,商场上也没有一本万利的生意和包赚不赔的买卖。导入一个概念、跟进一波广告,靠人口红利和信息套利挣快钱的时代已经过去;靠知识、技术、产品、服务获得市场认可,做阳光下生意的现代商业时代已经到来。这个时代是属于千千万万游客的,是由千千万万旅游人创造出来的。对于广大年轻业者来说,不必为太多的陈旧观念所束缚,"这个世界是我们的,也是你们的,但是归根结底是你们的"。为这句话感召而前行的时候,还需要提醒两句话,一是未来的世界属于泛指的"你们",而不是特指的"你",二是这个充满幻想的美丽新世界不可能念句"芝麻开门"的咒语就豁然洞开,而是需要每个人为之殚精竭虑地奋斗。

分工与专业化是市场经济的概念基石,市场规模决定了分工与专业化,而分工与专业化又反作用于市场规模。前者是静态的观点,后者是演化的,也是辩证的理念,而连接二者而成"斯密—杨格定理"者,科技进步也。①在大众旅游全面发展的新阶段,大基数、稳增长和低消费是旅游市场基本面,科技应用和商业创新不可能脱离这个基本面。在小康旅游的时代进程中,社群经济与个性化、产品迭代与时尚性、现代服务与品质

---

① 经济学意义上的"斯密—杨格定理"完整表述为:分工取决于市场规模,而市场规模又取决于分工,经济进步的可能性就存在于上述条件中。进一步的理解可参阅劳动分工、迂回生产、报酬递增、规模经济、不完全竞争、外部经济、交易成本、技术经济等概念和理论。本文的引介是为了说明科技创新在扩大消费和建设现代旅游业体系的作用。有兴趣的读者可参见《国富论》《报酬递增与长期增长》等经济学经典论著,或者经济思想史领域的教科书。

化，构成了面向未来的消费趋势，人工智能、大数据、区块链、元宇宙代表的科技创新则是这个趋势走向现实的直接推动者。

从概念导入到市场培育，再到商业量产，有一个很长的链条，而且需要实验室经济、产业园区、资源商、生产商、分销商，以及众多的配套商家共同构成的产业生态做支撑。任何过度强调某一新要素的特殊作用，而有意无意忽视其赖以生存的生态体系、市场基础和要素协同的想法，都是极其危险的。任何把"说了等于做了，做了等于做成了"，把可能当作必然的言论更是值得警惕的。在接受那些诉诸感性的名词之前，我们需要建构必要的商业理性，以科学的态度对待科学，以真理的精神追求真理。处于研发和创新第一线的企业，要着手搭建数字员工团队，结合数字人、人工智能、大数据等技术，从市场调查、产品设计、推广与营销、安全评估与风险控制等领域入手，构建数字化员工体系。当且仅当趋势为企业家所了解，科技掌握在一线员工的手中，元宇宙才可能成为现实的生产力。现在的问题是，旅行社、酒店、民宿、景区、度假区、主题公园、水上乐园等市场主体，历史文化街区、古村古镇、旅游休闲城市的建设者，甚至科研院所和高等院校的赋能者，对元宇宙的概念还一知半解，提不出明确的转型需求，更不用说清晰的商业模式了。在既不知己、也不知彼的情况下，无论是"+"别人，还是让别人来"+"自己，终将落得个"人散后，一钩淡月天如水"的萧索吧。

四、元宇宙 + 旅游，未来的视角与当下的主张

我们要关注科技视角下的旅游活动，也要关注旅游业现代化进程中的科技动能。绝大多数情况下，旅游只是科技创新的应用者，而非原始创新者。一方面，大众旅游多样化和品质性需求，为科技创新提出了全新的命题，提供了现代服务业的主战场，任何脱离需求的科技创新都会失去市场

的支撑。另一方面，科技创新在充分满足现有需求的同时，也在发现潜在的需求和创造新的需求。留声机的出现让人们在旅程中的休闲娱乐有了更多的选择。①蒸汽机和导航系统的出现，让跨越大西洋的邮轮旅游成为可能，喷气式飞机让环球旅行的梦想照进了普通人的现实。互联网的每一次浪潮都催生了一批商业巨头，以 Facebook/Meta 和微信为代表的社交平台、以阿里巴巴为代表的电商平台，都是互联网浪潮中胜出的典型业态。其本质是成功把握风口，构建生态，最终控制流量入口，从而构筑数字世界的庞大帝国。流量入口的重要性如同古代的渡口、关隘和驿站，今天的港口、车站和机场，没有这样的流量入口，再好的资源也无法转化为产品，终落得个"养在深闺人未识"的叹息。今天，智能手机操作系统的生态开放性，让更多的旅行 APP 被开发出来，进而改变了人们的旅行方式和组织形式。

我们更要放手让企业和企业家，特别是年轻人去创业、去创新、去创造无限的可能。新技术替代旧技术，掌握新技术的企业家以新型商业模式驱逐建构于旧技术之上的传统商业模式，是商业演化的必然规律。任何时候，企业和企业家都是旅游创新的第一推动力。元宇宙旅游也好，旅游元宇宙也罢，我们既没有办法坐在书斋里想象，也没有能力在实验室做出一个放之四海而皆准的模子出来。当然，也没有可能通过文件从头到尾、从小到大地规划出来。在线旅行服务的业态创新是由携程、去哪儿、马蜂窝等科技企业定义的，经济型酒店是如家、七天、汉庭等旅游住宿领域的创业者塑形的，实景演出是由《印象·刘三姐》《宋城千古情》《又见平遥》

---

① 社会对新生事物有一个接受的过程，往往越是封闭的社会接受越慢。1877年爱迪生发明了首台留声机，第二年在巴黎世博会与电话机一道展出，而中国的外交官马建忠等人则认为"虽奇巧而不甚灵便，只为游戏玩耳""徒骇见闻，究无大益"。——郝秉键，《留声机在晚清中国的传播》，载《清史参考》，2022 年第 39—40 期。

开创，并由《南京喜事》《武汉知音号》《相见·沱江》迭代的。中国旅游研究院于12月11日在京发布的"潮品牌 新势力——2022中国旅游创业创新精选案例"所展示的电竞酒店、美术馆酒店、公交车火锅、我们的片场等项目，都是由跨界而来的年轻人创造的，惊艳了游客，更鼓舞了业者。"元宇宙＋旅游"的业态发育也将遵循这个已经为历史所证明，也将为未来继续证明的市场规律。随着更多年轻人的进入，旅游业将不再哭穷卖惨，而是变得更有力，也更温暖。

要守住意识形态和文化安全的底线，也要对一切新生事物保持好奇的关注，就像园丁守护花儿的成长。对于尚未完全看清楚的新生事物，我们可以给予更多的关注，但是不必马上就去规范，因为这可能会让旅游业失去无限的可能性。1839年，达盖尔在巴黎向全世界公布了他发明的摄影术，法国政府买下了这个专利并向世界免费开放，但是画家群体对此难以接受。有的画家愤怒了，有的画家意志消沉了，也有的画家特别是肖像画家则立刻扔掉画笔转行做了摄影家。有意思的是，接下来出现的是摄影家对绘画的模仿，即画意摄影主义或超现实主义摄影。再往后，写实性的描写完全交给了摄影，绘画则着力表现比人类存在更深刻的那部分内容。如果没有摄影技术的诞生，就不可能有印象派绘画的出现。[①] 艺术史、科技史和商业史都反复证明并将继续证明：至少在创新这件事上，父系思维要不得，否则要么是未老先衰，要么是长不大的巨婴。只要守住了意识形态和文化安全这条底线，我看不妨让更多人沿着更多可能的方向去探索。

在中国式现代化推进中华民族伟大复兴的战略进程中，坚持大众旅游的人民性和智慧旅游的现代化，汇聚包括互联网、大数据、人工智能、区块链和元宇宙在内的新要素、新动能、新模式，坚持稳中求进的主策略和

---

① ［日］杉本博司著，林叶译，《艺术的起源》，第188—189页，北京：北京日报出版社，2022年1月第1版。

场景建构的大方向，以现代服务伦理和现代商业模式，不断满足人民美好生活的新要求。这是我们对"元宇宙+旅游"未来的视角，也是当下的主张。

2022 中国旅行服务发展论坛

开封·2022 年 12 月 24 日

整合冬奥遗产资源，构建冰雪经济新格局

2021年1月20日，习近平总书记主持召开北京2022年冬奥会和冬残奥会筹办工作汇报会，做出"要积极谋划冬奥场馆赛后利用，将举办重大赛事同服务全民健身结合起来，加快建设京张体育文化旅游带"的重要指示。冬奥会开幕前夕，文化和旅游部会同国家发展和改革委员会、国家体育总局联合发布了《京张体育文化旅游带建设规划》（以下简称《规划》），为指导当前和今后一个时期京张体育文化旅游带建设提供了纲领性文件。

发展冰雪休闲和冰雪旅游，是实现奥运遗产创造性转化、创新性发展的有效路径。冬奥会和冬残奥会留下的不仅是体育文化遗产，还可以成为冰雪经济资产。法国的夏蒙尼、瑞士的圣莫里茨、奥地利的因斯布鲁克、挪威的奥斯陆—利勒哈默尔、俄罗斯的索契、韩国的平昌，以及美国和加拿大的冬奥会、冬残奥会主办城市，往往赛前就是滑雪度假胜地，随着奥运效应的释放，赛后更会吸引世界游客纷至沓来，进而带动当地的经济社会发展。北京和张家口作为2022年冬奥会和冬残奥会举办城市，建设了一批高水平的场馆和交通基础设施。除了赛时服务，也留下了极为难得的奥运遗产，这些比赛场馆、服务设施和交通基础设施，为发展冰雪运动、冰雪休闲和冰雪旅游提供了宝贵的资产。如何将京张两地的25个奥运场馆、21个公众滑雪场，以及6项世界文化遗产和众多的文物保护单位和非

遗项目、高等级旅游景区和度假区、乡村旅游重点村镇等体育、文化和旅游资源整合起来，更好地满足人民群众对美好冰雪生活的新需求，是《规划》必须回答，也要回答好的时代答卷。对于冰雪经济尚处于起步期的我国来说，奥运遗产要转化成为奥运资产，离不开科学合理的规划设计和市场培育。

服务人民对美好生活和冰雪休闲的向往，巩固"三亿人参与冰雪运动"成果，夯实京张体育文化旅游带的国内市场基础。世界冰雪经济的发展经验表明，当且仅当冰雪项目成为国民大众的常态化消费，冰雪经济才具有可持续发展的市场基础。国家体育总局数据显示，2015年北京成功申办冬奥会以来，截至2021年10月，全国冰雪运动参与人数为3.46亿人，居民参与率达24.56%，实现了"带动三亿人参与冰雪运动"的目标。据文化和旅游部数据中心测算，全国冰雪休闲旅游人数自2016—2017冰雪季到2021—2022冰雪季年均增长率达12.5%。随着全面小康社会的建成，大众旅游进入全面发展的新阶段，旅游休闲成为城乡居民的刚性需求，冰雪运动、冰雪文化、冰雪休闲和冰雪旅游正在迎来大有可为的战略机遇期。群众性冰雪消费是赛后场馆利用的市场基础，也是京张体育文化旅游带建设能否成功的前提和保障。为此，《规划》通过推广冰雪运动、拓展全季旅游运动等方式建设全民健身引领地。支持举办中国冰雪大会、欢乐冰雪季、冰雪运动会、户外运动节等参与性广、体验性强的活动，不断浓厚发展冰雪经济的社会氛围。

优化空间布局，强化项目支撑，研发优质冰雪旅游产品，完善京张体育文化旅游带的创新供给体系。跨不同层级行政区划的旅游品牌共建共享，是世界难题，既需要科学的顶层设计，也需要地方的实践创新。《规划》借鉴了长征、大运河、黄河、长城、丝绸之路等文化旅游带的建设经验，提出了"一轴串联、三核引领、六区联动"的空间布局，涵盖了朝阳

等"双奥"遗产、长城国家文化公园、石景山区等地的工业遗存、延庆等地的生态休闲、张北等地的草原生态运动，以及城市时尚生活等文化元素和旅游资源，让沿线各区县都有获得感和参与度。为方便城乡居民和外来游客参与冰雪休闲和旅游消费，《规划》以京礼高速、京藏高速、京新高速和京张高铁等主要交通干线为主轴，发挥交通大动脉的带动作用，构建京张两地和沿线区县的资源整合和经济互动。在项目建设上，《规划》强调共筑文化发展高地，整合鸟巢、水立方、冰丝带、雪如意、奥林匹克塔等双奥遗产，长城国家文化公园、京张铁路沿线文物资源，首钢工业园、石景山热电厂等工业遗产，承载民族复兴、人民幸福中国梦的社会主义先进文化资源，既要打造旅游休闲的实体空间，也要培育时尚、活力和未来感的优质旅游产品。有了空间和项目规划，还需要营造良好的市场环境，比如土地、财税、金融政策的配套，引进和培育旅行服务商、文化创意机构、科技创新公司、景区、主题公园、度假区、酒店和民宿等市场主体，推进冰雪经济的高质量发展。

引进品牌冰雪赛事，加强海外入境旅游的宣传推广，拓展京张体育文化旅游带的国际发展空间。《规划》从引入国际雪联系列赛事、建设国际一流体育大学、国际冬季运动（北京）博览会、举办高规格国际专题论坛品牌项目等方面提升冰雪运动的影响力。支持开展单板滑雪、空中技巧等有较强观赏性的精品冰雪竞赛活动，积极引入电子竞技、竞赛展演、时尚运动等特色赛事展会，推动品牌赛事的多元化发展。发挥文化和旅游系统的海外平台优势，依托"北京入境旅游全球战略合作伙伴计划"平台，用好 144 小时过境免签政策，开展整体对外交流和宣传推广。为此，我们还需要从旅游目的地建设和品牌培育的视角，加强文化引领和科技创新，发展智慧旅游，不断提升旅游治理水平和游客满意度。培育美食、美宿、美景等更多的"旅游+"和"+旅游"要素支撑体系，让海内外游客有可触达的消费场景和切实的旅游休闲获得感。金杯银杯不如游客的口碑，越来越多的游客到此打卡、消费和好评之日，就是京张体育文化旅游带建成之时。

评《京张体育文化旅游带建设规划》
北京·2022 年 2 月 8 日

国家级旅游休闲城市的建设方略与襄阳样本

党的十九届六中全会提出"建设一批富有文化底蕴的世界级旅游景区和度假区,打造一批文化特色鲜明的国家级旅游休闲城市和街区"。2021年3月11日,十三届全国人大四次会议表决通过了《中华人民共和国国民经济和社会发展第十四个五年规划和2035年远景目标纲要》(以下简称《"十四五"规划》)。承载国家意志的《"十四五"规划》第十篇"发展社会主义先进文化,提升国家文化软实力"第三十章"健全现代文化产业体系"的第二节"推动文化和旅游融合发展",以"加强区域旅游品牌和服务整合"引出国家级旅游休闲城市的建设规划。2021年12月,国务院发布了《"十四五"旅游业发展规划》(国发〔2021〕32号文件)对此做了进一步的规划部署。至此,打造文化特色鲜明的国家级旅游城市正式成为部门推进、地方落实、各方期待的国家战略,其理论内涵、建设方略和样本示范自然就会引起旅游系统和社会各界的高度关注。

一、发展目标:文化引领,主客共享

在现代旅游发展体系中,城市是客源地,也是目的地;是中转地,也是市场虹吸和消费外溢中心;是资源和要素积聚区,也是产业创新高地。无论是20世纪后二十年入境旅游时期的重点旅游城市"京西沪桂广",还是21世纪前二十年大众旅游时代的全国游客满意度调查60个样本城市，都扮演了基础支撑角色，发挥了前沿引领作用。从全球范围来看，国家太大、景区景点太小，城市是旅游目的地规划、建设和推广的主要承载空间。尽管也有荷兰羊角村、意大利五渔村、日本轻井泽等村镇尺度的旅游目的地，澳大利亚大堡礁、泰国普吉岛、墨西哥坎昆等海岛海滨旅游目的地，但是都不构成世界旅游空间格局的形塑者和国家旅游发展体系的支撑者。

正是基于对城市在旅游发展体系中的角色和地位的重视，原国家旅游局于1995年3月发出《关于开展创建和评选中国优秀旅游城市的通知》，并从1998年起在全国范围内开展了优秀旅游城市创建活动。依据《创建中国优秀旅游城市工作管理暂行办法》和《中国优秀旅游城市检查标准》，原国家旅游局组织验收组对创建城市进行检查验收，对达到规定条件者授予马踏飞燕的标识标牌。截至2010年底，包括襄阳在内的337座直辖市、副省级城市、计划单列市、地级市和县级市分九批通过了验收，并被授予了"中国优秀旅游城市"的称号。优秀旅游城市创建工作对于提高各级党委和政府对旅游业的重视程度、提升城市在旅游市场的知名度和美誉度、完善旅游业发展要素，均起到了积极的作用。随着大众旅游进入全面发展的新阶段，城市基础设施、公共服务和商业环境的不断完善，我们需要重新审视行政主导的小旅游发展模式，以文化和旅游融合发展、科技创造新场景、主客共享美好生活新空间的思维，推动城市进入市场主导的大旅游发展阶段。

国家级旅游休闲城市要有深厚的文化底蕴和当代的文化特色。今天的游客既要欣赏美丽的风景，也要体验文化之美，还要分享目的地的美好生活。长期以来，各地发展旅游都在有意无意地强调自然环境和历史文化的差异性，却忽略了先进文化和品质生活对游客的吸引力。一流的城市旅游目的地应当，也可以为本地居民和外来游客提供更多的优秀文艺作品、优秀文化产品和优质旅游产品，而不是一味地还原古城古建和历史场景。有人可能会举罗马、巴塞罗那、雅典、卡萨布兰卡、奈良等历史文化名城的例子，须知这些城市是持续发展且品质不断升级的生活空间，而不是"不知有汉，无论魏晋"的桃花源。襄阳是历史文化名城，当然要珍视和传承这片土地上的优秀传统文化，更要关注引领旅游市场创新前行的社会主义先进文化。国家级旅游休闲城市在传承历史文化和非物质文化遗产，创造面向市民生活的公共文化和商业文化方面，也要吸纳和借鉴世界各国各地区文化产业和旅游产业发展的先进经验。包括非物质文化遗产在内的历史文化要珍视，要创造性转化和创新性发展，学习和借鉴其他城市的文化创造力是关键，特别是传统文化的现代表达。上海的彩虹合唱团、台北的云门舞集、网络综艺节目《说唱新世代》、成都太古里路易威登（LV）那条让武松都紧张的老虎尾巴等，都在创造面向当代生活的文化，在形塑本地文化新地标的同时，也以时尚和活力对外地游客形成文化吸收力。一个珍视本地历史又开放包容，融传统文化于当代生活的襄阳，才是国家级旅游城市该有的样子。

　　城市的文化积淀是一个厚积薄发的过程，文明的提升更是几代人的启蒙与自觉。只要文化积累了，文明提升了，城市对旅游者就会产生绵延不绝的吸引力，旅游形象就会在外来游客与当地居民的互动过程中得以建构和提升。既不能过于阳春白雪，把形象拉到云端，把推广文案变成文人雅士的诗赋，当然也不能没有底线地向庸俗化方向狂奔。之所以在国家级旅游休闲城市前面加上"文化特色鲜明"的前缀，是对过去这些年旅游目的地建设和城市形象培育反思的结果。包括Logo（标识）和Slogan（口号）在内的旅游推广体系，都是理论与实践相统一的专业工作，需要专业团队的智慧、耐心和经验。我们不能为了流量而策划那些雷人的推广口号和博流量的宣传文案，也不能为了政绩而建设那些没有市场支撑的面子工程，动不动就"找唯一""做第一",更不能搞那些有悖公序良俗或者触碰意识形态和文化安全红线的项目。"叫春的城市""我靠重庆"之类的浮夸可以休矣,四六对仗和谐音梗的文字游戏也要慎用。游客不认可,旅游市场没有反应,城市营销很容易成为旅游系统自嗨的一件事情。

国家级旅游休闲城市应是全国吸引力和区域辐射性的消费中心。游客是旅游业的定义者,消费是理解旅游业的钥匙。有没有游客,城市都在那里:工厂和企业为市民提供就业,学校为市民提供教育,地铁、公交、出租车、共享单车为市民提供出行的便利,戏剧场、电影院、博物馆、文化馆为市民提供公共文化空间,公园、餐馆、酒吧、咖啡店、购物中心和夜市为市民提供休闲场所,等等。但是游客到来后,无论有没有旅行社,一切都改变了。由于游客的消费,餐馆、酒吧、咖啡馆成了旅游餐饮业,公园、博物馆成了旅游景区,百货公司、精品店、免税店成了旅游购物业,酒店、民宿、短租公寓成了旅游住宿业。旅游是包括消费,尤其是高品质休闲消费在内的异地生活方式。旅游目的地不是景区、酒店和旅行社构成的封闭空间,而是主客共享的美好生活空间。区域和全国性的消费中心形象有助于吸引国内外游客的到访,巴黎、纽约、东京、香港、上海等世界级城市如此,成都、重庆、长沙等中西部的区域中心城市也是如此。

进入国家战略体系的城市不能只是一个放大的景区,一味强调吸引更多的游客到访,还要把中心城市的旅游休闲消费带到辖区县和乡村的旅游资源开发和项目建设中,对所在城市群产生消费外溢和市场辐射效应。以国家级旅游休闲城市为支点,构建环城游憩带和都市旅游圈,用好客源、资源和要素的多重优势,促进旅游消费在城市群内部和城市群之间更加自由地流动,资源要素在城市群内部和城市群之间合理配置,进而带动所在城市群旅游业的高质量发展。统计数据表明,近年来近程本地和近郊周边游带动客源地市场活跃度提升。2022年春节假期七天,选择300千米以内出游的比重达91.4%。①说明什么？说明中心城区的旅游客源对周边区域有能力形成辐射带动作用。拥有600万人口的襄阳，是锚定中西部的非省会龙头城市和汉江流域中心城市，是"襄十随神"城市群的群主，要有强大的旅游客源输出和游客中转服务能力，不仅能够拉动主城区之外的街区消费和乡村旅游，还能够带动周边城市群的客源市场发育。

国家级旅游休闲城市应有激活存量资源的商业能力和拉动产业增量的创新动能。说起文化和旅游融合发展，我们总是习惯从观光旅游和历史文化的坐标系中做文章。殊不知文化可能是旅游资源，但并不必然是旅游项目，更不必然是休闲度假产品。现在不少城市为了发展旅游，大兴复古之风，希望通过建造仿古街区来再现盛世场景。结果呢？很容易做成标准化建筑模块的堆砌，千城一面、千街一面，市民不在里面生活，游客也没有什么感觉。襄阳有自己津津乐道的楚文化、汉文化和三国文化，有那么多的历史古迹和文化名人，遗憾的是，外地游客却很少将这些文化标签与襄阳关联在一起。根据小红书的数据，游客对诸葛亮广场的普遍评价是：世界最大的武侯铜像、和其他广场没区别、只是一堆人造建筑。为什么我们花了这么大的精力开发传统资源，游客却并不为之买单？究其根本原因还是游客需求已经进入小康社会了，旅游供给还处于温饱阶段，以为圈片山水林草、建几座房子、放几座雕像，再挂个景区的牌子，游客自然就来买单了。只能说自己想多了：游客要的是说走就走的旅行，要的是触手可及的温暖啊！

创新是引领城市群高质量发展的关键因素，未来应把科技创新、文化创造和投资创业作为旅游休闲城市高质量发展的主要动能。从现状来看，

---

① 我国国土面积广阔，人口众多，省级、副省级、地级市、县区层级较多，相对于跨省游、省内游等行政视角的出游概念，出游距离和目的地游憩半径对于研判旅游市场和消费活跃度更有意义。

无论旅游城市，还是城市旅游，走的还是资源驱动的老路子，包括自然资源和历史文化资源，却看不到百万市民的生活方式。日渐完善的商业供给和公共服务，才是取之不尽、用之不竭的当代旅游资源。游客一方面抱怨"人造景点，假假假，没啥意思，没啥逛头"，另一方面碎碎念"来襄阳挺多次，北街也是每次来一定会去的地方，执着于一家牛肉面，念念不忘的味道"。说明什么？说明高品质的生活方式而不是专业架构的宏观叙事，才是旅游休闲城市该有的样子。这就需要城市领导者和旅游规划者回到日常生活场景，充分发挥文化创意、科技创新和商业创造在旅游资源开发、旅游项目建设和旅游业态培育中的积极作用，经由动能转换推进旅游业的高质量发展。

二、建设方略，为了谁？如何建？

国家级旅游休闲城市要满足外来游客的消费需求，也要满足本地居民的休闲需求。培育主客共享的美好生活的新空间是国家级旅游休闲城市的题中之义，要统筹培育本地居民的休闲消费和外地游客的增量消费两个市场。从世界旅游发展规律来看，市民没有幸福感和生活品质感的城市，却能成为游客乐于到访的城市，基本是不可能的事情。如果非要说例外的话，那是南太平洋、南亚、加勒比海和非洲地区一些原殖民地，针对原宗主国市场开发的"大开放、小封闭"的飞地型度假地。我们走的是中国特色的社会主义旅游发展道路，这种将游客和居民割裂开来，"景区里面是欧洲，景区外面是非洲"的发展模式是不足取的。在建设国家级旅游休闲城市的进程中，谁是目标消费群体？消费行为、消费结构和消费评价是什么样的？旅游消费如何升级？都是必须回答的现实课题。随着新型城镇化和乡村振兴的稳步推进，城市郊区、县域中心城镇和广大农村居民需要更高品质、更加多元的文化休闲和精神享受。国家级旅游休闲城市既要满足城镇居民的乡村旅游需求,也要做好农村居民的公共文化服务和进城旅游的需求。要因地制宜、因时制宜、因发展阶段制宜,一些小而美的旅游项目和休闲项目要下沉到县域中心城镇去。这些项目和产品下去了,就可以有效拓展市场空间,更可以促进本地旅游业小微型企业和个体工商户的发育成长,进而为旅游市场主体的成长壮大构建多样化生态体系。

游客是离开惯常环境的居民,居民是从目的地归来的游客。随着主客共享的散客化时代的到来,游客在目的地由传统旅游企业满足的商业需求,多数转向了面向本地居民休闲的商业供给和公共服务。旅游目的地商业体系的完善和公共服务的快速发展,对传统旅游业务形成了事实上的替代。公共交通、本地导览、餐饮服务等依托当地居民生活的泛在化供给,大大降低了游客对旅行社服务的依赖。移动互联网、人工智能和大数据技术对旅游业的快速渗透,让游客的信息获取、产品预订、出行用车等高频服务实现了即需即得。游客过去依赖旅行社才能实现的产品组合与服务体验,如今都可以用DIY的方式解决。事实上,面向游客的旅行社传统业务和面向当地居民的商业服务的护城河已经消失。需要指出的是,有塑造文化共同体的教育功能,要努力让人们在旅程中领略文化之美,增强文化自信,但是旅游的实体空间毕竟不是学校,也不是课堂。游客到访一座城市也不是为了得到高分来考试的,他们是来欣赏这里的美丽风景,体验这里的美好生活的。这就要求我们回到生活场景上来,以生活的视角回应居民和游客对"小确幸"、小欢喜的美好生活的关切。

国家级旅游休闲城市要旗帜鲜明地发展壮大旅游集团,培育新型旅游业态,完善现代旅游产业体系。旅游目的地需要政府的高位规划、基础设施建设、公共服务、宏观调控和微观监督,更离不开市场主体的项目投资、产品研发和优质服务。那么多的游客来到襄阳,不可能也没有必要都找书记、市长和局长,还不是成千上万的导游、司机、博物馆讲解员、餐厅服务员在提供高品质的服务。金融资本和产业资本来到襄阳，饭店集团和旅行社来到这里，找谁？也得找商业机构的同行。从旅游经济发展的国际经验和中国实践来看，大型旅游企业特别是政府背景的旅游集团在资源开发、招商引资和产业创新等方面发挥了不可替代的作用。无论是央企序列的中国旅游集团、华侨城集团、融通集团，还是地方国资系的首旅集团、锦江集团、岭南商旅集团、浙江旅游集团，以及民营经济的开元旅业、携程集团、春秋旅游，都是国家级旅游休闲城市的标配。作为国家旅业一线方阵的旅游集团20强，不仅有效整合了所在城市和区域的存量资源，还将承载金融资本与产业资本的对接平台。海南为建设国际旅游岛、整合产业链、推进国际消费中心建设，省委、省政府批准成立了海南省旅游投资发展有限公司（"海南旅投"），2月8日顺利获批发行20亿公司债券。2月22日，中国旅游集团成功发行5年期、票面利率2.95%的7亿美元境外高级无抵押债券。如果没有政府背景和强大的资源整合能力，很难想象在疫情期间资本市场会对旅游领域的小微型企业投入巨资。

  关注旅游集团和平台公司的同时，更要关注本地创业创新的中小微型企业，包括自由职业者和个体工商户。尤其要关注年轻人主导的文化、科技、旅游和生活服务领域的创业群体，他们是旅游市场主体持续增长的强劲引擎，也是旅游休闲城市建设最可以依靠的力量。疫情以来，越来越多的旅游者开始欣赏身边的美丽风景，体验日常生活的美好。春秋旅游、上海中旅、马蜂窝等旅行服务商摆脱了宏大叙事的传播方式和拼凑资源的粗放运营模式，引领了都市旅游产品深度开发新模式。在人口密度和消费实力的双重支撑下，"建筑可阅读，城市微旅行""周末请上车""故宫以东"等创新产品，均受到本地市民和外地游客的共同认可。当越来越多的亲子家庭到访博物馆，bikego（玩不够）这样一家原本以户外骑行产品为特色的企业，在疫情期间迅速开发了"大咖说"这个博物馆深度讲解产品的供需对接平台,成为疫情中为数不多的盈利企业。对于襄阳这个体量的中心城市来说,更要着重培育那些能够激活存量资源和市场潜力的新业态。

建设国家级旅游休闲城市,要持续完善现代旅游治理体系,不断提升旅游治理能力。全面建设成小康社会以后,大众旅游进入全面发展新阶段,共同富裕目标则进一步彰显了人民的旅游权利。人民对美好旅游生活的向往就是我们的奋斗目标,人民的旅游权利需要政府提供低门槛、高品质、普惠式公共文化和旅游供给。让人民群众游得起、游得好、游得舒心、玩得放心,需要市场主体与公共部门相向而行的社会责任,也是商业能力。政府既要依法监管市场主体,更要有效促进产业发展。我们无法以管理马车、人力车时代的规则管理汽车、无人驾驶时代,也无法以管理入境、观光和团队旅游时代的规则去管理大众旅游全面发展时代的旅行服务商。当传统业态萎缩,创新型业态不断涌现,旅游城市就需要宽定义、强过程、高赋能的新型治理体系。面对快速变化的市场和变革创新的产业,各级政府旅游主管部门不能只守着传统的思维,要以开放、包容和扶植的心态,推动旅游市场主体由单一的法人实体走向公司制法人、合伙人企业、派单平台、导游工作室和个体工商户等多种形态。文化和旅游系统,要加强各级领导干部的专业性培训,增强旅游市场研判、宏观调控和微观监管能力。

如果说夜间经济是对居民和游客时间约束的解放,那么旅游休闲城市和街区的建设则是旅游空间的拓展。城市商业街区为代表的市民休闲空间和公共文化空间,与旅游景区、主题公园、度假区共同构成了现代都市旅游新空间。由此出发,街区发展程度、社区治理水平和市民素质是城市旅游休闲的品质保障。希望各级党委和政府在文明城市、卫生城市、园林城市、历史文化名城等国家级城市品牌的创建过程中,要融入旅游的元素,走出一条联合创建的路子。这需要市委和政府的高位推动,建立定期协商决策和分工落实的工作机制。当旅游城市建设转向城市旅游的时候，我们就完全不可能将旅游业作为一个封闭的世界，而是必须视为一个开放的体系进行管理，并倒逼旅游行政主管部门的改革。但是无论怎么改，旅游宣传推广的职能都必须得到更加有效的落实。文化和旅游融合以来，城市旅游推广机制创新的紧迫性越来越明显，总的方向是市场化、专业化和职业化，绝不能以对外宣传和文化交流代替旅游推广。

三、建成以后，谁来评？怎么用？

特定的规划和建设周期过后，几个极为现实的问题就会摆到市委市政府的面前：根据什么标准说襄阳建成了国家级旅游休闲城市？谁来决定，以何种方式宣布建设？建成以后又如何持续利用？根据国家卫生城市、全国文明城市、优秀旅游城市等创建经验，我们自然会想到由文化和旅游部出一个标准，组织专家组明察暗访和量化打分，派出验收组听取汇报，经过科层制的行政审批后，由文化和旅游部分批宣布建成名单。五星级旅游饭店、AAAAA级旅游景区、国家级旅游度假区、国家级旅游休闲街区等国家级牌子都是这个模式，各级政府也似乎习以为常了。从现在的迹象看，中央政府业务主管部门以公信力为背书，采用自上而下"部署—创建—验收"模式将是大概率事件。尽管如此，我们还是可以从国际化的视野和市场化的角度对国家级旅游休闲城市的评价体系和提升机制做一些理论探讨。

一是更多的游客到访和更高的游客满意。早在"十二五"期间，就有100多座城市要建设"世界旅游城市""国际旅游目的地"，并制定了时间表和路线图。根据自身的经济社会发展水平和旅游发展阶段选择自己的对标城市，北京、上海、广州等一线城市对标巴黎、伦敦、纽约、东京，其他直辖市、副省级城市、计划单列市、省会城市、地级市、县级市也各有自己的对标城市,详细分解对标城市的入境旅游接待人数、国际旅游收入、世界文化遗产数量、五星级酒店、国家公园、博物馆、主题公园、免税店、旅行社、导游等所谓的旅游资源规模与结构。这样的规划思路和建设逻辑倒是清晰的,可是我们有意无意忽略了一个前提:这些所谓的世界旅游城市和国际旅游目的地并不是某个权威机构评出来的,就像联合国教科文组织每年评选的世界自然和文化遗产地所做的那样。事实上,世界旅游城市并没有统一而明确的标准,而是国际旅游者广泛认可的结果。金杯银杯不如老百姓的口碑,任何旅游目的地和接待机构的品牌都是游客用脚投票的结果,没有游客的认可,谁发的牌子也不好使。如果出于工作的需要一定要有监测和评定指标的话,我希望越简单越好,比如就是聚焦于本市以外的国际国内游客接待量、旅游收入和游客满意度三个指标,而且是由权威的第三方机构进行连续监测。为了实现旅游业高质量发展目标,"十四五"规划明确要求"建立旅游服务质量评价体系"。早在2009年国务院关于促进旅游业的发展意见(国发〔2009〕41号)就提出了"国民经济战略性支柱产业和人民群众更加满意的现代服务业"的目标,从那时起,中国旅游研究院(文化和旅游部数据中心)就对全国60座城市、主要出境旅游目的地国家和地区的游客满意度连续开展季度调查。研究表明,没有游客的满意,就没有城市旅游的未来;有了游客的满意和市场的认可,有没有那块牌子,都是国家级乃至世界级旅游城市。

　　二是居民在旅游发展的进程中要有切实的获得感。城市是市民的生活空间,任何力度的旅游发展都不能以损害市民的生活品质和发展权利为代价。国家级旅游休闲城市既要满足游客的旅游权利,也要保障城乡居民的发展权利,包括收入、就业和高品质的生活。如果不能做到"帕累托最优"的话,也要通过不同群体之间和代际之间的补偿机制实现"帕累托改进"。与经济欠发达地区的景区依托型模式不同,城市首先要满足当地居民的生产生活需要。澳门建设世界旅游休闲中心，规划部门首先考虑的城市容量，不能因为发展旅游而让市民承受交通拥挤、物价上涨和治安恶化等负面影响，也不能游客在这里尽享休闲生活，本地人忙得没有生活品质。对于襄阳这样的中等发达城市来说，收入和就业的增长不仅要考虑规模和速度，还要考虑质量和效率。居民获得感包括但不限于旅游从业人员占社会就业的比重、从业人员的工资收入和财产收入在国民经济各行业中的位置、本地居民在旅游企业从事管理和专业技术工作的比例、游客消费对居民消费价格的影响、非物质文化遗产与旅游融合度等客观指标，以及居民对旅游发展的态度等主观指标。

三是通过"旅游+""+旅游"助力所在城市的经济社会发展。国家级旅游城市要努力建成现代文化产业体系和现代旅游业体系，政府的每一分努力，都会反映到国家级旅游休闲城市建设进程中去。除了北上广深等一线城市，很多中西部城市发展旅游并不是主动的战略选择，而是因为当地的交通区位、市场空间、科技教育水平、人力资源、财政预算、社会储蓄，不足以支撑其农业现代化、新型工业化和金融、通信等高附加值服务业的战略选择。统计数据表明，城市的经济社会发展水平越来越高，旅游消费规模越来越大，但是旅游收入对经济增长的贡献往往并没有随之扩大。相对而言，那些以旅游为支柱产业或者主导产业的城市，往往也是经济社会发展水平相对较低的城市。我们不得不承认，有时候不是旅游发展水平太高，而是其他产业不够发达。根据国家统计局和财政部的数据，2020年全国共有74个省辖市一般公共预算收入增速低于全省水平，其中40个城市一般公共预算收入出现负增长，其中襄阳市以160.0亿元和-46.7%的增速位居全国倒数第一。为此，我们需要在指导思想上进一步明确：既要从供给侧着手，让旅行社、旅游景区、酒店、民宿与本地消费链和产业链深度融合，即"+旅游"，更要从需求侧着手，让旅游消费与国民经济各行业融合,即"+旅游"。

四是以创新、协调、绿色、开放、共享的新发展理念,为旅游城市和旅游业高质量发展提供丰富的思想资源和精神动能。入境旅游时期,旅游城市比的是能够吸引多少海外旅游者,创造多少外汇收入。大众旅游时代,旅游城市关注接待多少外地游客,以及对经济增长、税收和就业的贡献。全面建成小康社会以后,大众旅游进入全面发展新阶段,国家级旅游休闲城市要有全球视野和未来感。不仅要有消费、就业等经济社会贡献,还要关注智慧旅游、绿色旅游、负责任的旅游、国际合作、数字化转型和可持续发展,孕育与新发展阶段相适应的旅游思想。没有文化创造力就不可能有全国影响力,更不能在更高的层次与世界对话。新时代的旅游发展必须正确处理好游客与环境、社会和文化之间的关系,深入践行"绿水青山就是金山银山""冰天雪地也是金山银山"的发展理念,在旅游发展进程中牢固树立生态环境共同体意识。发自内心地认同并推进"最好的旅行是人的连接""最美的风景是人"的旅游观念,让市民成为最美的风景,让日常生活具有永恒的旅游吸引力。

四、襄阳样本,凭什么?要什么?

作为历史文化名城,襄阳具有建设国家级旅游休闲城市的本底资源。襄阳是中国古代政治、军事和文化重地,1986年,襄阳就进入国家公布的第二批历史文化名城名单。楚国历史800年,在襄阳就经历了长达500多年的两个重要发展阶段,《三国演义》120回故事就有32回发生在襄阳。在襄阳的市区建成区130多平方千米的范围内就有邓城、樊城、襄城三座古城遗址,还有著名的郊野园林习家池。襄阳是历史人文高地,刘秀、诸葛亮、孟浩然、米芾都是襄阳优秀历史人物的杰出代表,还是金庸先生武侠世界的历史依托,正是在襄阳,"侠之大者,为国为民"成为千古文人侠客梦。很多人在游记里分享：想去看看金庸笔下的《神雕侠侣》中郭靖和黄蓉要保卫的襄阳城；想去看看电影《你好，李焕英》里那个年代的样子；想去吃吃从小知道的襄阳牛肉面。

襄阳市地区生产总值（GDP）

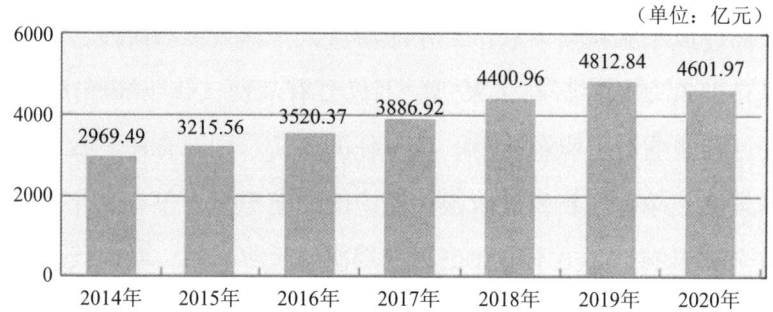

襄阳市三次产业发展指数

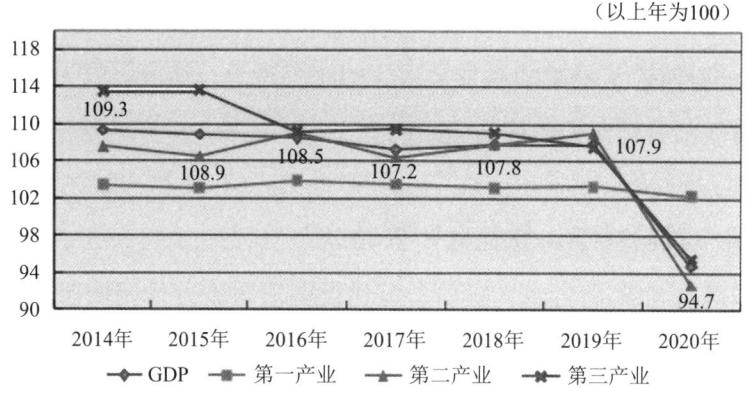

图1 2014—2020年襄阳市地区生产总值和三次产业发展指数

* 资料来源：根据襄阳市历年经济社会发展统计公报绘制

作为中部地区的重点城市，襄阳具有区位优势和建设国家级旅游休闲城市的经济基础。今天的襄阳，是国家骨干型综合交通枢纽，"汉新欧"线路上的重要节点、"一带一路"的重要支点、"一条汉江、两座机场、四条高速、六条铁路"的交通格局正在加速开成。随着未来"米"字形高铁的建成通车,襄阳与京津冀、长三角、粤港澳大湾区等主要客源市场的连接更加便捷。襄阳的经济和人口规模分别居于湖北省第二、第三位,是省会武汉以外的第二大城市。2021年,襄阳地区生产总值5309.43亿元,连续5年稳居全省第二位,连续4年位列全国城市50强。襄阳成为国家确定的中部地区重点城市、汉江流域中心城市和省域副中心城市,被省委省政府赋予引领"襄十随神"城市群协同发展的重任,在全国全省的战略地位更加凸显。

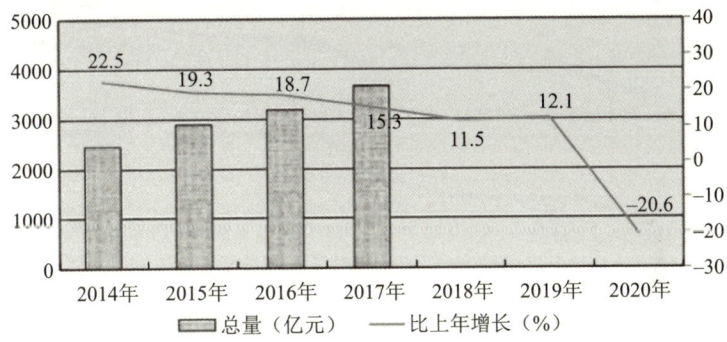

图2 2014—2020年襄阳市固定资产投资和社会商品零售总额

*资料来源:根据襄阳市历年经济社会发展统计公报绘制

值得关注的是,襄阳的社会商品零售总额在疫情发生以来一直保持持续增长。这一指标意味着市域旅游休闲的市场基础不断扩大,也意味着生活品质的提升。按照现代旅游发展理念,旅游目的地是生活环境的总和,是主客共享的美好生活新空间。一个商业发达、人民生活水平持续提升的城市,一定会让游客有更多到访、停留和体验的理由。

作为华侨城集团持续投资的旅游目的地,襄阳具有建设国家级旅游休闲城市的产业体系。从数据来看,过去十年是襄阳旅游市场持续扩容的十年,也是旅游产业基础持续巩固和旅游产业体系持续完善的十年。

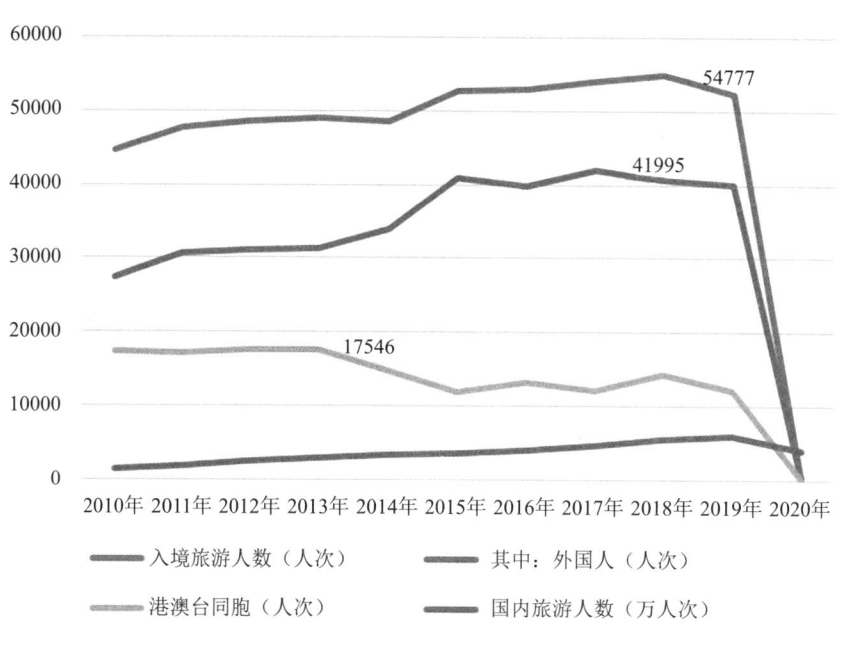

图3 2010—2020年襄阳市三大旅游市场接待人数

*数据来源:襄阳市历年旅游统计公报

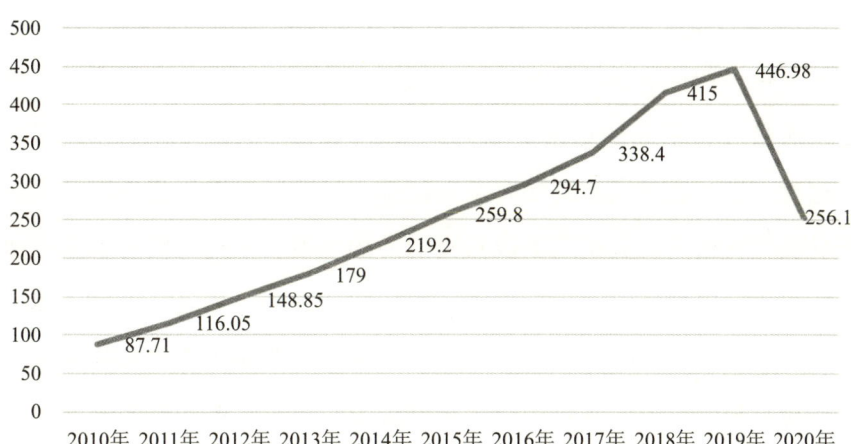

图 4　2010—2020 年襄阳市国内旅游收入

*数据来源：襄阳市历年旅游统计公报

根据最新统计数据，襄阳共有 44 家 A 级旅游景区，其中 AAAAA 级 1 家，AAAA 级 10 家。共有星级饭店 31 家，五星级饭店 1 家，四星级饭店 3 家。不久前，襄阳唐城被文化和旅旅部授予国家级夜间文化和旅游消费集聚区、襄城北街正式入选首批国家级旅游休闲街区。《大唐绮梦》《汉颂》等旅游演艺项目、图书新馆等公共文化项目，彰显了襄阳在中华优秀传统文化的创造化转化和创新性发展方面做出的努力。值得关注的是，襄阳还是中国旅游集团 20 强、文化企业 30 强的华侨城集团在华中地区投资最大、产品最全的战略投资地。投资 700 亿元、占地 120 万平方米的国家级旅游度假区建设项目，有力推动了本地旅游产业的战略升级。云海酒店、云海汤泉填补了襄阳冬季旅游项目的空白。襄阳华侨城奇幻度假区在过去一年中累计接待游客超过 130 万人次。

作为"十四五"规划的重要经济板块，襄阳具有建设国家级旅游休闲城市的制度保障。襄阳市委市政府高度重视并大力支持旅游业发展，定期研究旅游发展的重大战略问题和产业政策，每年召开全市旅游发展大会。

《襄阳市加快文化产业高质量发展若干政策》（襄政发〔2019〕7号）明确了推动文化产业成为襄阳市国民经济支柱产业的发展目标。《襄阳市进一步支持旅游项目招商的措施》（襄政办函〔2019〕9号）对旅游景区景点开发建设、景区景点内旅游配套基础设施、旅游服务设施建设以及汉江旅游开发项目的招商引资制定了极具吸引力的政策。根据《襄阳市服务业发展"十四五"规划》的"一带引领，两核驱动，四区并进，多点支撑"空间布局，重点开发的汉江南岸文化旅游集聚区、襄城文化旅游集聚区、汉江沿江物流和旅游带、麻竹沿线生态旅游带，将有效拓展襄阳的旅游休闲空间。今天的全市旅游发展大会，成立了由书记、市长任组长的"推进文化和旅游产业高质量发展领导小组"，出台了《文化和旅游产业高质量发展三年行动计划（2022—2024）》，走在了全国同类型城市的前列。根据《襄阳市旅游产业发展奖励实施办法》，文化和旅游部门还修订完善了《襄阳市旅游地接考评和奖励实施细则》，已经兑现奖励经费3059.43万元，得到了广大市场主体的认可与点赞。

  政府的每一分努力，游客都能感受到，投资机构和市场主体也同样能够感受到。在国家战略和发展规划指引下，科学研判旅游休闲新需求，着力培育旅游投资运营新主体，不断提升旅游治理能力现代化水平，我们就有信心率先建成国家级旅游休闲城市，并为"十四五"旅游业创新发展贡献襄阳样本。未来的旅游发展史册将写下：在这个最好的时代，游客遇见了最美的襄阳。

襄阳市文化和旅游产业发展大会

襄阳·2022年2月23日—2022年2月24日

游客想看见文化的遗产，更想看见城市的未来

一、文化遗产是旅游城市的核心吸引力，满足了大众旅游初级阶段的市场需求

世界遗产包括世界自然遗产、世界自然与文化双遗产、世界文化遗产3类。从1987年首次申遗成功至今，我国的世界遗产总数已达56处，其中世界自然遗产14处，世界文化遗产38处，世界文化和自然遗产4处。明清故宫、明清皇家陵寝、天坛、秦始皇陵及兵马俑、承德避暑山庄等皇家建筑，长城、大运河等国家工程，曲阜"三孔"、布达拉宫、莫高窟、大足石刻等儒家和宗教文化，平遥古城、丽江古城、开平碉楼、福建土楼、西递—宏村等古城古村，以及黄山、泰山、庐山、峨眉山、武夷山、五台山等山岳型城市，众多的世界文化遗产成为20世纪80年代的入境旅游和90年代末期的国内旅游最为重要的旅游吸引物。这些拥有世界文化遗产的城市，往往被冠以旅游城市的标签，成为国际国内游客的打卡地。多年以来，京西沪桂广等拥有世界文化遗产的城市及其串联而成的旅游线路，成为中国国家旅游形象主体架构。无论是政府主导的拜祭大典，企业经营的开城迎宾和古装巡游，还是年轻人的汉服和茶道秀，都在活化遗产的同时向历史致敬。

除世界文化遗产，还有世界记忆遗产、全球重要农业文化遗产等项

目，我国也有多项入选。文化遗产还包括中央和地方政府命名和认定的相关项目，如国家文化公园、国家历史文化名城、国家和地方重点文物保护单位、国家和地方非物质文化遗产，以及收藏在博物馆、版本馆内的1亿多件套的可移动文物，共同构成丰富多彩的文化遗产体系。这些陈列在大地上的遗产、收藏在禁宫中的文物和书写在典籍中的文字，近年开始活起来了，越来越多地走入人民生活，并成为重要的旅游吸引物和游客打卡点。这些类型多元、体系丰富的文化遗产成为各级各类旅游城市的资源基础和形象代言人，为满足市民和游客的观光休闲需求做出了巨大的贡献。因为众多文化遗产的加持，游客在行程中才得以领略文化之美，增强文化自信。据中国旅游研究院（文化和旅游部数据中心）的专项调查，纳入计算的60个样本城市——涵盖了主要的世界文化遗产的主要项目、东亚文化之都和中国历史文化名城，游客满意度稳步进入80分以上的"满意"区间。相对于传统的资源调查、专家打分和政府颁牌的评价体系，这份成就更显得来之不易，意味着样本城市经受了异国他乡游客的寻常打量。

　　总结历史成就和发展经验的同时，我们也注意到部分文化遗产型旅游城市发展的时代局限性。有的城市和村镇把文化遗产作为唯一旅游吸引力，甚至把整个城市和村镇作为大景区来经营，而忘记了城市的生产、生活、工商业发展和市民休闲的内在需求。有的城市为文化遗产而自豪的同时，过于把眼光投向历史与过去，试图经由复原的建筑和表演而再现曾经的辉煌，而忽略了科技、研发、教育、文学、艺术等昭示未来的动能培育。有的城市过于看重在地文化的独特性甚至唯一性，以文化原真性的名义而有意无意地抗拒当代文化的生长和开放融合。一旦游客的消费需求和旅游方式发生了变化，这种单纯依靠文化遗产资源初级开发的旅游景区和旅游目的地发展模式，就会因为跟不上时代的发展而显得力不从心。这不

仅仅是学术研究的理论问题,也是实践面临的重大现实课题。8月14日,云南省委书记王宁在昆明调研该省老牌景区云南民族村时,发现景区的基础条件不错但客流量不够,要求深刻反思"工作不足在哪?""游客为什么不来?"并要求大力推进旅游产品创新。在丽江、桂林、武夷山、泉州、阿尔山、海拉尔、亳州等地调研的过程中,传统的文化遗产型旅游目的地如何摆脱"资源诅咒",以新动能推进旅游业可持续发展,已经成为政府领导、投资机构和旅游景区经营者普遍焦虑并迫切需要答案的战略问题。

二、文化遗产仍然是城市旅游的基础资源,但是大众旅游全面发展的新阶段提出了现代旅游业建设的新要求

没有文化遗产,城市就没有历史的积淀和厚重的底蕴。哪怕是某个国家和地区的政治中心和经济增长极,也很难赢得国际国内游客发自内心的认可并心向往之。澳大利亚的堪培拉(1927)、哈萨克斯坦的努尔苏丹(1997)、缅甸的内比都(2005),虽贵为一国之都,除了政治和外交活动,却很少有游客到访。归纳起来,有交通条件、人口密度、经济活力和科技创新不足的原因,更有历史不够悠久、文化不够深厚的原因。也正因如此,任何一座致力于成为世界级旅游目的地的城市,无不努力彰显其历史传统和文化遗产,比如伦敦的大英博物馆、剑桥大学和莎士比亚故居,比如巴黎的卢浮宫、先贤祠和左岸咖啡,比如新加坡的牛车水,等等。当然,如果只有文化遗产,没有增长的经济和商业、先进的科技与教育、高品质的消费和休闲,看不见城市的未来,除了部分观光客,也很难吸引休闲度假旅游者的到访。柬埔寨的吴哥窟、老挝的琅勃拉邦、古巴的圣地亚哥、荷兰的布鲁日,包括国内一些没有纳入现代化进程的历史文化名城,文化遗产不可谓不丰厚,但是没有政治、经济、商业、科技和教育,也少

有本地的消费基础。结果呢？世人只看见了旅游城市，却看不见城市旅游。从这个意义上讲，优秀传统文化特别是承载家国情怀的文学、音乐、美术、舞蹈，如同坚硬的河床承载了生生不息的文明，也构成了游客到访的硬核吸引物。从这个意义上，没有高度的文化自信，旅游业的高质量发展就看不清来时的路，也找不到未来的方向。中国煤矿文工团联合国家图书馆、中国艺术研究院共同打造的《古籍里的古曲》，让书写在典籍里的文字走入了当代生活，为城市增加了经典的内涵和优雅的气质。浙江省实施非遗助力共同富裕的战略进程中，实施了文化基因解码工程，打造宋韵、吴越、和合等十大文化标识，推出"浙江好腔调""越剧好声音"等文化品牌，对于国家级和世界级旅游目的地来说，都是不可或缺的底层器件和文化支撑。

经过20世纪70年代末期开始的入境旅游的快速发展，以及90年代中后期的国民旅游的快速发展，我国旅游业已经进入大众旅游全面发展的新阶段。随着国际国内旅行经验的成熟，到访城市的游客不仅要看见不一样的历史文化，也要以"在地化"的姿态全方位体验文化遗产城市的品质环境和时尚生活。与此相适应，国际旅游目的地的建设开始进入全球化竞争的新阶段。在他者的视域下，一个文化和旅游融合、科技助力旅游创新、主客共享美好生活新空间的时代正在来临。当前，年轻人的文化活动和旅游消费越来越呈现"人以群分"的特点，社群化圈层趋势越发明显。各类社群不断强化具有价值观意味的自我认同，同时对外张扬社群个性化的差异存在，进一步强化了"旅游者定义旅游业，旅游业形塑目的地"的新理念。从过去十年的数据来看，旅行社的服务质量获得了较好的评价，意味着有组织的旅游者即团队旅游者对旅行社、酒店、旅游景区和度假区的服务质量是认可的。那些广泛进入主城区和远郊区县的自助旅游者，有更多机会离开传统的旅游场景而与餐饮店、商场、公园、街区、地铁、公交、出租车等社会面进行广泛的接触。游客对市民友好度、性价比和交通完善性也是较为满意的,基本上处于高于或接近80分的水平,而多数城市的目的地形象、旅游业管理、文化休闲和预订服务还有进一步提升的空间。

景观之上是生活,当游客需求从美丽风景转向风景之上的美好生活时,一个场景化的时代到来了。"2022黄山美好生活季"推出的精品民宿特别是关麓帐篷客酒店,有世界自然文化遗产、徽文化传承保护区和众多非物质文化遗产的背景加持,其内在的逻辑则是人民对美好生活的向往所引致的内容创造、场景营造和商业模式的创新。同样是自然和文化双遗产的武夷山,既能看到《印象·大红袍》对历史文化的现代呈现,更有融茶文化的典雅、时尚、科研、教育与商业为一体的嘉叶山舍。2021年新晋世界遗产地的泉州,吸引游客的不仅是市井烟火气的古城、自发传唱的南音和怦然心动的梨园戏,在地性和外向性并存的华侨文化,还有晋江和石狮的现代制造业,以及广受年轻群体喜爱的时尚文化艺术季。在昆明滇池度假区,捞鱼河湿地公园让我们看见了生态修复的思想策源和地方样本,1903文体商旅综合体的当代美术馆、网红咖啡馆和规划中的电影主题公园更是昭示着城市的未来。这些既源于文化遗产又超越文化遗产的项目之所以能够破圈而出,实现叫好又叫座的效果,正是遵循了"从风景到场景"城市旅游而非旅游城市的发展逻辑。

三、游客要看见文化的遗产,更要看见城市的未来

游客想看见一座座历史悠久、文化深厚的古老城市,也想看见一座座工商繁荣、科技创新的现代都市。城市是古老的,文化是独特的,历史是不可复制的。城市也是现代的,文化也是与时俱进的,城市每天都在创造

新的生活内容和消费场景。国际文化中心和世界级旅游城市，不仅是文化遗产中心，还应当是科技、教育和商业创新中心，本地市民和外来游客能够见物见人见未来。从时尚的巴黎、繁华的纽约到航空枢纽的新加坡、金融中心的香港、世界旅游休闲中心的澳门，国际都市旅游的发展经验表明，拥有全球知名度的街区和建筑物既是世界级旅游城市的现代要素，也是国际文化交流中心的重要依托。经由旅游，陈列在广阔大地上的遗产、收藏在禁宫的文物、书写在典籍中的文字活了起来。经由旅游，作为"中药材之都"的亳州得以更大范围传播其历史文化遗产地、生命科学和生物科技中心、现代工商业中心的城市新形象。经由旅游，科技创新、文化教育、生态环保共同支撑的当代文化变得触手可及，经济增长、社会发展、人民幸福的社会主义现代建设变得立体而清晰。澳门的美高梅、新濠国际、澳娱中心、威尼斯人、伦敦人、巴黎人等度假酒店，更是以艺术、时尚、创意的名义，务实推进经济适度多元化的转型战略，让市民和游客感受到城市的生机和未来。

游客想看见一座座传承革命文化基因的红色城市，也想看见一座座共商共建共享和可持续发展的绿色城市。不了解党史、新中国史、改革开放史和社会主义发展史，就不能切身体会民族复兴、人民幸福的中国梦，也无法看清中国的未来。中国的每座城市都具有自己的革命文化和红色基因，如何在旅游的场景中，以游客听得懂的语言和愿意接受的方式，讲述城市的初心和使命，是文化和旅游融合发展的价值取向，也是当代旅游发展的全新动能。绿色也是当代中国的城市底蕴，众多的城市公园、遗址公园、郊野公园、国家公园、国家文化公园，通过交通网络、城市绿道和乡村公路相连接，让城市成为绿色环绕的国际化都市。绿色发展理念、科技创新、当代文化和艺术的融合，让传统与现代交融，典雅与时尚结合，文化遗产型城市越来越自信而从容。成都的环城生态公园为市民和游客提供了"有设计、可参与"的休闲生活方式，成为城市现代化进程中融合自然与艺术的新空间。

城市应当让游客感受的是平等共享的温度，而不是高大仰视的高度。今天的城市旅游者不仅要到访景区看风景，更愿意到文化场馆、公共艺术空间和休闲场景体验当地当代的文化。中国旅游研究院（文化和旅游部数据中心）专项调查数据显示，2022年端午节假日期间，游客在公共文化场馆、都市商圈、景区、市内公园进行文化休闲的比例分别为29.7%、47.7%、44.9%、23.0%，那些融文化景观、非遗展示和艺术活动于其中的开阔空间和景观廊道，更是市民和游客愿意到访并建构城市记忆不可或缺的要素。随着城市美学建设走入公众视野，空间魅力成为城市竞争力的一部分，艺术正在为城市更新提供源源不断的动力。由上海市规划和自然资源局、上海市文化和旅游局等共同主办的上海城市空间艺术季，从黄浦江的徐汇西岸到浦东东岸，再到杨浦滨江，艺术活动连通了上海的滨水空间，将原来废弃的工业遗产活化为城市文化场所。曾经的曹杨铁路综合市场，今天的百禧公园，还有永嘉路的"口袋广场"，都表达了对城市集体记忆的尊重，充分考虑了日常使用与管理的功能性，以公共艺术的形式鼓励居民参与社区的空间更新和生活场景的重构。还有深港城市建筑双城双年展、泉州时尚文化艺术季，都是将当代艺术融入城市更新的有效探索。

游客想看见一座座城市的文化地标承载了家国情怀，也想看见一座座城市的文化创新蕴含了动感时尚，温暖着万千游客的人间烟火。这样的城市应是典雅庄重的。没有家国天下的文化厚重感，城市的文化高地就无从谈起，对游客的文化吸引力就会大大地削弱。从这个意义上，城市旅游的发展决不会，也不可能放弃文化遗产资源。保护和传承并不意味着我们就这样守着有形无形的文化遗产而日复一日地言说，正确的打开方式是让创新展陈、解说和建构方式，让文化遗产成为新时代文化高地的地基，让更多的人亲而近之，而不是敬而远之。这需要我们为城市注入新的文化内涵、新的动能和新的力量，以共同价值为导向，以理性逻辑和共情叙事为支撑，讲好新时代的城市故事。

这样的城市也应是动感时尚的。在新型城镇化和乡村振兴的进程中，这一观念越来越成为文化和旅游系统的共识：艺术属于人民，旅游走进生活。美术馆和艺术展览的基本目的是以艺术品启迪大众，给大众以美的教育。为此，要借鉴大英博物馆、卢浮宫、芝加哥美术馆、古根海姆美术馆、挪威国立美术馆等国际一线文化空间的运营经验，借助"看展式社交"，助推艺术走近大众。不要担心观众附庸风雅，须知，没有观众的厚度，也就很难有艺术的高度。文化艺术不仅在展陈空间里，也在日常生活中。没有商业环境和市民休闲构成的人间烟火气，城市也难以让游客产生亲近感。事实上，新的文化每天都在城市的各个角落里生长，很多的当代文化都是在餐饮、酒吧、电影院、戏剧场、购物中心、菜市场的人间烟火气里孕育的。相对于家国天下的文化，商业环境和休闲空间散发着城市的人文气息和文化魅力。越来越多的米其林、美食林和黑珍珠餐厅，众多的精品购物、时尚淘店、夜间消费集聚区，还有彩虹室内合唱团、四季艺术汇、桂林活态化的非遗馆，以及年轻人主导的街舞、电竞、说唱、民谣等社群文化，都让城市的每个角落都充满了温暖而时尚的气息，也让流连其中的市民和游客拥有小而确切的幸福。

读万卷书、行万里路，自古以来就是中华民族的优良传统。在全面建成小康社会的中国，越来越多的人向往诗与远方的美好生活，越来越多的城市愿意向异国他乡的游客展示它曾经的历史和未来的梦想。任何地方，人都是最美丽的风景；任何时候，人的连接才是最好的旅行。坚持以人民为中心的发展导向,坚持文化引领、科技赋能、商业创新的发展路径,稳步推进世界级旅游景区和度假区、国家级旅游休闲城市和街区的建设,城市才能成为真正的国际旅游目的地,游客才能看见文化的遗产,也看见城市的未来。

关于文化遗产型城市旅游的理论思考和实践观察

泰安文旅高质量发展报告会

泰安·2022年9月26日

从风景到场景

一、景区一直都是旅游活动的典型空间和经典业态，对旅游业的贡献，史不可忘，未来可期

长期以来，旅游景区承载了国民大众对诗与远方的美好想象，满足了游客对目的地的不可替代的经典体验。自古以来，读万卷书、行万里路就是中华民族的优良传统，万卷书中有山川河流的大块文章，万里路上有历史文化的经典传承，《徐霞客游记》更是建构了国人对行程中自然风景和人文风情的美好想象。自古以来，"五岳归来不看山"的泰山、华山、嵩山、恒山、衡山，"黄山归来不看岳"的黄山，佛教名山九华山、五台山、普陀山、峨眉山，道教名山武当山、齐云山、三清山、青城山、崆峒山，长江三峡、桂林山水、壶口瀑布、黄果树瀑布、杭州西湖、厦门鼓浪屿等山水名胜，长城、大运河、故宫、秦陵兵马俑、安阳殷墟、平遥古城等文化遗产地，共同构成了壮丽山河、多彩人文的旅游本底资源。大众旅游发展的初级阶段，那些依托山水林草等自然资源和文化遗址、非物质文化遗产、文博场馆等人文资源的旅游景区，极大满足了国民大众看远方风景、享当地文化的需要。对国际国内游客来说，无论是首次还是多次到访一个国家、一个地区和一座城市，如果没有去过当地标志性的景区景点，总是令人遗憾的。

多年以来,传统景区与酒店、旅行社一起构成了典型的旅游业态,促进了旅游服务品质的持续提升,直到今天仍然有其生存的基础和发展的空间。1979年,邓小平同志在黄山就旅游业改革、创新与发展做了长篇讲话,对旅游景区的品牌推广、服务品质提升、管理体制改革、环境保护和可持续发展做出了一系列重要指示。从那时起,旅游景区的内涵就不再局限于自然、历史和文化资源的聚集空间,还是高品质的旅游体验空间和旅游发展思想的策源地。以 AAAAA 级旅游景区为代表的高等级旅游景区,已经成为旅游目的地建设和旅游业高质量发展的关键支撑。直到今天,还有相当一部分人对于旅游的要求就是看山看水看风景,还有很多地方同志一说发展旅游就是做规划、建景区,特别是高等级景区,总觉得没有专家给打个分数,没有上级给发块牌子,发展旅游业就没有底气似的。景区在旅游目的地建设和旅游发展体系中的重要地位是历史与现实、经济与社会、市场与交通等多种因素共同作用而形成的。只要大众旅游的品质化和多样性要求并存,观光旅游的市场基础没有改变,传统旅游景区就有其存在和发展的理由。

随着大众旅游全面发展新阶段和小康旅游新时代的到来,旅游景区和市民休闲空间的边界日渐模糊,场景开始取代风景成为旅游目的地建设的关键要素。中国旅游研究院(文化和旅游部数据中心)课题组通过近三年对发改、国土、林草、环保、体育、文化和旅游等部门的政策文本和词频研究发现:文件内容中直接提及景区的频率越来越低,而游客愿意到访并深度体验的类景区和泛场景的词频越来越高。夜间文化和旅游消费积聚区、旅游休闲街区、历史文化街区、文化园区、艺术中心、重点旅游乡村、旅游度假区、主题乐园、商业中心等场景,虽然没有直接冠以景区的称呼,却处处可见景区的身影。随着大众旅游进入全面发展的新阶段,景区景点的内涵不断丰富,外延也在持续拓展,那些面向本地居民休闲的公园、游乐场、历史文化街区、购物休闲中心、公共文化设施和夜间消费积聚区，都成了吸引游客到访的非典型景区。在地图软件上，被游客贴上景区标签的空间或场景多达百万以上，远远超过旅游部门公布的 A 级旅游景区的数量。当代游客对景区的诉求不再只是美丽的风景，还要有美好的生活，以及面向未来的调性与质感。值得关注的是，游客不断进入目的地居民生活休闲空间的同时，城乡居民也得益于交通基础设施和公共服务的完善而广泛进入传统的旅游空间。从城市公园、郊野公园、国家公园、国家文化公园到主题乐园、休闲街区和度假区，越来越多的国土空间、文化场馆和休闲场景开始构建起类型更为多样、谱系更加多元的泛旅游景区体系。

二、依托城乡居民的生活场景和叠加休闲内容的美丽风景，共同构成了旅游目的地发展的新方向和旅游产业现代化的新动能

疫情以来，旅游业承受了前所未有的挑战，经历了最为漫长的复苏，旅游景区尤其是中远程游客为主的传统景区承受的压力更大，我和业界同仁感同身受。疫情期间，也有两个值得关注的信号，一是近程旅游和本地休闲的兴起，人们愈加在意身边的美丽风景和日常的美好生活；二是家庭自驾游和自助旅行的兴起，旅游者以其消费选择权获得了对旅游景区、旅游目的地甚至旅游业的定义权，"旅游者定义旅游业，而不是旅游业定义旅游者"正在成为业界的广泛共识。

神州处处是风景。疫情让旅游需求和消费行为发生了很多始料未及又顺理成章的变化。猝不及防的疫情把生命、健康、家庭、亲情、疾病、死亡这些似乎离日常生活很远，又因为埋首于工作而无暇顾及的词汇，近距离地拉进了我们的生活，并促使人们开始重新审视生命的价值和旅行的意义。这种审视带来了显而易见的心理变化：远方的风景固然美丽，近处的

场景更是美好。相对于一个人说走就走的旅行，家庭与亲情、互动与陪伴、健康与安全更值得我们守护。近距离的出行、高频次的休闲、多场景的消费，成为疫情以来节假日旅游市场的显著特征。疫情以来，游客的出游距离和目的地游憩半径明显收缩。中国旅游研究院（文化和旅游部数据中心）专项调查显示：2022年元旦、春节、清明、五一、端午的出游半径分别为110.3、131.8、95.0、99.6和107.9千米，目的地游憩半径分别为8.7、8.3、4.9、6.0和7.3千米。而疫情前的2019年，游客出游半径和目的地游憩半径分别为270千米和15千米。在出行距离缩短的同时，休闲的频次明显提升，消费场景趋于多元，旅游休闲活动可以发生在社区花园、城市绿道，可以在城市公园、郊野公园、国家公园等一切有风景的开阔开放空间，也可以发生在餐馆、酒吧、咖啡馆、购物中心、菜市场、酒店与民宿等商业环境，还可以发生在图书馆、文化馆、博物馆、美术馆、电影院、音乐厅和戏剧场等文化空间。在这片美丽的国土上，处处都是驻足欣赏的风景。

旅游无时不场景。1999年"黄金周"以后，我国进入大众旅游发展的历史进程，从游客到旅游从业者，甚至到旅游主管部门，从旅游景区、酒店、旅行社等传统业态到携程等在线运营商，工作主线基本是以节假日、暑期和冬季等旅游旺季为时间轴，围绕热门旅游目的地和热点旅游景区展开的。如何促进淡旺季平衡、城乡市场平衡和区域旅游发展平衡，是重大理论问题，也是产业实践难题。我国国内旅游人数从1999年的7.19亿人次发展到疫情前2019年的60.06亿人次。这么大规模而且持续、快速增长的旅游市场，十多亿人又是首次出游，如果不能从时间和空间两个方面加以平衡和延展的话，"人民群众更加满意的现代服务业"是不可能实现的。事实上，每到节假日，媒体关于景区拥堵的报道和游客在网络上的花式吐槽屡见不鲜，甚至已经成为节假日新闻的"标配"。这种情况下，传统景

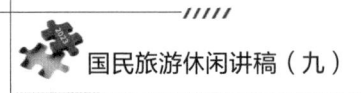

区对于成熟旅游者和年轻群体的吸引力日渐式微。

当场景融入风景，旅游景区和目的地发展的新时代来临了。2020年以来，说来就来的疫情，说走就走的隔离，形成了疫情发生与旅游复苏此起彼伏的"跷跷板效应"。尽管端午节过后迎来了中远程旅游市场复苏的"拐点"，但是受经济周期和收入预期的影响，城乡居民还是更加重视近程旅游和本地休闲。工作日的早市、早茶、电影、戏剧、夜市、广场舞，周末的垂钓、露营、近郊游，碎片化的旅游休闲需求与分散式在地供给相耦合的结果，无意中熨平了中远程旅游市场的不确定性。在休闲旅游者的眼中，春有百花秋有月，夏有凉风冬有雪，无处不风景，时时可休闲。短距离、低消费、高频次的近程旅游和本地休闲，为传统的旅游景区注入新内容的同时，也让传统的消费场景成为新的旅游景区。游客需求的变化也促进了旅游休闲新业态的概念创新和市场导入，比如北京杜威中心的凡·高和莫奈的光影艺术大展、嘉兴的歌斐颂巧克力小镇、蚌埠的禾泉山庄、上海春秋的"建筑可阅读，城市微旅行"，以及春秋集团推出的春野秋梦露营产品等。它们不是传统的景区，而是全新的消费场景，在融合风景与场景的同时，也为景区创新和目的地建设提供了全新的空间和无限的可能。游客对当地生活环境、生活方式的深度体验，对旅游休闲资源的再定义，深化了旅游景区的内涵，拓展了旅游景区的外延。个性化、品质化、多样化的旅游消费需求，将旅游景区带到一个更加广阔的发展空间。

三、重构场景化导向的现代旅游业发展体系

坚持以人民为中心的当代旅游发展理念，从风景到场景，建设主客共享的美好生活新空间。旅游已经成为人民生活的刚性需求和常态化的生活方式，没有任何力量可以阻挡人民对旅行的向往，这是旅游业的信心和力量之所在。同时也要看到，经此一疫，旅游业回不到过去了。城市、乡村

和旅游景区能否吸引游客到访,能否提供给游客更高的满意度和更多的获得感,并不取决于它挂上什么标牌,而是取决于有没有高品质的生活场景。回归日常生活场景,以民生视角思考旅游,是理论研究者、产业实践者和政策制定者应该坚持也必须坚持的立场、观点和方法。随着游客广泛进入目的地居民的日常生活空间,旅游景区乃至旅游产业的边界正处于消失和重构的进程中,由需求侧来定义旅游景区将成为不可逆的趋势。为适应新发展阶段的变化,旅游景区要更加强调游客视角,目的地建设要更加重视需求导向和市场思维。

传统景区要强化场景营造和内容创造,旅游目的地要加强文化引领和科技赋能,方能引领旅游业发展的未来方向。文化要回到生活现场,科技要见人见物见未来,满足游客的当代需求,并通过资本和商业的结合而创造全新的生活场景和消费内容。最美的风景是人,最好的旅行是人的连接。那种蓝天白云、高山大川的空镜头,配上播音腔的历史解说,已经不再能够满足年轻一代游客的需要了。他们不会无休止地追忆逝去的繁华和苦难,也不会无条件地接受既定的旅游线路、项目和产品。当前,经由数字化而来的平等、自由和无限的可能,正在深刻改变包括旅游休闲在内的经济增长和社会发展方式,也为建设现代旅游业体系、推动旅游业高质量发展提供了全新动能。

引入社群经济和社区分享的商业模式,推动旅游景区和目的地分类发展和分层创新。品质化和多样性是大众旅游全面发展新阶段的市场特征,分类与分层并重则是旅游景区和目的地建设的指导思想。我们既要关注自然和人文类景区开发,迪士尼、环球影城、长隆、方特、欢乐谷、海昌海洋公园等主题公园的引入,也要重视高水平旅游度假区的建设,更要关注城市更新进程中的存量资产优化,推动小微型文化、休闲和旅游项目融入社区和景区。洛宝贝乐园、比如世界、杜莎夫人蜡像馆、老舍茶馆、木木美术馆、南京喜事、杜威中心等文化项目可以融入购物中心和休闲街区，星乐度、三华李、永安稻香村等轻度假、泛休闲业态可以融入乡村建设和共同富裕，并成为旅游投资新空间和产业运营新模式。

全面建成小康社会的中国，全面开启社会主义现代化建设新征程的中国，神州处处是风景，休闲无时不场景。全体旅游人，让我们与文化、艺术、科技、教育、体育、工商各界携起手来，让更多的风景叠加场景，更多的场景融入风景，为人民创造更好的旅游休闲生活而奋斗！

感谢中国旅游研究院产业所副研究员战冬梅博士在案例研究、观点形成和文字整理方面对本文的贡献，感谢中国旅游研究院总统计师马仪亮博士和统计调查所的数据支持。

关于景区度假区和休闲街区的新思考

北京·2022年8月13日

旅游&重构·地方战略

冰雪之上　旅游新局

在迎接冬奥会的这个冰雪季，城乡居民对冰雪休闲的向往已经转换成为旅游消费的市场基础。虽然旅游业依然面临着严峻的挑战和漫长的复苏，但是在国家政策和各级地方政府的积极推动下，越来越多的投资机构和市场主体正在抢抓机遇，变革发展，全力构建冰雪旅游高质量发展新格局。

一、冬奥来了，冰雪热了

元旦假期尽管出游人次和消费活跃度均有 5%~6% 的下降，还是有越来越多的游客参与了"迎奥运、上冰雪"的主题活动。数据表明，以冰雪为主要活动背景和消费场景的本地游、周边游持续升温，包括温泉体验、民俗参与、民宿精选、购物过大年的综合消费成为冬季旅游新亮点。长白山等传统冰雪旅游景区和国家级冰雪旅游度假区，特别是北京延庆、张家口崇礼等冬奥会项目所在地的冰雪景区度假区的热度明显升高，南山、北大湖、松花湖、渔阳、石京龙等滑雪场均出现量价齐升的良好局面，并为周边的度假酒店、民宿、乡村旅游、研学旅行项目带来了消费增量。武汉神农架滑雪场三天接待游客超过 2 万人次，深圳、武汉、成都等南方地区的冰雪体验场馆，特别是室内滑雪、滑冰、冰球、冰上舞蹈吸引了众多市民前往体验。一个东北、京津冀、新疆三足鼎立，西藏、青海为代表的青藏高原冰雪旅游观光带，四川、贵州、湖北为代表的中西部冰雪休闲带"两带崛起"，东西南北一年四季全面开花的冰雪经济新格局已经成型。

元旦假期，地方政府为了让城市居民就地上冰雪也是蛮拼的。河北衡水在公园、商场、门店开设了上百个冰雪运动体验区；天津五大道文化旅游景区举办冰雪嘉年华；济南泉城公园建成了冰雪大世界并正式对外开放；甘肃张掖为广大青少年准备了芦水湾滑冰场、佛山滑雪场、流沙河冰上乐园；呼和浩特为厚植冰雪文化培育冰雪市场，对全市19处冰雪场馆全部实施超低门票和免票政策。冰雪旅游强省黑龙江除了哈尔滨冰雪大世界继续领跑市场，更有上了热搜而出圈的歌曲《漠河舞厅》让更多的游客去漠河找北去。

本届论坛将在冰雪城市和冰雪景区的基础上，发布新一轮的冰雪旅游经典和时尚项目。这些项目不是政府依据标准打造的，也不是权威专家评选出来的，而是数百上千年的历史积淀下来的，也是成千上万的人民群众在日常生活中创造出的。无论是大雪时节采头冰、什刹海溜冰、松江赏雾凇、围火滚冰、冰雪那达慕、冰川温泉等冰雪经典，还是漠河找北、雪乡跳雪、雪地摇滚、冰雪光景秀、雪地火锅、首钢冰雪汇等冰雪时尚，都在传承冰雪文化的同时创造富有时代气息的美好生活。这些根植于中国传统文化，面向小康生活的冰雪项目，在冬奥会、冬残奥会的旗帜下熠熠生辉，呈现出旺盛的生命力和持久的影响力。

二、创新来了，市场活了

受益于三亿人上冰雪的政策利好，哈尔滨、张家口等城市因其对冰雪经济的持续投入而稳居冰雪旅游一线城市。哈尔滨、长春、沈阳、乌鲁木齐等兼具资源和客源双重优势的副省级城市和省会城市，伊春、牡丹江、吉林、张家口、延庆、呼伦贝尔、阿勒泰等中型特色城市，阿尔山、崇礼、漠河等冰雪县城，以及禾木、长汀、北极村、喀纳斯等雪乡小镇，都已经成为我国冰雪经济的基础支撑。这些大大小小的冰雪节点之所以能够上榜各种攻略，并成为游客口碑相传的冰雪旅游目的地，不仅仅是因为当地的天然资源，或是网红养成式的宣传推广，而是旅游形象建设、交通基础设施建设、公共服务完善、商业投资、市场主体培育和专业推广等综合作用的结果。需要说明的是，包括冰雪旅游在内的市场开发目的地建设需要网红的加持，但是网红从来就不是旅游经济的全部。对于地市级以上的城市而言，冰雪经济的打造更是需要在当代旅游发展理论的指导下，奉行长期主义、专业精神，多下些笨功夫才好。

受益于三亿人上冰雪的市场机遇，融创、银基等主题公园运营商通过战略投资而成为新型旅游市场主体。过去谈起冰雪，我们脑海中浮现的是长白山、镜泊湖、林海雪原、吉林雾凇等自然景区，还有哈尔滨冰雪大世界、长春冰雪新世界、太阳岛雪博会、瓦萨滑雪节等主题公园和人造节事，后来是亚布力、崇礼、七山、渔阳、石京龙等滑雪场，再后来融创、银基、海昌等主打冰雪、温泉和冬季体验项目起来了，不断刷新我们对冰雪活动的认知。加上文化和旅游部不久前公布的第一批国家级冰雪旅游度假区，一个体育文化旅游融合发展、科技资本创意共同推动、类型多元、层次多样的冰雪经济体系已经成形。市场主体和消费主体是冰雪休闲、冰雪旅游、冰雪文化、冰雪运动发展不可或缺的关键力量，也是冰雪经济最为活跃的因素。从当前形势来看，新型市场主体的投资创业创新活动也是冰雪旅游存量扩容的最大贡献者。

受益于三亿人上冰雪的消费扩容，春秋、广之旅等旅行服务商的研发创新获得了应有的回报。他们面对前所未有的萧条，不抱怨市场，不忽悠政府，成功经营了"建筑可阅读，城市微旅行"的本地游服务品牌。在过去的两年时间里，他们没有时间去顾影自怜，祥林嫂似的逢人便说"疫情之下的旅行社有多惨，你知道吗？"或者在小圈子里冷嘲热讽"那些宏观数据都是有注水的，那些给人信心的报告都是忽悠人"，而是认认真真地调研市场，贴近游客研发产品做好服务。元旦假期第一天，春秋国旅上海总社就组织了2500多人本地游和近程游。他们中有记录上海第一缕阳光的摄影家，有寻找上海根、中国梦的红色旅游者，有体验劳动的辛苦与欢乐的孩子们，有小小飞行员在航空训练营的梦想体验者。令人欣喜的是，还有上千余名上海游客赴长白山体验冰雪世界。正是这些千千万万的游客和业者，让我们在这个寒冷的冬季看见了春天的温暖和秋季的收获。

三、政策来了，新局开了

从现在开始，既要热情迎接冬奥会，更要统筹谋划赛后场馆利用，加快建设京张体育文化旅游带。冬奥会和冬残奥会留给我们的不能只有体育遗产，更要有文化和旅游资产。国家宜尽快发布京张体育文化旅游带建设规划，并指导北京市、河北省和相关区县加快落实。文化和旅游部门要努力释放国家级冰雪旅游度假区市场效应，通过境内外宣传推广和招商引资活动构建冰雪旅游可持续发展能力。辽宁、东北地区要着眼于双循环高质量发展新格局，让冰雪休闲成为建设东北亚国际旅游目的地的战略支撑点。各级政府应以更加坚定的决心和信心，以更加务实的智慧和能力，促进旅游业新旧动能转换，在绿色旅游、生态旅游领域探索出一条有中国特色和地方特色的新路子出来。

进一步浓厚发展冰雪休闲、冰雪旅游的社会氛围，进一步培育发展冰雪休闲、冰雪旅游的制度动能。在每年12月10日"呼伦贝尔冰雪日"、12月12日"长春冰雪节"、12月16日"沈阳暖冬冰雪日"、12月20日"黑龙江省全民冰雪活动日"，以及各地冰雪节和冰雪嘉年华的基础上，设立全国性的冰雪日，时间可以设在每年的冰雪季到来的那一天。具体哪一天，可以请体育、气象和旅游领域的专家、学者多研究。加强冰雪旅游发展的顶层设计，指导有条件的地区制订冰雪旅游发展规划。彻底扭转重大尺度空间规划，轻小尺度项目创新的局面，让广大游客有冰可上，有雪可

玩。制定有利于冰雪旅游发展的行业、地方、团体、企业和产品标准。以游客满意为导向，加强市场监管，在冰雪季期间推出更多的优质旅游产品。指导投资机构和市场主体挖掘美丽中国新内涵，开发小康旅游新产品，以内容创造和消费创造为突破口，建设现代化冰雪旅游生态体系。

无论是战略投资机构，还是传统旅游市场主体，在发展冰雪旅游的进程中，都要关注乡村振兴、生态文明和共同富裕，走可持续发展道路。释放的冰雪旅游消费需求，不能只是催生新业态，还要带动老企业。促进东北和西部冰雪资源富集区的共同富裕，将是平台、渠道和旅游投资、产品研发新业态的共同责任。需要指出的是，政府和行业都要关注占旅游产业总量 80% 的中小微型企业，以及占产业总量 80% 的传统产业。在当前形势下，保就业、保市场主体，推进市场复苏和旅游业高质量发展是需要高度重视，也是必须完成好的政治任务。为此，我们要保持必胜的信心与国家政策相向而行，更要发挥市场的内生动力和企业的创新活力。

2022 年已经到来，综合考虑疫情防控和经济社会发展因素，旅游业大概率不会出现报复性反弹，但是复苏向好的进程不会停止，创新发展的势头不会减弱。只要相信人民对美好生活的向往没有变，只要时刻把游客每一份细微的诉求都回应到极致，就没有战胜不了的困难。苦难从来都是生活的一部分，没有苦难哪来幸福？历史是人民创造的，是举薪而燃烧的人引领前行的，哪怕在至暗时刻，也要以微躯之力点燃信仰的火炬。让那些自怜自叹者、坐等救助者、刻舟求剑者、冷嘲热讽者对我们品头论足吧，既然选择了冲锋陷阵，就别管什么枪林弹雨。

我永远相信黎明，因为你在，就是黎明。

2022 中国冰雪旅游发展论坛

北京·2022 年 1 月 5 日

中非旅游合作与世界旅游共同体建设

女士们、先生们：

在去年的"中国和非洲英语国家旅游合作研讨会"上，我的发言主题是《等着我吧，非洲》，重点是作为拥有巨大增长潜力的国际旅游目的地，非洲面向中国市场要优化推广策略和完善接待体系。进一步的研究发现，中非旅游合作远不止"客源地中国+目的地非洲"那么简单。非洲不仅仅是拥有塞伦盖蒂和马塞马拉草原、东非大裂谷、撒哈拉大沙漠、尼罗河等壮丽风景的非洲，非洲还是人类文明曙光升起的地方。如果我们有机会走进埃塞俄比亚国家博物馆，在320万年前的"露西"，还有依次陈列的200多万年、100多万年、40多万年、20多万年等不同年份的古人类化石面前，一定会对习近平总书记多次阐述的人类命运共同体有着更深的理解。非洲不仅是矿业潜力最大的地区，也是"一带一路"国家、金砖机制成员国家，双边贸易和投资快速增长的地区。这里的矿产储备占到全球的2/3，黄金、钻石、铂、钯、钴、钼等贵金属和稀有金属占全球一半以上，紫金矿业、洛阳钼业、山东魏桥、华友钴业等商业开发机构，与光伏发电、高速交通、港口码头等基础设施的主权投资基金，以及公共文化、医疗卫生、群众体育等领域的援助项目，共同构成了非洲经济社会发展的加速器。不断增长的贸易投资、人文交流和国际合作，为中非旅游交流和产业合作提供了广阔的市场空间。

一个拥有壮美自然风光和灿烂历史文化的非洲,一个拥有丰富自然资源和可见经济增长的非洲,将为中国出境旅游者提供更多的目的地选择。一个民族复兴人民幸福的小康中国,一个工商繁荣科教兴盛的现代中国,也将吸引更多的非洲人民到访。数据表明,包括非洲在内的"一带一路"国家和地区已经成为中国入境旅游市场增长最快的客源地,包括传音、中兴和华为手机、凤凰牌自行车、雄鸡牌锄头、三环牌锁具、美加净护肤品、两面针牙膏等品牌商品,都是访华游客愿意购买的商品,浙江的义乌小商品市场、北京的秀水街、深圳的华强北,也是十分热门的旅游购物目的地。越来越多的商务旅行、教育留学、人文交流和观光休闲旅游者,在体验美丽中国和了解当代中国的行程中,进一步推动了中非经贸往来和多层次多样化的双边合作。

肇始于19世纪40年代的近代旅游业,经过近两百年的发展,当代世界旅游经济基本形成了"三强多极"的发展格局。"三强"是北美、西欧和亚太,"多极"包括拉美、西亚、北非、澳新和南太平洋岛国。总体来看,除了埃及、摩洛哥、南非、留尼汪岛,60个非洲国家和地区尚未加入现代旅游业进程。埃塞俄比亚和布隆迪等东部非洲国家、利比里亚和几内亚等西部非洲国家、喀麦隆和刚果等中部非洲国家、博茨瓦纳和纳米比亚等南部非洲国家,还有毛里求斯、马达加斯加、塞舌尔、亚速尔、加那利、马德拉等岛屿国家和地区,拥有丰富的海洋资源和灿烂的文化遗产,尚没有成为包括中国公民在内的优选海外目的地。更不用说旅游基础设施和商业接待体系的投资,以及国际旅游工作体系的话语力和影响力。这并不是正常的、可以任由其发展的情况。缺少占全球人口五分之一的非洲人民的参与,全球旅游业的繁荣发展是不全面的,世界旅游共同体的建设完善也是不可想象的。

习近平总书记指出,构建人类命运共同体是世界各国人民的前途所在。推动世界贸易组织、亚太经合组织等多边机制更好地发挥作用,扩大金砖国家、上海合作组织等合作机制的影响力,增强新兴市场国家和发展中国家在全球事务中的代表性和发言权。2019年,中国以1.55亿的出境游客成为全球最重要的客源市场。过去三年,受新冠疫情的影响,持续增长的出境旅游市场出现了阶段性停滞,但是从近期的航空、移民和领事政策看,出境旅游正在接近有序复苏的窗口期。读万卷书、行万里路,自古以来就是中华民族的优秀传统和生活方式,出境旅游尤为人民所向往。一个实现全面小康的中国,一个正在以中国式现代化全面推进中华民族伟大复兴的中国,将不会追求任何时候、对任何国家和地区的旅游服务贸易顺差,而是鼓励更多的国民在这个蓝色的星球上自由行走。未来五年,稳步恢复增长的中国出境旅游将为包括非洲在内的世界旅游业提供新机遇,以真正的多边主义推动建设世界旅游新格局,更好地惠及包括20亿非洲人民在内的世界各国人民。

开放是当代中国的鲜明标识,推进更加便利化的旅行政策和更高品质化的旅游接待,是我们共同的责任。通过双边旅游、文化、领事、移民、航空、海事、口岸等部门的政策创新,为游客互访提供更多的签证便利和航线选择;通过旅行社、在线旅行商、旅游零售、酒店、民宿、景区度假区等商业机构的务实合作,为国际旅游者提供高品质的旅游与旅行服务;通过国家开发银行、国家主权投资基金、商业银行、产业基金等金融机构的项目投资,不断完善非洲的旅游基础设施和接待体系,让中非旅游交流合作从政府推动阶段稳步走向市场推进阶段。

中国旅游研究院愿意进一步与非洲各国的旅游政策研究、市场推广、教育和培训、接待服务等部门机构加强合作,通过数据交换、专题研究、会议论坛、专题培训,以及"欢迎中国"(Welcome Chinese)海外认证项目,有效提升非洲各国在中国出境旅游市场的知名度和影响力，帮助非洲各国的旅行服务、住宿、零售、餐饮、文博场馆、景区和度假区等旅游机构开发更有针对性的产品，不断提升服务品质和游客满意度。

"中国和非洲国家旅游合作研讨会"在线开幕

北京·2022年11月16日

中韩旅游三十年　木槿花开再逢君

尊敬的梁德淳院长，尊敬的王鲁新总领事，中韩两国旅游业界的朋友们：

下午好！

很荣幸获邀在第六届中韩 21 世纪海上丝绸之路发展与合作国际论坛发表演讲。首先我要对梨泰院踩踏事件不幸遇难者致以深深的哀悼！

一、中韩建交三十年来，旅游交流稳步增长，两国已经互为最重要的客源地和目的地

中韩两国是一衣带水的近邻，在相当长的时期内却是陌生的邻居。1992 年中韩建交之前，除外交和经贸往来，两国人民鲜有机会踏上对方的国土，对彼此的认知更多来自教科书和世界地图，《春香传》和《三国演义》，《阿里郎》和《茉莉花》。建交之后，先是大批的韩国人来华旅游，1994 年就有 34 万人。随着中国公民出境旅游市场的兴起，韩国很快就成为中国游客愿意到访的目的地国家。1999 年，赴韩国旅游的中国公民达到 31.04 万人。过去二十年，中韩两国旅游交流进入了持续增长的快车道。2019 年韩国来华游客 434.66 万人，年复合增长率 10.73%；同年中国公民赴韩游客 648.58 万人，年复合增长率 17.64%。

旅游不仅为两国带来了可观的购物、住宿、餐饮和娱乐消费，对经济增长和就业做出巨大的贡献，也有效增进了民间交流和彼此的了解。韩国

的化妆品、护肤品、时装、首饰、美食和美容服务是中国游客的必选项目，不少年轻人选择住在乐天酒店，美食、美容加购物，回国的行李箱往往是超重的。当然，韩国不仅是购物天堂，还有承载悠久历史和文化的遗产，通度寺、景福宫、庆南梁山、全州韩屋村、水原华城，都给到访者留下了深刻印象。2013—2020年中国出境旅游者满意度调查显示，中国公民赴韩国旅游的满意度逐年提升，2019年以后上升到80分，达到满意水平。

2002年就实施对中国公民30天停留免签的济州，因为距离近、航班密、接待设施完善、性价比高，而成为中国游客出境休闲度假的首选目的地。偶来小道、柱状节理、泰迪熊博物馆、渔女博物馆、Maison Glad酒店，还有海鲜和牛肉等美食，都可以在各大社交平台上看到游客分享的照片和视频。专业经营中国公民赴韩游的乐道旅行的数据表明，济州还是中国游客愿意重复访问的目的地，自行车骑行、登山、徒步、购物、美食等休闲项目，以及韩服出行旅拍、一小时学做紫菜包饭与辣炒年糕的韩餐制作、韩林海鲜拍卖、归德海水透明皮划艇、琵琶岛徒步等沉浸式体验，共同支撑了济州的休闲消费目的地形象。北京游客来济州度假过周末，仿佛坐高铁去天津似的，就是一场说走就走的旅行。

二、旅游发展离不开中韩两国的政治互信、经贸互动和文化交流

旅游发展受益于政治互信。两国关系从1992年建交时的"友好关系"，到1998年的"合作伙伴关系"，2003年发展为"全面合作伙伴关系"，2008年提升为可以讨论多种议题的"战略性"合作伙伴关系，2013年达成了"实质性"战略合作伙伴关系。两国建交三十年来的政治互信是稳中有升的，高层互访释放的信息和权威媒体传递的声音，一直都是稳定而务实的。无论是旅游业界，还是教育研究和专业智库，都应更加重视国家元首、政府首脑、政府高官和权威媒体在国际旅游交流中所扮演的角色，以及所发挥的作用，对东北亚和东亚国家更是如此。现在的旅游传播和市场推广受欧美影响很深，比如对互联网媒体和社交平台的"网红"或者"意见领袖"（KOL）给予了超常重视，有意无意忽略了国家意志和政府力量对旅游业的影响力。

旅游发展受益于经贸互动。1992年中韩贸易约50亿美元，2005年增至1000亿美元，2011年达到2000亿美元，2021年突破3000亿美元。2005年签署生效的中韩自贸协定，是两国经贸关系发展史上的里程碑，不断完善的人民币兑韩元直接交易机制，增强了两国抵御国际金融风险的能力，降低了企业交易和货币兑换成本。今天，中国已经成为韩国最大的进出口贸易伙伴国，韩国即将超过日本，成为中国第二大贸易伙伴。建交三十年来，三星、SK、LG、现代等著名企业，在电子信息、石油化工、汽车制造领域对中国进行了大规模和高质量投资，如三星将存储器生产线落户西安，LG将先进的有机液晶面板生产线放在深圳。2022年1—7月，韩国对华投资增幅高达44.5%，居主要投资国增速首位。中韩合作推动了两国经济发展、技术进步和市场扩容的同时，也带来了持续增长的商务旅行和会展旅游的消费需求。

旅游发展受益于文化交流。建交以来，中国在首尔设立了中国文化中心，韩国在北京、上海分别设立了韩国文化院，与使领馆的文化部门和旅游办事处一同构成了多元化、多样性的文化外交新格局。通过孔子学院、"欢乐春节"等项目，更多韩国人得以了解中国的传统文化。值得关注的是，SM、YG、JYP等文化企业，金喜善、全智贤等电影表演艺术家，还有"鸟叔"、EXO、TWICE、NCT、IVE歌手和艺人，《我们结婚吧》等综艺节目在中国年轻群体中拥有广泛的影响力。中国新生代歌手和演艺人员如宋茜、程潇、许光汉在韩国年轻人群体中也有一定的知名度。文化交流尤其是面向Z世代的潮流文化，有效增进了民间的好感度，丰富了国家旅游形象和在地体验,电影《假如爱有天意》《我的野蛮女友》、电视剧《大长今》、综艺节目《我们结婚吧》的外景地也是中国游客的打卡地。

三、中韩旅游交流合作需要更多的制度创新,推动旅游业的可持续发展需要政产学各方的相向而行

持续建构有利于中韩旅游交流的民意基础。好邻居,常来往。国之交,在民相亲;民相亲,在常来往。为此,我们要多渠道释放更多的善意,进一步增进两国民间尤其是青少年群体的好感度。邻居是搬不走的,美好生活要彼此分享。在线旅行商去哪儿的数据表明:哪怕是传统的出境旅游淡季3月15日到5月31日、11月15日到1月15日,因为恰逢韩国的樱花季和滑雪季,疫情前也连续三年保持了30%以上的增速。其中24~35岁的年轻人是主力客群。希望两国文化体育和旅游部门要推动开展更加广泛的包括音乐会、非遗展示、演唱会和综艺在内的文化交流,让青少年成为相知相亲的好朋友。尽管也会有这样那样的波折,还是希望中韩两国的旅游推广机构、资源商和旅行商无论任何时候,都要拉钩不脱钩,拉手不放手。务实推进"亚洲旅游促进计划",面向散客、自由行和青少年市场,重点发展青少年研学旅行、文化遗产旅游、美食旅游、生态旅游、乡村旅游。当游客的体验场景不仅在酒店、度假村、主题乐园和免税店,而是走进城乡生活的每个角落,我们才能看见彼此过去的历史、现在的模样,还有未来的方向。促进人民之间的了解、信任与好感,应是比消费、投资和就业更加重要的旅游发展目标。

优化完善更加有利于中韩旅游合作的制度安排。在 APEC、RCEP、中日韩旅游部长会议等多边合作机制,以及第二轮中韩自贸协定等双边合作框架下,持续推动中韩两国旅游合作向更高层次、更高水平迈进。进一步实施更加便利化的签证与通关政策,建设更加友好的语言环境和智慧旅

游界面。联合推广东亚文化之都，开发一程多站旅游线路，共建东北亚国际旅游目的地。各自发挥海滨城市和海岛的客源优势、港口等基础设施优势，加强海事、海关、法律和专业人才培养方面的合作，把黄海、东海、日本海培育为国际邮轮旅游、海岛旅游和海洋旅游目的地。遗产旅游和生态旅游也是两国合作的新领域。中国拥有联合国粮农组织（FAO）认定的全球重要农业文化遗产18项，居世界首位，还有农业农村部认定的中国重要农业文化遗产合计138项。如何经由科学规划在传承保护和开发利用之间取得平衡，并对地方和基层进行专业指导，需要借鉴包括韩国在内的国际经验。比如，韩国宝城郡成立渔村合作社负责对全球重要的农业文化遗产——泥船渔业系统进行统一保护，传承和发展传统渔业知识，在各类展览展示中着重体现农业文化遗产，并作为旅游目的地向国际国内旅游市场推广。

有效促进旅游投资和市场主体合作。旅游合作需要中央政府层面的会晤、共识、互设办事处等制度创新，需要地方政府在目的地宣传推广方面的务实合作，需要教育、研究、媒体、文化、艺术等多个领域的互动，更需要旅游投资机构、航空客运、邮轮公司、旅行服务、酒店管理、旅游零售等市场主体在旅游景区和度假区建设、旅游城市和休闲街区营销、夜间旅游组织和美食旅游产品研发等领域的深度合作。近年来，中韩两国旅游业界之间的合作逐渐从产品、市场层面转向股权投资。2021年10月18日，中国海昌海洋公园控股有限公司与亚洲领先的私募股权基金安博凯（MBK Partners）达成总金额超过65亿元人民币，包括战略合作、股东协议、股权买卖、品牌授权和过渡服务等协议。中韩旅游合作需要大企业，也需要更多中小微型企业和专业人士的参与。成千上万的旅行社、在线旅行商、民宿、分享住宿、旅游零售、休闲娱乐等市场主体，尤其需要数字化转型以提升抵御风险的能力。在中韩自贸协定、中日韩旅游部长会议、亚太经合组织等双边和多边合作框架下，为两国旅游领域的中小微型企业提供专业培训、考察交流和商务对接，是面向未来的合作选项。

衷心期待来年木槿花盛开的季节能够再访韩国，和济州的新老朋友一起去偶来小道散散步，一起在柱状节理的海边吹吹风，畅谈我们共同的未来。

第六届中韩 21 世纪海上丝绸之路发展与合作国际论坛

北京·2022 年 11 月 1 日（线上）

当代学者要在解释世界中建构理论,也要在参与完善改造世界中发展理论。数据、观点、思想和行为进入了舆论场,不可避免要接受四面八方的审视,赞可同行者有之,反对嘲讽者亦有之。听从时代的呼唤,运抟与媒体面对面。在大众视野的簇拥下,在智慧观闻的道路上,以文明认识的世界观、绿色认识的未来感,指行业以方向,予业者以力量,给年轻人以力量!

PART 4

2023 TRAVEL

媒体面对面

PART 4

论文化和旅游融合发展的企业主体性

"十三五"时期,文化建设和旅游发展稳中有进、繁荣向好,在党的十九届六中全会精神指引下,探讨文化和旅游融合需要怎样的企业主体论,以期在"十四五"时期更好地深入贯彻总书记关于文化和旅游工作的系列重要论述,把握新发展阶段、贯彻新发展理念、构建新发展格局。

一、文化只是事业,旅游只是产业吗?

《深化党和国家机构改革方案》发布后,2018年3月底到4月初,原国家旅游局官方网站曾经短暂出现过"旅游事业、旅游产业"的说法,以对应原文化部官网的"文化事业、文化产业"。随着文化和旅游部的正式组建,这个说法被"文化事业、文化产业和旅游业"取代。直到《"十四五"旅游业发展规划》征求意见时,仍有不少同志希望能在国家层面上给予旅游业更加明确的属性定位和更高的战略地位。从"九五"到"十三五",国家不断提升旅游业的战略地位,从"永远的朝阳产业"到"国民经济新的增长点",再到"国民经济的战略性支柱产业和人民群众更加满意的现代服务业"。"十四五"对旅游业的战略定位,是继续强调旅游业的经济属性和产业特征,还是关注文化属性和事业特征,或者从"经济性很强的文化现象"出发,提出文化和旅游融合导向的社会属性新论断?现在看来都还没有定论。能够为文化和旅游系统、旅游行业和社会各界广泛接受的新论断和新观点,还有待进一步研究,并期待在讨论中形成共识。

社会分工意义上的产业主要是从生产工具和生产对象的角度划分,比如第一、第二、第三产业。产业的经典定义是从产业经济学的角度出发,即生产同类产品的企业集合体,比如煤炭产业、钢铁产业、家电产业等。与这些产业从供给侧下定义不同,作为"朝阳产业"的旅游业,作为"后来者"的旅游行政管理部门,更多是从需求角度加以理解和定义。广义的旅游产业包括所有为旅游者提供信息、交通、住宿、餐饮、游览、娱乐、购物、社交等综合或专项服务的企业,狭义的旅游产业主要是指旅行社、酒店和景区,国际通行的定义是旅行社、酒店和航空公司。"旅游+""+旅游"常被放在一起,但实际上,"旅游+"是狭义旅游业的视角,而"+旅游"则是广义旅游业的视角。

旅游围绕旅游者的需求链条展开,旅游者有文化休闲和精神享受的需求,旅行社、酒店和景区等典型业态就要加以满足。事实上,有能力提供并愿意满足旅游者出行、观光、住宿、餐饮、购物、娱乐、社交等异地生活需求的企业,都可以称为旅游企业。从这个意义上讲,旅游业没有什么必然的嫡系部队和天然的主力军。携程刚开始做地面推广的时候,没有被认为是旅游企业,逐步做大以后从"机票+酒店"进入景区门票,从增量需求转入存量市场的竞争,传统旅行社才感觉到威胁。金色假日等旅行社试图以《旅行社条例》《导游人员管理条例》为武器,借助法律和行政的力量将其逐出市场,终未成功。美团、高德等在线本地生活服务商,抖音、小红书、哔哩哔哩、爱奇艺等互联网内容提供商,科大讯飞、中国电信、华为等科技企业,以主客共享的美好生活创造者的身份进入旅游业,成为新型旅游市场主体,有的还成了旅游集团20强的一员。类似的案例也发生在旅游住宿、旅游休闲、旅游购物、旅游娱乐、旅游交通等领域。

2020年底一篇网络自媒体文章《旅游集团20强的"中国往事"》，对过去12届进出榜单者进行了盘点，以新闻叙事专业理性的风格讲述了旅游市场主体外延变迁，可以作为参考文献加以阅读。

游客是离开惯常环境的居民，居民是回到惯常环境的游客。从需求牵引供给的原理出发，服务本地居民的商业、文化、交通企业，将为游客提供更多的在地化产品，而旅游企业也将为本地居民提供更多的休闲、娱乐和出行服务。随着国民受教育水平和文化素质的提升，旅游市场主体不设法提供更多有文化内涵的产品，不以文化建设和价值观引领发展方向，将是不可持续的。一旦电影院、戏剧场、歌舞厅、电竞场、艺术节、历史文化街区、商业街区、博物馆、美术馆、文化馆、科技馆等文化遗产传承与活化空间向游客开放，也必然会引入需求、投资、成本、效益、品牌等市场理念和商业模式。

2020年以来，新冠疫情加速了旅行服务业的去旅行社化、旅游住宿业的去星级酒店化、旅游休闲业的去旅游景区化的变革趋势。随着全面建成小康社会和数字化时代的来临，随着旅游成为国民大众的日常生活方式，游客广泛进入目的地居民的日常生活空间，旅游产业边界必然会消失和重构，从需求侧定义的旅游企业将代替从供给侧定义的旅游企业。这一趋势不会因为传统旅游业者的不接受和行政部门的不适应而停滞不前，就像汽车取代马车和人力车，轨道交通和航空航天快速发展那样，人类对于安全、效率和品质的要求一直都在，变化的只是满足需求的方式。

二、旅游产业如何体现文化，文化事业何以融入旅游？

从发展理念入手，通过理论建设、学术研究和教育培训，把文化产业和旅游产业的市场主体统一到民族复兴和人民幸福的中国梦上来。不再被动地证明"我不是什么",而是着力阐释"我是谁"。理论上彰显人民的文化权益和旅游权利,实践上以高品质的文化项目和优质旅游服务不断满足人民对美好生活的向往和追求。不管是文化机构还是旅游企业,心中都要时刻装着"国之大者",时刻想着人民所需,都要以人民美好生活为宗旨和导向。文化机构也要讲效能,讲创作和研发;旅游企业也要讲文化自信,讲价值观引领。文化和旅游融合发展不是要把文化机构改造成旅游企业,也不是要把旅游企业转成文化事业。相反,只有文化机构和旅游企业在各自的领域做得更优秀了,才有可能在更高的层次上,在中国梦的旗帜下真正实现融合发展。从这个意义讲,"宜融则融、能融尽融;以文塑旅,以旅彰文"的指导方针没有过时,必须坚持下去。

从"印象系列""遇见系列""又见系列",到"千古情系列"的旅游演艺,从南京旅游集团的"南京喜事""熙南里""长江传奇",到河南建业的"戏剧幻城·只有河南",再到四季文旅的艺术汇,从良业科技的"塘河夜画""夜上黄鹤楼",到珠海的"九洲船说·相约大海"系列,都可以看到旅游企业主动介入文化艺术领域,并取得了商业成功。新冠疫情期间,广州花园酒店拿出2000多平方米的营业面积,与中国旅游研究院合作建设融酒店专业教育、城市发展历史和企业形象展示为一体的窗口。但是总体上看,市场主体层面的文化和旅游融合还是策略性、分散式的产品创新,而非全局性、系统性的战略升级。要想改变这一现状,文化事业和文化产业领域的相关机构也要相向而行,把游客纳入公共文化的服务对象和商业文化的消费主体。中国虽然培育出了欢乐谷、长隆、方特、海昌海洋公园等本土主题公园品牌,但是和迪士尼、环球影城、默林、六旗这样有全球影响力和深厚文化底蕴的旅游休闲企业相比,还有漫长的道路要走。从现状来看,多数文化机构包括已经转为企业的文化市场主体，出于财政供养的惯性依赖、对旅游市场的不了解、对意识形态化问题的担忧、对人民群众的文化需求研究不深等原因，在融合发展进程中既有不愿为也有不能为的问题。越是这个时候，越不能有退回去的想法，越是要以自我革新的智慧和勇气，在主客共享的美好生活新空间发展、壮大自己。

企业家和旅游人要以价值观引领企业的发展，把文化建设的要求具体落实到项目和产品上去。作为经济属性较强的文化活动，旅游有没有意识形态和价值观的问题？有没有立场、观点和方法的问题？肯定有，理论上不要讳言，实践中更不要回避。要不要区分谁是服务对象，谁是竞争者和同行者？肯定是要，战略上要系统研判，战术上要有效应对。作为市场化程度很高的旅游业，在 20 世纪 80 年代是国家、地方、集体、个人、外资"五个一起上"，形成了数量庞大、性质多样和类型多元的民营企业，要不要发挥他们的积极性、主动性和创造性的同时，坚持社会主义核心价值观的引领？肯定要。旅游企业要讲文化自信和价值观引领，要尊重经济属性和市场规则，有针对性地加以引领和指导。党的十九届五中全会提出，要建设一批"文化底蕴深厚的"世界级旅游景区和度假区，建成若干"文化特色鲜明的"国家级旅游休闲城市和街区，我们不能只看后面的项目建设而忽视了前面的文化要求。这几项工作，在《"十四五"文化和旅游发展规划》《旅游业"十四五"发展规划》，以及国际文化交流和旅游合作、非物质文化遗产保护、公共服务等专项规划中均有重点部署，文化和旅游系统的年度工作计划也有明确要求。延续过去出标准、做动员、抓创建、发牌子的工作思路，能调动地方政府的积极性，但对企业的积极性和参与度提升作用不大。如何深化理论研究，强化政策设计、发展规划、融合战略的学理支撑，让文化真正成为休闲度假项目建设的价值引领者和研发驱动者，是专业研究机构和理论工作者必须回答且要答好的现实课题。

文化事业单位要有效能意识,文化企业要有市场意识和效率要求。体制内的40万文艺演出人员,2019年演出收入不到130亿元,观众人数不到14亿人次。如果任由这种情况持续下去,既解决不了文艺作品留得下和传得开的问题,也解决不了文化创作"有高原、无高峰"的问题。文化市场主体需要在观念、体制、机制和政策等方面稳步推进改革,积极扩大对内对外开放。文化不能只靠"我给予,你接受"这种自上而下的塑造,也要靠自下而上的构建。好莱坞、环球影城、迪士尼、红磨坊是文化,还是旅游?上海的"建筑可阅读,城市微旅行"、北京的"故宫以东,一见如故"、广州中国大酒店的"消失的名菜",是旅游,还是文化?城乡居民和到访游客不可能,也没有必要分清楚,辨明白。文化是旅游价值的引领方向、旅游体验的重要内容、旅游创新的动能要素;旅游是文化的传承者、传播者,也是创造者。旅游是人类长存的生活方式,是基本权利,是发现文化之美、增强文化自信的过程。相对于传统的舞台艺术、古典音乐和当代美术,面向游客的文化项目和艺术作品参与门槛相对较低,受众的广泛性能够得到保障。无论是文化中的旅游,还是旅游中的文化,都不再指向单向度的消费,而是通过融合指向全面发展。

　　"十四五"文化和旅游发展的战略任务是构建和完善社会文明促进和提升工程,新时代艺术创作体系、文化遗产保护传承利用体系、现代公共文化服务体系、现代文化产业体系、现代旅游业体系、现代文化和旅游市场体系、对外文化交流和旅游推广体系。"一个工程、七个体系"的实现,离不开文化和旅游市场主体的主动担当和群众的相向而行、积极参与,让人民群众在文化和旅游活动中理性消费,在文明出行中感悟文化之美,增强文化自信。这些要求是对文化和旅游系统提出的,也是对文化和旅游行业提出的,不是要不要做的问题,而是如何贯彻好、落实好的问题。

三、市场主体的担当与作为，需要什么样的环境和条件？

各级党委和政府要充分重视各类文化机构和旅游企业的市场主体作用。文化和旅游部组建不久就确立了"宜融则融、能融尽融；以文塑旅，以旅彰文"的工作方针，用以指导文化和旅游系统的各项工作。在2019年中国旅游集团发展论坛上，时任文化和旅游部部长雒树刚进一步强调旅游企业在文化和旅游融合发展中的地位和作用，希望文化企业30强和旅游集团20强要成为文化和旅游融合发展的引领者和示范者。他在旅游集团年会上对企业家提出的意见与建议逐条研究和答复，提升了行业的归属感。在2020年中国旅游集团发展论坛上，文化和旅游部部长胡和平指出，旅游企业是现代旅游业的核心，在推动中国旅游业发展中发挥了主力军的作用。希望其在新发展阶段要坚持文化引领，做文化自信的培育者和践行者，以满足人民美好生活需要为目标，做大众旅游的促进者。推动科技赋能，做智慧旅游的示范者。他在《人民日报》发表的署名文章中强调文化事业、文化产业和旅游业各自的特性和发展规律，以及在此基础上的融合发展。

科技企业和互联网平台要主动作为，让科技创新成为市场主体融合发展进程中的关键角色并发挥积极作用。数字化和智能化让传统文化以时尚、活力、低门槛的新形象重新走进国民大众的日常生活，首次亮相央视春晚的虚拟歌手洛天依、河南卫视春晚节目《唐宫夜宴》的全网热播，说明只要有合适的平台和传播方式，年轻人一样会走近经典。博涛文化的双球幕体验馆、巨型仿生机械艺术装置，天健科技的旅游短视频定制，哈尔滨冰雪大世界的北极熊酒店、有戏电影酒店，四季文旅的爱摩星球乐园萌宠动物体验等众多案例表明：只要能为游客创造生活新内容，就一定能为旅游企业营造消费新场景。一旦科技驱动的规模化创新成为现实，旅游企业就能极大地拓展赖以生存的市场空间。

教育、研究和公共服务机构要创造条件让文化机构和旅游企业的负责人相互了解、相互理解、彼此尊重。通过文化消费数据、国民休闲、旅行服务、旅游住宿、旅游景区的发展报告、旅游集团化发展论坛、文化和旅游融合创新项目、旅游科技创新项目，促进文化机构和旅游企业的负责人多理解、深交流、广合作。没有共情的融合是表象的而非深入的，是局部的而非系统的，是用来宣传报道、评比表彰而非用于市场拓展和产品创新的。我们要有高度的市场敏感性，在数据支撑的基础上建设旅游业高质量发展的理论体系，引领市场主体在大众旅游的旗帜下、在智慧旅游的道路上创新前行。

四、文化和旅游融合需要什么样的市场主体论？如何建设？

在促进文化和旅游融合发展的过程中，理论工作者和教育、培训、研究机构要有"国之大者"的责任意识，在各级党组织的领导下主动回应社会关切。文化和旅游融合发展，也会引起或左或右的争论，有的机构和个人为了话语权及其背后的利益而选择性地使用数据和观点，还可能以语不惊人死不休的句式和标题党风格带节奏。对此，哲学社会科学领域的理论工作者必须要以高度的理论自觉和专业自信给予必要的回应，并做好承担种种压力和指责的心理准备。基于推进旅游业高质量发展的国家战略，为了人民的旅游权利而发声，认可和同行的人就会越来越多。新冠疫情期间，高度市场化的旅游业受到了前所未有的压力和挑战，经历着最漫长的复苏。有人说"文化多是事业单位，无论多难都有饭吃，旅游则是企业，市场严冬会继续大把倒闭，但此时却看不到同舟共济"，类似的论断看上去很吸睛，但是不全面，也不利于文化和旅游融合发展。文化领域有事业单位，看上去稳定，但是财政困难时也会很艰难，经济好转时又受工资总额的限制。文化和旅游企业，有困难低迷的时候，也有繁荣兴旺的时候，面对不同的文化和旅游市场主体，既要正确认识社会属性和经济属性，也要以平常心对待事业成本和企业绩效。随着社会保障的全覆盖和均等化，企业倒闭不代表员工没有活路，救员工而非救企业是世界各国各地产业政策的普遍做法。还要注意不能走向重文轻旅的另一个极端，"导游随意解读文化、旅行社欺客宰客、旅游业唯利是图"，这种说法也是以偏概全带节奏的论断。文化领域不仅有事业，也有产业；文化不仅是文化和旅游系统的舞台艺术、公共文化和非物质文化遗产，还有系统外的新闻、出版、广播、电影、电视、文化装备制造等。系统内的企业和系统外的事业同样负有文化建设、文化和旅游融合的任务。持续创新的室内外主题乐园、旅游演艺、沉浸式演出等也是文化。对任何领域的艺术创作、产品创新和文化创造，都要给予必要的尊重。

理论研究不能只围着文件转，学术研究不能只盯着头部企业，要和市场主体一道沉下去，下到基层去，沉到一线去。让陈列在大地上的遗产、收藏在禁宫中的文物、书写在典籍中的文字都活起来，这是国家的需要，也是人民的期盼。要引入包括旅游在内的文化系统之外的力量，从人民群众的现实需要出发，重新赋予传统文化以当代审美、时尚和实用功能。绝大多数情况下，非物质文化遗产的生命力并不在于进入高雅艺术的殿堂，获得国家级、省级的奖项，而在于它深深地扎根于时代的沃土，成为广大人民群众的日常所需。理论是灰色的，而实践之树常青。市场主体如何贯彻新发展理念，研发和投放人民群众喜闻乐见的文化和旅游融合项目、产品和服务，往往是不可预测的概率事件，要有一个实践试错和包容监管的过程。如果对这个过程没有实践和感悟，只是待在书斋里索引文献，却连一次农村的集市都没有赶过，一次城市的戏剧场都没有去过，注定做不出什么大学问。广大旅游理论工作者和科研人员要像周朝的采诗官那样走到田间地头，从民谣、民风、民俗中发现需求变迁和市场空间，在调研报告的基础上形成学理支撑的原创性理论成果。这样的理论一旦为市场主体所掌握，就会成为推进文化和旅游融合发展的强大动能。

《发展研究》月刊上发表特稿
北京·2022年2月15日

先培养快乐的学生,再培养产业领袖

戴斌院长认为,旅游市场蕴含在人们出行前中后的各个环节,其实遍地都是旅游业;让旅游者来定义旅游业,旅游业才能越走越宽。同时他也对青年人给予朴素的期望:热爱行业、快乐成长,站在现实里去理解产业。

一、遍地是风景,处处是旅游
· 让旅游者来定义旅游业,旅游业才越走越宽

我们过去对旅游业的理解就是做景区、酒店、旅行社。如果在旅行社,大家认为就是做导游的。这种认知把旅游业越做越窄了。我刚刚在演讲中提到"旅游者在定义旅游业",我们要从这个角度去理解。

刚才学生说旅游是"食住行游购娱",这是按模块来说的。如果从消费的角度来理解,消费的决策需要信息的收集和整理,这需要数据的生产。所以,一些新媒体平台的旅行内容和营销算不算旅游业?拍旅游的广告片、在小红书上写游记、去米其林和黑珍珠餐厅探店,这些做旅游创意生产的算不算旅游业?马蜂窝是靠游记起家的,还有小红书、哔哩哔哩旅行板块的内容,你们年轻同学都喜欢在里面做攻略。所以,仅仅是旅游目的地的宣传推广这一板块,就有这么多业态可供我们去选择。

做了旅行决策之后,大家第一件事是买票。当年从北京来广州,在携

程买机票这一页面是按照时间来排序的。去哪儿网的出现,让机票按照价格从低到高排序,这东西现在看起来是个很简单的事情,但当时彻底颠覆了整个线上机票售卖的商业模式。单就卖票这么一个小小的动作,就催生了一个新的企业。

接着就是交易的环节。过去交易的流程非常简单,拿现金到窗口一手交钱一手给机票。今天,我们可以通过微信、支付宝、银行卡支付,这个线上的钱从哪走?中国银联、工商等银行都有通道。仅仅交易这一件事情就会涉及金融、科技、电信、大数据等一系列领域。

到了旅游目的地,我们要解决小交通的问题,我们可以选择滴滴、共享汽车、高铁等方式,这些都要涉及大数据平台。

住宿方面,可以选择住东方宾馆这样的地标性星级宾馆;如果经济条件有限,可以住经济型酒店;如果想体验地方特色,可以选择民宿;也可以在爱彼迎上面找到住处。光是住宿,就有这么多不同的业态。

所以我希望同学们在做文化和旅游产业的时候,一定记住是旅游者在定义旅游业。随着大家对美好生活的向往,随着大家消费需求的变化,旅游业的边界在不断拓展,旅游业的形态是不断创新的。另外,大家一定要跟踪新业态,研究新需求。

二、什么才是好的旅游教育?

·热爱行业、快乐成长

我之前在微博上发了一个帖子:从学生的视角,什么才是好的旅游教育?这应该是目前旅游口跟帖量最大的话题。我在想,为什么大家关注这个问题。

我做过中瑞酒店管理学院的院长。我发现了一个问题,学生们从本科生开始就忙着写论文,忽略了学会如何解决实际问题。当年我的一位研究生到如家去实习，三个月后跟我说他不知道自己要做什么，能不能跟总经理说一下，帮他做一个发展战略。总经理回绝说："我工作十年了，我就没战略。"

实际上，商业必须简单、直接才能够成功。举个例子，在广州起家的七天一开始有三大优势：三秒出热水的水龙头、干净卫生的床、免费的Wi-Fi。它的客单价是150元，这个模式放在15年前，是非常亲民的，大学毕业三年之内的年轻人都愿意首选七天。所以，应该站在现实而不只是理论去了解商业、理解商业。

我觉得文旅兴趣营是一个非常好的尝试，让年轻人一开始就接触到产业一线、接触到优秀的企业家。我希望同学们首要的是热爱这个行业，这决定了你愿不愿意在这个行业做奉献。其次，我希望你们把职业心态放下来，不要老想要当产业领袖、做理论大家。当然不是排斥大家将来去读博士、当教授、发论文、当院士，但客观来讲，那是金字塔塔尖少数的人。绝大多数人将来或许就是在行业里当一个快乐的男生或女生，白天高兴地工作，晚上去看一场音乐会，也可以过得开开心心的。所以，没必要让自己过得苦大仇深。我们这一代人的成长履历是不可复制的，我不相信现在的年轻人就只享受不工作，我希望你们过得开心一些，也能把快乐带给别人。

三、本科教育要培养出怎样的人才？

· 快乐的学生 or 产业领袖？

实际上，就算是大企业家，绝大部分生活也都是平平淡淡的，一天24小时，高光时刻能有一分钟就不错了。我觉得大家不要把创造性和基础性的工作对立起来。绝大多数人过的还是平凡生活，不要排斥平凡。也许你们中间将来会出现外交家、大企业家，也可能就平平淡淡地相夫教子过一生，这也没什么不好的。所以，我觉得年轻人高高兴兴地工作，靠自己本事吃饭，有什么不好呢？尽管很平凡，但一样可以活得很精彩。我这么说不是提倡佛系、躺平，而是认为长期的精英教育把大家弄得很纠结。我们那个年代，考不上大学那是穿草鞋和穿皮鞋的区别。但现在不是，你们完全可以选择你们自己的生活。

基础性和创造性工作的预设前提其实还是一种精英思维。所以如果让我回高校，我就想管本科。我希望我们的教授们回到课堂上来，希望我们的旅游管理先回到生活的常识上来，希望我们的学生回到职业导向上去。先培养快乐的学生，再培养产业领袖。

广东文化和旅游产业投融资对接会
广州·2022 年 8 月 9 日

培育大众旅游意识　守护人民旅游权利

2009年国发41号文件《关于加快发展旅游业的意见》提出设立"中国旅游日",在多方研商和社会共识的基础上,国家决定以《徐霞客游记》开篇之日,即每年的5月19日为旅游者和旅游业的法定节日。自那时起,旅游人有了自己的节日,旅游系统每年都会发布主题并举办隆重的纪念活动。2022年"中国旅游日"的主题是"感悟中华文化,享受美好旅程"。在当前形势下,既是对"读万卷书,行万里路"中华民族优秀传统和旅游初心的致敬,更具有培育大众旅游意识、守护人民旅游权利的现实意义。

自古以来,旅游就是涵养家国情怀和天下意识的文化活动,也是集体有意识的学习方式和个体无意识的成长方式。历史上有那么多的帝王将相巡游、官员士大夫宦游和商贾贸易出行,也留下了众多的纪实文字和诗词歌赋,共同构成了中华民族的传统文化基因,徐霞客和他的游记就是其中的杰出代表。作为地理学家的徐霞客,通过实地考察纠正了《禹贡》中"岷山导江"的定论,得出金沙江系长江正源的结论,在那个年代很是了不起。事实上,通过实地考察、文字记载和多元传播,培育个体的家国天下情怀,构建中华民族的共同体意识,一直都是旅游的题中之义。旅游、旅行也涵养了中国共产党人家国天下的精神气质,在中国共产党的诞生和早期成长过程中留下许多精彩瞬间。伟大领袖毛泽东多次说"想学徐霞客",在1959年中共八届七中全会上畅想骑马沿黄河、长江实地考察,带着地质学家、生物学家、历史学家和文学家一起去。若能成行，一定会像畅游长江带动全民游泳和体育健身热潮那样极大激发人民群众的旅游热情，让黄河文化旅游带成为经典的国家旅游线路。

中国共产党领导的旅游业始终着眼于保护最大多数的人民参与权利，始终着眼于提升人民生活的幸福感。1949年3月25日，毛泽东进入颐和园看到偌大的公园空空荡荡，对工作人员说："公园不是私园，没有游人像什么样子！""颐和园有山有水，风景确实很美，以后应该让更多的人来这里参观游览。""过去的公园是地主、资产阶级悠闲人士逛的，劳动人民一没有钱，二是没有时间逛公园。我们今后还要建许多新公园，让劳动人民都有公园逛。"遵照毛泽东的指示，1949年4月，北平市人民政府成立颐和园公园管理处，开始对颐和园进行重点修缮保护，同时降低门票价格，昔日的皇家园林真正成为劳动人民的公园。新中国成立后，全国总工会和石油、煤炭、纺织、化工、机械各个行业，以及教育、科技、卫生各条战线在北戴河、太湖、庐山、黄山等风景名胜区，在杭州、苏州、南京、桂林等历史文化名城建立了大批职工疗养院，为保障人民的休假休息和休闲权利奠定了国土空间基础，也为改革开放后的入境旅游提供了现实依托。

随着全面小康社会的建成，大众旅游进入全面发展的新阶段，旅游已经成为人民群众的刚性需求，推进旅游业高质量发展成为建设社会主义文化强国的题中之义。2019年，国内旅游出游人数60.5亿人次，出境旅游1.55亿人次，国民出游率已经超过4次。从过去两年多的旅游经济走势，包括这次劳动节假期旅游市场数据来看，疫情并没有阻挡人民对美好生活和旅游休闲的向往。按各地政府要求做好防控措施的同时，城乡居民遵循"限量、预约、错峰"的原则，抓紧一切可以利用的时间去休闲、去旅游。境外去不了就境内游，跨省游熔断了就省内游、周边游和本地休闲。旅游景区和度假区关闭了,就去城市公园、郊野公园,去山川、去河谷、去草原、去森林,到访一切愿意到访也能够到访的开放空间。与此同时,我们也关注到若干有待提升的微观数据:比如2019年国民人均出游天数只有7.65天,只有欧美日韩等发达国家同期的一半不到;比如游客在节假日出游距离平均不足300千米,目的地游憩半径不到15千米;比如国内人均旅游消费不足1000元,景区游览和大交通等刚性支出居高不下;比如节假日出游行路难、停车难、如厕难,舒适性和满意度不高。疫情期间,广大游客的出游半径持续收缩,消费活跃度逐渐下降。这意味着人民的旅游权利已经被唤醒,而人民的旅游权利尚未得到充分的保障。

当前和今后一个时期,践行旅游事业的人民性就必须坚持大众旅游的发展方向。人民性是大众旅游的内在要求,大众旅游是人民性的现实载体。需要指出的是,旅游的权利和休闲的自由属于年轻人,也属于老年人;属于身心健康者,也属于行动障碍者;属于城市居民,也属于农村居民,并构成了共同富裕的内在要求。我国历史性解决了绝对贫困问题,实现了"三不愁、两保障"以后,旅游和休闲成为各地区、各行业、各阶层人民对美好生活的共同诉求。刚刚过去的劳动节五天假期,农村居民出游率为4.5%,出游人数占假期国内游客出游人次的14.2%。这意味着越来越多农村居民加入了旅游进程,但无论是出游农民占农村人口的比重,还是农民旅游者占国内旅游出游人数的比重,与全面小康社会的幸福生活和共同富裕的文化内涵相比,都是极不相称的。当前和今后一个时期,我们需要回归旅游业的初心,将提升国民出游率和游客满意度置于更加重要的位置上来,让更多的国民走出家门,体验中华文化之美,增强文化自信。这么说并不意味着旅游日代表的新发展理念与旅游业无关,相反,按照"旅游者定义旅游业,而不是旅游业定义旅游者"的逻辑,亿万人民的出游以及由此而来的消费增长才是旅游业创新发展最为坚实的市场基础。有了消费和市场，供给自然就会跟上来，产业经济也会获得可持续增长。需要说明的是，市场机遇不会自动变成企业的盈利，更不用说消费变化和市场变迁带来的挑战了。面对个性化和多样性的旅游消费新需求，我们必须坚持旅游与文化、科技、教育融合发展方针，走智慧旅游发展道路，努力建设"一个工程、七个体系"。我们还必须坚持生态文明指导思想，践行绿色旅游发展理念，为建设面向未来的世界旅游共同体贡献中国智慧、中国经验和中国方案。

旅游是经济属性强和市场化程度高的支柱产业，也是培育国民旅游意识和保障人民旅游权利的崇高事业。值此中国旅游日来临之时，让我们以全体旅游人的名义庄严宣誓：为了人民有得游、游得起、游得开心、玩得舒心，为了人类在大地上更加自由地行走，团结起来，奋勇前进！

2022年中国旅游日《中国旅游报》特约评论

北京·2022年5月19日

服务"国之大者"
拓展旅游业高质量发展新格局

1月6日,全国文化和旅游厅局长会议在京召开,总结2021年工作、部署2022年任务。会议在提出深化旅游业供给侧结构性改革、加强文化引领和科技创新、推进旅游业高质量发展的同时,进一步强调了"一条主线、一条红线和一个原则",将旅游业带入了更加宏大的发展格局。

2021年旅游系统和旅游行业统筹疫情防控和复工复业,稳步推进高质量发展。过去两年,旅游业经历了前未有的挑战和最漫长的复苏,在重点做好疫情防控、复工复业和纾困解难的同时,稳步推进旅游业高质量发展。国务院即将发布《"十四五"旅游业发展规划》,文化和旅游部编制出台《"十四五"文化和旅游发展规划》和有关专项规划,加上各地陆续发布的地方规划,旅游业完成了未来五年高质量发展的顶层设计,明确了大众旅游、智慧旅游、绿色旅游和融合发展、创新发展、高质量发展的总体目标。过去一年中,限量、预约、错峰旅游已经常态化,跨省旅游"熔断"机制、旅游热点防疫预报机制,有效防止了疫情通过文化和旅游活动传播扩散。都市休闲、微旅游、宅度假、乡村旅游、红色旅游等旅游新需求,智慧旅游、研学旅行、自驾旅游、文明旅游等旅游新业态,主客共享、融合发展旅游新举措,让人民群众对旅游发展有了更多的获得感,游客满意度创下历史新高。旅游业高质量发展已经成为全系统全行业的思想共识和工作合力,也是不可逆转的时代进程。

旅游业仍然处于推进高质量发展的战略机遇期。经过四十多年的发展,我国进入了大众旅游全面发展和小康旅游创新发展的新阶段。人民的旅游权利日益彰显,旅游消费的品质化和多样性并存,旅游发展的市场基础更加坚实,产业体系更加完善。疫情防控常态化期间,人民群众对美好生活的向往和追求仍然是旅游需求的基本面,本地休闲、近郊度假、乡村旅游,与公务旅行和商务旅游构筑了旅游复苏的信心和力量。未来五年,社会主义现代化强国建设、经济社会发展、文化繁荣和科技进步为旅游业高质量发展和现代化建设注入了新动能。国家文化公园、海南自贸港、大湾区、乡村振兴等国家战略的实施,有效拓展了旅游业的发展空间。与此同时,我们也要看到中远程市场的收缩、就业和收入的下降,以及企业家信心偏弱对旅游业高质量发展的阶段性冲击和长期影响。

新发展阶段的旅游业高质量发展需要注入新内涵,实施新举措。共同富裕发展目标要求文化和旅游要融合,也要互鉴,在满足人民群众文化需求和旅游权益方面发挥更大的作用。乡村振兴战略要求各地因地制宜发展乡村旅游、休闲农业新业态,贯通产加销,融合农文旅,推动乡村产业发展壮大。践行习近平生态文明思想,坚持适度开发,倡导绿色旅游和生态旅游,推进旅游业高质量发展。出台《推动旅游业高质量发展的意见》,开好旅游业高质量发展推进会,实施《国民旅游休闲纲要(2021—2030)》,为旅游业贯彻新发展理念,构建新发展格局提供思想共识和精神动能。充分发挥政府和市场两个方面的力量,建设好世界级旅游景区、度假区、世界级旅游城市和国家级旅游休闲城市和街区,引导旅游市场主体的文化创造、场景营造和数据字化转型,形成新时期旅游高质量发展的空间格局和产业生态。

牢记"国之大者",融入"国之大者",服务"国之大者",全力拓展旅游业高质量发展新格局。旅游业经济属性强、市场化程度高、产业影响力大,在新时代要主要融入国家战略,服务大事要事。在做好疫情防控、纾困解难和创新发展的同时,各类旅游市场要自觉承担文化强国的建设任务,学习宣传贯彻党的二十大精神。旅游景区度假区、旅游休闲街区、红色旅游场馆、乡村旅游重点村镇,要成为党的二十大精神学习宣传阐释的实体空间。坚持稳字当头、稳中求进,深化供给侧结构性改革,加强需求侧管理,让旅游业在"六稳""六保"方面,特别是保民生、保就业、保市场主体方面发挥有目共睹的更大作用。要坚持以文塑旅、以旅彰文,推动文化和旅游在更广范围、更深层次、更高水平上实现融合发展。与"十二五""十三五"期间的年度旅游工作会议相比,这些指导思想明显提高了政治站位和融入大局、服务大局的自觉意识,把旅游业带入了"国之大者"的万千气象。

精准施策,合力创新,稳步旅游业高质量发展再上台阶。适应新时代人民群众旅游休闲需求,让人民更好地得到文化滋养、乐享旅游时光。为此,要动态调整旅游行业疫情防控政策举措,稳定市场预期,提升企业信心和产业景气。重点推进"十四五"规划确定的世界级和国家级项目建设,为旅游发展提供更多的实体空间和更好的场景依托。加强旅游法治建设、行业监管和产品促进,持续提升旅游业治理体系和治理能力现代化水平。落实京张体育文化旅游带建设规划,让冬奥会冬残奥会不仅留下承载全民体育文化盛事记忆的历史遗产,也培育旅游业高质量发展的未来资产。培育丝路文化之旅品牌、实施亚洲旅游促进计划,为"美丽中国"国家旅游形象注入新内涵,为人类命运共同体建设做出新贡献。做好旅游统计、科学研究、智库建设、旅游教育和人才培养等现代旅游业的战略支撑工作。这些任务既是年度性具体工作,也是连续性战略任务。让我们深入贯彻落实全国文化和旅游厅局长会议精神,努力将文化建设得更好、旅游发展得更好、文化和旅游融合得更好。

《中国旅游报》
北京·2022 年 1 月 7 日

用好政策红利　推动文旅产业高质量发展

天眼文旅论坛：国发〔2022〕2号文件出台，提出"促进文化产业和旅游产业繁荣发展"，对贵州旅游产业化发展有何意义？

戴斌：贵州是知名的山地旅游目的地，在我国旅游发展格局中居于重要地位。国发〔2022〕2号文件出台，贵州旅游产业化、高质量发展得遇天时。

10年前，国发〔2012〕2号文件出台，以高速公路为代表的基础设施得到极大改善，贵州旅游环境全面优化。依托着山地风光、民族风情的自我定位，深入挖掘气候资源、科普资源等，资源优势持续转化为市场优势，贵州旅游迎来高速发展的10年。"十三五"期间，除2020年受新冠疫情影响，贵州接待省外游客人次和旅游总收入均保持30%以上的增长速度，旅游及相关产业增加值占全省GDP的比重达到5.59%，高于全国平均水平，旅游业成为贵州的支柱产业。

2021年6月7日，贵州召开全省旅游产业化发展大会，破题旅游产业化。贵州省委、省政府对旅游产业化、旅游高质量发展做出了相关部署，贵州各级党委政府把旅游产业化放在更加突出的位置。

在贵州推进旅游产业化，加快推进旅游业高质量发展的关键时期，国务院出台国发〔2022〕2号文件，明确提出"促进文化产业和旅游产业繁荣发展"，为贵州旅游的发展指明了方向。随着相关政策的全面落地，贵州旅游发展环境必将得到进一步优化，资金、用地、人才等要素在旅游产业化的号角声中水到渠成地向旅游业汇集。这些都将对贵州培育旅游市场主体、盘活旅游资源等起到极大的推动作用，进而助力贵州实现旅游产业化。我们有理由相信，贵州旅游产业必将在国发〔2022〕2号文件的推动下迎来新一轮的跨越式发展。

天眼文旅论坛：当前，贵州旅游面临着人均消费低、旅游业态单一、旅游市场主体"小散弱"等问题，贵州该如何运用好国发〔2022〕2号文件中的相关政策解决文旅发展实际问题？

戴斌：旅游人均消费低、旅游业态单一、旅游市场主体"小散弱"等问题之间存在着一定的关联性，可以视作互为因果，这一系列的问题都要通过旅游产业化来解决。产业化需要政府的规划和行政的推动，更需要消费市场的扩大、旅游资源和创新要素的市场化。

在国发〔2022〕2号文件中，贵州旅游产业化所面临的问题都可以找到相关政策支持。

如文件鼓励贵州大胆试、大胆闯、主动改，解决深层次体制机制问题；全面优化营商环境，促进中小微企业融资增量扩面，切实帮助企业纾困解难等，这将有利于贵州激发旅游市场主体活力，培育壮大旅游市场主体，畅通对内对外开放通道。

文件明确提出"巩固提升贵州在西部陆海新通道中的地位，加快主通道建设""加大贵阳航空口岸开放力度，实施144小时过境免签政策""加快遵义新舟机场、铜仁凤凰机场口岸建设"等，这一系列措施将会更进一步优化贵州旅游的可进入性，有利于贵州引客入黔。

"实施中国工农红军长征纪念馆等重大项目""支持培育创建国家级文化产业示范园区（基地）、国家文化产业和旅游产业融合发展示范区""打造民族文化创意产品和旅游商品品牌""培育一批具有广泛影响力的数字文化和旅游品牌"等，都将进一步丰富贵州旅游业态。

在运用国家战略指导旅游产业化和高质量发展中，一定要加强市场研究，要以市场为导向，以游客需求为导向，要将思维方式从"我有什么"转变为"游客想要什么"。找准方向后，下功夫将好资源转化为好产品。

天眼文旅论坛：对于贵州旅游产业化，您有何建议？

戴斌：贵州旅游一定程度地存在着有空间没项目、有项目没产品、有产品服务不到位等问题。以避暑旅游为例，夏季大量游客涌入贵州避暑，存在供给不足、住宿条件局促等问题。避暑旅游目的地的打造，需要有得天独厚的气候资源，更是吃、住、行、游、购、娱的总和。

在旅游产业化进程中，贵州或可从以下几方面发力：

发挥"山地+"的资源优势，以入境市场提质带动国内旅游市场扩容。贵州是欧洲、北美、东亚、东南亚游客入境访问的重要旅游目的地，从统计数据上看，外国籍游客的数量远高于港澳同胞和台湾同胞。贵州可以充分利用好"144小时过境免签政策"等，将入境市场作为主要着力点，并以此带动周边和国内游客到访。国际旅游发展经验表明，来自发达国家和地区的消费增量，可以加速市场主体发育和产业化进程。贵州要提前做好市场推广、线路规划和产品研发方面的准备工作，为疫情之后开拓国际旅游市场做准备。以游客满意为导向，强化文化赋能、科技创新，不断扩大国内游客入黔的人次规模，持续提升国内游客在黔的消费水平。

当前，大众旅游已经进入全面发展的新阶段，小康旅游的特征明显，旅游需求呈现出品质化、多样性的新特点。文旅融合后，在各方共同努力下，旅游演艺、特色小镇、夜间经济、文创商品、数字文旅等业态获得了快速发展。无论是传统的山水实景演出，还是现在的沉浸式演出，无论是夜间旅游，还是非遗活化，文化和旅游融合发展都已经从概念导入成功走向了商业实践，拓展了旅游产业化的成长空间。在文化强国的建设进程中，文化和旅游融合发展的方向将会更加明确，空间将更加广阔。

随着数字产业化和产业数字化蓬勃发展，数字经济已经成为我国经济社会发展的新引擎，科技成为旅游产业化和高质量发展不可或缺的全新动能。近年来，贵州大力发展数据产业，但是如何让大数据从抽象的概念和基础工程成为游客可以消费的产品，如何让数字化真正赋能旅游产业，客观地讲，我们还没有真正地破题。

多措并举，促进旅游市场主体发育、成长、壮大。

从全国范围来看，旅游市场主体的培育主要有国有资源驱动和国有资产集中、国际品牌导入、大集团战略进入和民营经济创新拉动四种途径。

在国有旅游资源整合的基础上，推动国有旅游资产的专业化经营，寻机探索混合所有制改革，是特定约束条件下的最优解。

对于贵州来说，更需要注意的是，在推进旅游产业化和高质量发展过程中，必须推动国有、民营共进。贵州省委、省政府提出"每个市（州）至少要引进 家全国涉旅百强企业"的目标。在引入的过程中，也要注意，大型互联网平台公司强行推进各级各类旅游资源的数字化，或许也会导致本土企业失去成长空间，创业团队也因为"大树底下不长草"而消散。要通过产业链条的延展，带动本土创业创新，促进大型旅游企业的现代化建设和中小微型旅游企业的数字化转型。发挥规模经济、范围经济和密度经济的优势，把旅游价值链、产业链培育成旅游产业生态体系，以分散灵活的供给去满足碎片化和多样性的需求。

培育产业新要素，拓展旅游产业发展新空间。

从迪士尼、环球影城、默林等全球性的主题公园品牌创新，以及方特、欢乐谷、长隆野生动物园、海昌海洋公园和银基、建业、融创等本土主题公园的创设来看，资本、技术和文创已经取代了传统的旅游资源，成为旅游产业化的全新动能。这一现象已经广泛覆盖到室内萌宠乐园、主题

酒店和分享住宿、旅行服务等商业形态,以及夜间旅游、休闲街区、度假区等大型商业空间的场景营造和内容创造。

旅游产业化和高质量发展,既要外地游客走进来,也要本地企业走出去。不少北京人因为五道口的黔稻道、德胜门的胡同四十四号、中关村的二贵、蓝色港湾的箩箩筐筐、回龙观的三江芦苇荡等特色门店的酸汤鱼,还有贵州大厦的红油米豆腐、中关村赶场子店的毕节包浆小豆腐、泉味道的带皮牛肉和丝娃娃而爱上黔菜,进而对贵州心向往之。这些有触感、可记忆的消费场景,比旅游宣传片、旅游推介更有助于旅游目的地形象建构。

天眼新闻文化频道专访

贵州·2022年4月1日

旅游&重构·媒体面对面

大众旅游，从"有没有"向"好不好"转变

习近平总书记指出，旅游是综合性产业，是拉动经济发展的重要动力。旅游是修身养性之道，中华民族自古就把旅游和读书结合在一起，崇尚"读万卷书，行万里路"。党的十八大以来，习近平总书记关于旅游业做出一系列指示批示和重要论述，充分体现了以人民为中心的大众旅游发展理念，指明了新时代旅游业的创新发展方向。

1999年，第一个"国庆黄金周"的到来，标志着城乡居民旅游意识的觉醒和国内消费为基础的大众旅游市场的形成。此后多年，旅游市场迅速增长，旅游综合效益不断凸显。党的十八大以来，在习近平新时代中国特色社会主义思想的指引下，旅游战线坚持创新、协调、绿色、开放、共享的发展理念，持续推进大众旅游、智慧旅游、绿色旅游和文明旅游，在现代化进程中不断满足人民对美好旅游休闲生活的新需求。2013年，《中华人民共和国旅游法》颁布，彰显了保护旅游权利和发展旅游产业的国家意志；2016年《政府工作报告》明确提出："迎接正在兴起的大众旅游时代。"如今，旅游业发展仍处于重要战略机遇期，面临高质量发展的新要求。2022年初发布的《"十四五"旅游业发展规划》，结合新阶段旅游业面临的发展机遇和挑战，提出坚持创新驱动发展、优化旅游空间布局、完善旅游产品供给体系等多个重点任务，为新时代全面发展大众旅游明确了方向。

过去十年，是国民旅游意识日渐显化、旅游消费日益高涨的十年，也是人民旅游权利得到广泛实现、旅游消费多样性与品质化并存、社区居民从旅游发展中普遍受益的十年。统计数据表明，进入 21 世纪以来，城乡居民年均出游率每五年就增加 1 次。2019 年国内和出境旅游分别达到 60.06 亿人次和 1.55 亿人次，旅游总收入达 6 万亿元。旅游休闲已经成为美好生活的日常选项和刚性需求，"吃有肉、住有楼，还有闲钱去旅游"成为小康社会的生动写照。城镇和农村居民的旅游休闲，甚至出国（境）旅游的人也日渐增多。据文化和旅游部数据中心测算，2022 年春节期间，19.1% 的农村居民参与了探亲访友和近程休闲等在内的旅游活动，同期全国出游游客中农村居民占比达 38.1%。

过去十年，是旅游消费从观光休闲的基础需求向休闲多样性和度假品质化升级的十年，也是智慧旅游现代化和绿色旅游、文明旅游快速发展的十年。在大众旅游的初级阶段，主要解决"有没有"的问题，进入全面小康社会以后，"好不好"的问题日益凸显，以智慧旅游为中心的现代旅游业体系建设进程进一步加快。越来越多旅行经验丰富、消费心理成熟的游客更愿意以自助、自驾、自由行的方式，借助智能通信、互联网、大数据、现代金融支付和公共服务体系完成自己的旅游行程。随着游客广泛进入旅游目的地城乡居民的日常生活空间，旅游市场主体更加多元，旅游产业链条进一步延展，旅游产业规模进一步扩大。在需求侧管理和供给侧结构性改革的双重推动下，旅游业开始进入不可逆转的现代化进程，"人山人海吃红利、圈山圈水收门票"的传统发展模式已经过去，金融、科技、文化、教育、创意、时尚等新动能推进的"旅游+""+旅游"等现代发展模式正在从概念走向现实。

过去十年，是文化引领和融合发展的十年，也是科技赋能和创新发展的十年。2018 年文化和旅游部组建以来，以文塑旅，以旅彰文，宜融则融，能融尽融，红色旅游、研学旅游、非遗旅游、夜间旅游、冰雪旅游、避暑旅游、自驾旅游、邮轮旅游、露营旅游、乡村旅游，更多美好生活新需求、新场景和新业态被创造出来了。旅游装备制造、旅行保险、金融创新等商业创新，以及航空、高铁和高速公路交通网络的完善，都在不同程度上牵引旅游消费的升级，推动传统服务业到现代服务业的转型。根据中央的部署，我国将建设一批富有文化底蕴的世界级旅游景区和度假区，打造一批文化特色鲜明的国家级旅游休闲城市和街区，建设桂林等世界级旅游城市，进一步推进旅游强国建设。

《光明日报》"解码十年"专题文章
北京·2022 年 9 月 19 日

大众旅游时代亟须加快建设城乡慢行交通体系

一、大众旅游迎来新时代，慢行成为旅游新常态

2022年1月20日，国务院印发《"十四五"旅游业发展规划》，概括总结了"十三五"期间旅游业发展的历史成就和发展经验，科学研判了大众旅游进入全面发展阶段所面临的形势和挑战，坚持以人民为中心，以现代化为导向，擘画了"十四五"旅游业高质量发展的新蓝图。

中国旅游研究院院长戴斌对《交通建设与管理》杂志记者说："过去五年，是大众旅游全面发展的五年，也是融合发展、创新发展的五年。"

戴斌指出，李克强总理在2016年《政府工作报告》中明确提出"迎接一个大众旅游的新时代"。改革开放以来，我国旅游业从入境旅游起步，很快就进入了国家战略视野，并以星级酒店和导游服务引领了社会生活的风向标。1999年国庆节"黄金周"开始，旅游业逐步进入国民消费为基础，入境、出境和国内三大旅游市场协调发展的新阶段。党的十八大以来，旅游业更是驶入了发展的快车道。2019年的国内旅游、出境旅游和入境旅游市场规模分别达到60.5亿人次、1.55亿人次和1.45亿人次，成为全球最大的国内和出境旅游市场。"十三五"期间人均出游超过4次，假日旅游成为新民俗，旅游成为小康社会人民美好生活的刚性需求。这是一个足以载入世界旅游发展史册的伟大成就，也是建设旅游强国最为坚实的

市场基础。

虽然新冠疫情对全球旅游业造成很大冲击,也是我国"十四五"前半段旅游业最大的影响因素,但是从总体上看,旅游业仍然处于高质量发展的战略机遇期。

二、日新月异的"三农"将成为旅游市场蓝海

"人们对旅游休闲有期待,就是在疫情期间,也从来没有停止过对旅游的向往。微旅游、微度假成为过去两年的热词和市场主体创业创新的市场基础。人民有保证生命安全和身体健康的权利,也有免于恐惧的自由。这种权利和自由属于城市居民,也属于农村居民,并构成共同富裕的内在要求。"戴斌说。

过去是城里人在旅游,农村人在接待,全面建成小康社会以后,越来越多的农村居民开始参与探亲访友和休闲度假等旅游活动。2022年春节期间,全国出游游客中农村居民占比达到了38.1%的历史新高。

戴斌分析说,受中青年游客提前回家过节、提前返程,老年人反向过年的影响,主要务工输出地和传统客源地的旅游热度上升明显。四川、广东、江苏、湖南、安徽、湖北、浙江、河北、广西和河南游客接待人数居前。调查表明,44.7%的回乡务工人员在春节返乡探亲期间,将商业街区和购物中心作为休闲首选,直接带动了中小城市和县域中心城市的游乐园、主题公园、经济型酒店、特色餐饮和旅游购物业态的发展。相对于商务旅行和市民休闲的红海,日新月异的"农业、农村和农民"成为旅游市场有待深度开垦的处女地,是蓝得不能再蓝的蓝海。

2022年劳动节假期,农村居民出游率为4.5%,出游人次占假期国内游客出游人次的14.2%,再次显示农村居民出游正在成为新趋势,从业者应该及时调整思路迎接新变化。

三、城市和郊区是旅游主要空间，慢行交通大有可为

"有从业者感叹游客都去哪儿了？游客其实就在身边。我们过去对旅游的认识有点狭义，以为长途跋涉去观光、休闲才是旅游。但其实旅游已经成为居民日常化生活的选择，逛郊野公园、去城乡绿道骑行、找农家乐吃饭等，都可以算是旅游。游客会进入当地老百姓日常生活空间，游客就是出去旅游的居民，居民就是旅游回来的游客。这正是旅游人民性的内涵。"戴斌说。

按各地政府要求做好防控措施的同时，城乡居民遵循"限量、预约、错峰"的原则，抓紧一切可以利用的时间去休闲、去旅游。境外去不了就境内游，跨省游熔断了就省内游、周边游和本地休闲。旅游景区和度假区关闭了，就去城市公园、郊野公园，去山川、去河谷、去森林、去草原，到访一切愿意到访也能够到访的开放空间，这就需要国家多部门通力合作，尤其是交通运输部门要顺势而为，尽快建成一个功能完善的城乡慢行交通体系。

"疫情以来，城市居民出游距离和游客在目的地游憩半径都大幅度收缩，清明节期间分别收缩到100千米和5千米以内。劳动节假期延续了这一态势：游客平均出游距离99.6千米，较去年同期下降33.2%；游客在目的地的平均游憩半径6.0千米，较去年同期下降60.7%。这意味着城市和郊区成为当前旅游消费和休闲活动的主要空间，也是旅游市场的底线支撑。"戴斌说。

为发展社会事业，满足城市居民的精神和文化生活，城市建设了越来越多的绿道，社区公园，遗址公园，水体，植物和文化景观公园，郊野公园，地质公园，森林公园和博物馆、美术馆、科技馆、图书馆、文化站等公共文化设施。这些场馆设施和高品质的公共文化服务，加上完善的商业环境和便捷的物流体系，对城市居民产生"系泊效应"的同时，也对周边

城镇和乡村形成"虹吸现象"。

如何才能更好地与这些旅游设施、文化设施亲密接触？如何才能实现沉浸式体验？利用公共交通工具，或者三五好友一起骑行，无疑是一种好选择。只有慢下来，才能去品味。

建设城乡慢行交通，是助力乡村振兴的重要手段。慢行交通能提升"快进慢游"功能，促进"交通+"产业融合发展，推动乡村旅游、休闲旅游和全域旅游发展，助力乡村振兴战略有效实施。

四、共同富裕和旅游业高质量发展相互促进

戴斌强调指出，要坚持人民性、现代化和未来感，奋力开创旅游业高质量发展的新格局。

推进旅游业的高质量发展，必须建设现代旅游业体系。通过大众旅游助力乡村振兴，进而实现共同富裕；只有大家都富裕了，才能促进旅游业高质量发展。

城市居民要出游，农村居民也要出游。无论市民还是农民，旅游方式有自主、自助、自驾、骑行等，多样性、分层次和品质化将是游客的主流需求。从国家公园到国家文化公园，从城市到乡村，从戏剧院到菜市场，都将成为主客共享的美好生活新空间。

"我们看到短途游、城市周边游和本地休闲带动了旅游目的地的消费活跃度上升。疫情以来，本地休闲、近程旅游、近郊度假带动了客源地市场活跃度提升，探亲访友、都市休闲、乡村度假、冰雪休闲、避暑旅游、研学旅行、自驾出行成为市场主流。城市周边的郊野公园、文化公园、森林公园、地质公园、水利公园、主题乐园和度假区、冰雪世界、乡村民宿等旅游空间，成为家庭游和亲子游的乐享地。"戴斌说。

按照"旅游者定义旅游业，而不是旅游业定义旅游者"的逻辑，投资

者开始以消费的视角重新审视旅游资源开发、项目建设和产业创新。越来越多的旅游企业开始关注近程旅游和本地休闲市场，强调文化引领、科技创新、融合发展、生态文明，以增量投资带动存量优化，而不是单纯依靠自然资源和文化资源来吸引游客。

戴斌指出，随着旅游市场复苏和产业升级进程的加快，客源地主导旅游经济增长的趋势将越发明显。发展理念要回到老百姓的常态化生活方式上来，回到主客共享的空间营造上来，回到科技和文化赋能资源存量上来，让旅游紧密融入人民的美好生活中，得客源地才能得天下。

"面对个性化和多样性的旅游消费新需求，我们必须坚持旅游与文化、科技、教育融合发展方针，走智慧旅游发展道路；还必须坚持生态文明指导思想，践行绿色旅游发展理念，为建设面向未来的世界旅游共同体贡献中国智慧、中国经验和中国方案。"戴斌总结说。

交通运输部科学研究院《交通建设与管理》杂志专访

北京·2022年9月6日

旅游 & 重构·媒体面对面

消费是理解旅游经济的一把钥匙

近日,2022广东文化和旅游产业投融资对接会在广州召开,共吸引了全国19个省(市、区)的515个具有融资意向的文旅项目申报入库。与往届不同的是,2022年省外项目(287个)首次超过省内项目(228个)。于全国旅游目的地而言,广东作为全国最大的客源地具有强大的吸引力。与此同时,申报项目中,不乏博物馆、文化产业园、体育旅游、自驾营地、医疗旅游、研学旅行、演艺娱乐、动漫游戏、智慧旅游、文创商品等泛文旅新业态,侧面反映出文旅行业边界的延展,文旅消费形态的迭代。

旅游需求碎片化、旅游消费日常化、日常生活旅游化,这些新变化逐渐变成新常态。如何看待这些变化?作为经济增长的重要驱动力之一,文化和旅游消费该如何被进一步激活?在建设粤港澳大湾区世界级旅游目的地的当下,如何善用消费的力量?中国旅游研究院院长戴斌日前接受南方日报、南方+记者专访,谈到了他的观察。

一、谈消费变革

南方日报、南方+:疫情发生的两年多来,旅游消费发生了哪些颠覆式的改变?

戴斌:以前我们一讲旅游,就是讲资源、讲空间、讲地形地质地貌,如今随着全面小康社会的建成,旅游进入老百姓的日常生活方式以后,旅游目的地就是主客共享的美好生活新空间。

我们来广州当然要去广州塔,要去越秀山、白云山,可是我们想很多的年轻人来到广州,会去喝早茶,会被糖水、"消失的名菜"所吸引,会为广州的时尚所吸引。

过去我们觉得旅游就是看山看水看风景,但其实旅游它本身就是一种美好的生活方式。什么样的生活方式才能打动人?一定是幸福的、温暖的、高品质的。

我经常说,天底下断没有说本地人生活得不幸福,却能让别人来感受它的美好。好的旅游目的地,一定是本地人生活得很开心,生活品质比较高,外地人也来与之共享。

在这种情况下,游客到了哪里,文旅企业难道不应该跟到哪里吗?如果我们还固守"旅游业就是旅行社、酒店、景区"的观点,很有可能为行业所抛弃,因为不是资源定义旅游业、旅游业定义旅游者,而是旅游者定义旅游业。所以当旅游业进入全面发展的新阶段后,小康社会的生活需要、小众和社区的需求将成为产业及投资机构创新的机会所在。

二、谈大湾区世界级旅游目的地建设

南方日报、南方+:消费驱动形成的大湾区旅游目的地,有何独特性?

戴斌:广州、深圳乃至整个珠三角地区的城市群,在旅游经济运行当中表现最大的不同在于消费驱动,这是最大的不同。

广州、深圳等城市的商业形态非常完善,服务品质好,对客服务是平等的。所以我经常说,一个优秀的城市的服务,不是取决于你对强者服务的力度,而是对普罗大众服务的温度,有没有平等感,这个至关重要。

而品质生活,离不开城市中千千万万与文旅相关的市场主体,包括餐

饮、交通、住宿、商场等。他们提供的优质服务和产品构成了美好生活所需。

粤港澳大湾区的城市群，我认为生活品质普遍比较高，其文化底蕴、商业环境，以及开放的事业和平等的服务理念，是建设大湾区世界级旅游目的地的独特优势。

三、谈对刚性需求的柔性管理

南方日报、南方+：我们应该怎么看待后疫情时代的文旅需求，该如何进行合理的需求管理？

戴斌：旅游消费是理解旅游经济的一把钥匙，这个钥匙打开以后，门里面是旅游权利。

坦率地说，旅游权利的实现不是一蹴而就的，它取决于三个基本条件：一要有可自由支配收入，即老百姓有闲钱；二是有可自由支配时间，即老百姓有闲暇；二是要有政府鼓励的旅游消费意愿，即老百姓有闲心。具备了这三个条件，旅游权利才能得到实现，旅游消费才能够扩展开来。

可以预见的是，未来不仅城市人口，还有农村农民，不仅青年人，还有社会各阶层的人们，都会加入旅游发展进程。他们不仅是旅游从业者，也是旅游消费者。然而，面对旅游消费需求日益刚性化的趋势，三个约束条件并非一蹴而就，因此我们呼吁柔性管理。

第一，将旅游的刚性消费价格降下来。比如国有重点景区门票价格的下调，目的就是将老百姓旅游的刚性支出降下来。

第二，通过时间来调整消费，也就是我们要向现有的时间存量去要资源。发展夜间经济，就是延长消费时间的一种做法。另外，随着我们生命周期的延长，从青少年的研学旅行和学龄前儿童亲子旅游市场，向后延伸到老年旅游和无障碍旅游消费，打开新的市场视域窗口，一个个新兴旅游消费项目就会依次诞生。

第三，对夏季和冬季时间的积极应用，通过季节轮换，拓展冰雪旅游、避暑旅游的消费空间。

通过价格、时间、资源、产品等方面的调整，实现柔性管理，更好地满足人们对美好生活的刚性需求。

2022 广东文化和旅游产业投融资对接会

广州·2022 年 8 月 15 日

旅游&重构·媒体面对面

落实带薪休假，把更多选择权交给城乡居民

《国民旅游休闲发展纲要（2022—2030年）》提出，优化全国年节和法定节假日时间分布格局。7月20日晚，中国旅游研究院院长、文化和旅游部数据中心主任戴斌接受长江日报记者专访时说："要进一步优化我们的节假日安排，尽量不要打乱，要兼顾正常的生产、生活节奏和休闲娱乐的需要，让大家对节假日有更多的可预期性，把休假时间的选择权还给广大的城乡居民。"

戴斌说："现在我们一年的法定假日加上双休日有115天，接近全年的1/3，这和我国当前的发展阶段是相适应的，但也存在一些结构性矛盾，特别是工薪阶层，在假日的自主选择和现在的统一休假方面存在着矛盾；带薪休假落实还不够完善，力度还不足；对于中低收入群体的假期保障不充分。"

"从供给价格、供给内容看，广大农村居民和中西部地区的休闲度假空间有待进一步提升。"他认为，"我们需要把更多的假日选择权，交给广大城乡居民，由大家自主选择休假，这是一个大的方向，也就是说，需要我们把带薪休假进一步落实、完善。"

"目前情况下，进一步增加带薪休假的时间和法定节假日的空间并不大。"戴斌说，要用好现有节假日和周末时间，特别是5到15天的带薪休假，从现有时间存量的调整上做优化，而不是做增量的措施。

对于未来的国民旅游休闲，戴斌认为首先要浓厚旅游休闲的意识。"人民群众对美好生活的向往，包括拥有更加丰裕的物质生活，也拥有更

加丰富、高品质的精神享受和文化娱乐活动，这是我们目前最需要在观念上普及的。"

如何解决节假日过于拥堵的问题？戴斌建议，更进一步完善旅游休闲、度假空间和设施，让大家有得游、玩得起、玩得愉快。大力发展城市的休闲空间，包括但不限于市民公园、郊野公园、国家公园、国家文化公园的建设，让大家可以随时随地休闲娱乐，神州处处是风景，人们时时可休闲。

戴斌强调，加强文化引领和科技赋能，不仅让优秀传统文化焕发出新的光彩，让陈列在大地上的遗产、收藏在禁宫中的文物、书写在典籍中的文字活起来，也要让大家在美丽风景之上，享受美好的生活。要注重社会主义先进文化对休闲旅游度假的引领作用。

"我们的旅游在休闲度假产品的开发方面，要发挥市场主体和市场机制的作用，不能只寄希望于政府的公共供给。"戴斌呼吁，"我们还要积极借鉴国际经验，特别是中等收入国家的国际经验，做好相应的政策储备。"

是否增加春节或某一特定时间节点的假期？戴斌认为，要与我们的国情、国力相适应，在更大的范围内听取各方面的意见和建议。

戴斌算了笔账："我们现在平均每人一年用于旅游的时间不到 8 天，而节假日总共 115 天，再加上工薪阶层每年 5 到 15 天的假期，人均相当于有 125 天可供支配的节假日，要把这个时间充分利用起来。"

"要用好现有的节假日安排，在存量优化上做文章、在品质提升上做文章、在公共供给和商业供给的均衡发展上做文章。"戴斌说，通过对未来几年国民旅游休闲发展纲要的讨论和落实，让广大的人民群众有得游、游得起、玩得开心，这是最重要的。

长江日报专访
北京 · 2022 年 8 月 2 日

怀揣坚定信心，以数字化赋能开创澳门旅游产业新格局

澳门特别行政区政府旅游局2022年年度报告显示，2021年澳门入境旅客按年升30.7%，留宿及平均留澳时间同升。澳门旅游局2021年全力举办连串盛事活动，推出旅游优惠，发挥联动作用，推广澳门安全宜游，在旅游复苏方面取得一定成效。澳门旅游局表示，2022年将继续全力扩展客源，推动旅游业复苏，提振社区经济。按照三项部署，强化线上、线下宣传；深化"旅游＋"跨界融合，促进旅游业提质发展；深化区域合作，增强旅游吸引力。

澳门旅游局局长文绮华近日在澳门中小企疫情分享会上表示，澳门的主要客源地广东、福建和上海出现疫情，直接影响客量。澳门1月日均客量有2.2万人次，3月日均客量2.3万人次，3月客量明显回落，日均客量1.7万人次，近日数字下跌至1.1万。

近日，南方财经全媒体记者邀请到中国旅游研究院院长、文化和旅游部数据中心主任戴斌，就疫情之下粤澳两地旅游业发展前景以及未来澳门旅游产业跨界融合等话题进行了讨论。戴斌表示，旅游已经逐渐成为百姓生活的刚性需求，澳门特别行政区政府也一直在高位推动旅游业创新转型，他对澳门旅游产业复苏发展怀有坚定的信心。

一、旅游成为刚需，游客需求转型

南方财经：疫情下我国旅游业产生了哪些新的趋势？这对澳门本地旅游产业会产生什么影响？

戴斌：众所周知，新冠疫情对旅游业影响巨大。这将是旅游业最艰难的复苏，但我们怀有最坚定的信心。信心主要来自以下三个方面：

第一，旅游观光和休闲度假已经成为民众日常生活的重要组成部分。从疫情前的数字来看，2019年国内旅游已达60亿人次，出境旅游已达1.55亿人次，国民出游率超过4次。我相信到全面建成小康社会的时候，旅游消费需求还会有更好的发展。

第二，旅游业正面临转型，产业创新发展的动能正在不断积聚。过去提旅游，就是看山、看水、看历史，现在已经发生巨大的转变。越来越多游客开始注重在出游目的地体验当地的美好生活。游客现在不仅看自然，更看人文。广大旅游市场的供给主体，不仅仅是传统的山水人文资源，也包括文化引领和科技创新创业等新项目。

第三，中央政府对旅游业的高度重视，推动旅游业深入发展。早在2011年，中央政府就提出要把澳门打造成为世界旅游休闲中心，促进澳门经济适度多元化。这对于保障人民的旅游权利，调动地方发展旅游业的积极性有重要的促进作用。过去，澳门的经济以及旅游业发展对博彩娱乐业依赖性非常高，但今天广大游客，特别是内地游客，对澳门的形象认知开始转变。大家越来越认为，澳门更是"一国两制"的典范，是美好生活的体验地。

二、以数字化赋能开创新格局

南方财经：旅游产业的长远发展需要和其他领域结合，你认为要如何更好推动澳门旅游业跨界融合发展？

戴斌： 澳门要建设成世界旅游休闲中心，首先应当成为具有全球影响力的艺术中心和文化高地，融入音乐、舞蹈、美术、电影等跨民族、跨宗教、跨人种的文化交流形式。澳门拥有世界文化遗产和葡萄牙风格的建筑，拥有独具特色的娱乐、休闲和餐饮文化，还有很多中国传统文化标识的庙、观、寺、祠等宗教和文化场所，独特的生活方式以及由此产生的文化创造和制度创新空间。

澳门应该创造具有当代风格的文化作品和面向未来的艺术风尚，艺术不仅是戏剧场的经典流传，也包括面向游客的通俗艺术和流行文化。例如，澳门的《水舞间》就是游客喜闻乐见的文化作品，能够为澳门旅游发展注入全新动能。

其次，澳门可以重点发展"旅游+科技"，挖掘旅游项目的发展潜力。在新基建、物联网、大数据和人工智能的基础上，通过资本推动创新创业，稳步建设现代旅游产业体系。澳门拥有国际化的资本、科技、教育和人力资源优势，应当在旅游产业上有更大的突破，也为内地城市的旅游创新发展提供经验。

旅游是一个没有边界的产业，像一个生态系统，给予它充分的阳光、合适的土壤，它就有力量蓬勃发展。不管是旅行服务商，还是直接提供休闲娱乐服务的企业，都需要以开拓进取的姿态开发更大的旅游市场，为澳门旅游业进一步发展输送活力。

南方财经： 在数字化旅游方面，澳门可以如何进一步发展以提高旅游业竞争力？

戴斌： 从澳门来看，数字化对旅游业赋能的第一阶段已经基本过去。第一阶段主要是把数字化作为工具，比如，用手机查询出行目的地信息、预订出行机票、安排住宿餐饮等，我们称之为数字化连接。

第二阶段，数字化赋能，即让数字化本身成为产品创新和游客体验的内容，比如增强现实技术，用虚拟现实重现400年前的澳门，让游客能够沉浸式地体验和了解澳门历史。

第三阶段，数字化生态，即推动政府和公共机构通过数字技术，实现对旅游休闲的智能化宏观调控和微观管制。同时，以大数据技术为支撑，政府能够快速掌握旅游生态中的各种信息，如投资与接待体系、文化和科技新动能、产品研发与迭代、游客满意度等，这将有助于推动旅游市场的高质量可持续发展。

总的来说，未来数字化旅游应该以文化为引领、以科技为支撑，开创融合创新发展新格局。

疫情之下粤澳两地旅游业发展前景以及未来澳门旅游产业跨界融合

北京·2022年5月8日

图书在版编目（CIP）数据

旅游&重构 / 戴斌著. -- 北京：旅游教育出版社，2023.8

ISBN 978-7-5637-4587-6

Ⅰ．①旅… Ⅱ．①戴… Ⅲ．①旅游业发展－研究－中国 Ⅳ．①F592.3

中国国家版本馆CIP数据核字(2023)第152993号

旅游 & 重构

戴斌 著

责任编辑	何 玲
出版单位	旅游教育出版社
地　　址	北京市朝阳区定福庄南里1号
邮　　编	100024
发行电话	（010）65778403　65728372　65767462（传真）
本社网址	www.tepcb.com
E - mail	tepfx@163.com
排版单位	北京旅教文化传播有限公司
印刷单位	唐山玺诚印务有限公司
经销单位	新华书店
开　　本	710毫米×1000毫米　1/16
印　　张	18.125
字　　数	192千字
版　　次	2023年8月第1版
印　　次	2023年8月第1次印刷
定　　价	49.80元

（图书如有装订差错请与发行部联系）